第5版

入門法学

―― 現代社会の羅針盤 ――

竹下　賢・角田猛之
沼口智則・竹村和也　編著

晃洋書房

第5版へのまえがき

　本書『第5版 入門法学——現代社会の羅針盤——』に先立つ第4版の刊行（2014年）以後はや4年が経過した．その間，わが国の政治状況として特筆すべきは，同年成立した第3次安倍内閣の下，国論を二分した2つの法案，すなわち安全保障法制が2015年9月，そして「共謀罪」に関する法案（「組織的犯罪処罰法改正案」）が2017年6月に成立した．また，わが国に極めて大きな脅威をもたらす国際情勢としては，いわゆる拉致問題が一向に進展しないままに，北朝鮮による核とミサイルの実験がくり返されている．このような国内外の緊迫した情勢のなかで，「国難突破」というスローガンのもと，2017年9月に衆議院解散，そして10月の総選挙での与党圧勝を受けて第4次安倍内閣が成立し，現在に至っている．そしてこの第4次安倍内閣での最大の課題は憲法9条をめぐる憲法改正である．

　このような国内外の政治，国際状況に関わるいわば「大きな問題」とならんで，われわれの日常に直結する身近な問題が，社会状況や人びとの意識，価値観などの変化にともなって顕在化し，しかるべき法的対応や解決が求められてきている．その典型は人口動態の急速な変化，すなわち少子高齢化にともなう諸問題であろう．この問題は，介護や年金，医療問題などにとどまらず，わが国全体の労働人口の急速な減少といった「大きな問題」とともに，たとえば高齢者による交通事故，それにともなう自動車免許制度のあり方，さらには高齢受刑者の増加といった，いわばより各論的な問題をもひき起こしている．

　本書は，以上のような国内外の情勢の変化にともなって，第4版刊行以降に生じてきた新たな問題と，それらの問題に対する法的対応をできる限りとり込み，全体としてアップツーデートなものとすることをねらいとしている．

　ただし今回の新版も，2002年に刊行した初版『入門法学——現代社会に生きる法——』から一貫して掲げてきたつぎの編集方針を踏襲している．すなわち「オーソドックスな法学の基本事項と最新の社会の動向を反映する種々のト

ピック，資料という二正面作戦で編集，執筆」する（同書「あとがき」）．またさらに，つぎの方針をも踏襲した．「各共著者が担当するさまざまな『教室』……の多様な学生諸君を念頭におきつつ，各自の講義内容をできるだけ生かして，法学の入門用の教科書に徹すること，すなわち『入門法学』たることを基本的なガイドラインとして編集し執筆」する（同上）．この基本方針は，初版以降，『改訂版 入門法学──現代社会に生きる法──』，『第3版 入門法学──現代社会に生きる法・活かす人権──』，『第4版 入門法学──現代社会の羅針盤──』として，サブタイトルの変更を経つつも，「法学入門」としての基本スタンスとして維持し，本書第5版に引きつがれている．

　以上のような16年間の積み重ねを経て刊行した本書が，文字通り，法学や〈法と社会〉の問題に関心を有している法の初学者に対する，コンパクトな「羅針盤」として，これまでの4つの版と同様に活用されることを共著者全員切に望んでいる次第である．

　2017年12月23日

竹下賢・角田猛之

第4版へのまえがき

　本書『第4版 入門法学——現代社会の羅針盤——』の原版（オリジナル・エディション）にあたる『入門法学——現代社会に生きる法——』を刊行して以来12年経過した．その間，2005年に改訂版（『改訂版 入門法学——現代社会に生きる法——』），2009年に第3版（『第3版 入門法学——現代社会に生きる法・活かす人権——』）と2回にわたり，本文の記述の刷新はもとより，資料の差し替えや新たな節の追加（たとえば「雇用社会と法」，「裁判員裁判」），「コラム欄」・「Yes or No　あなたはどちら？」の新設，差し替えなどのために，3-4年毎に大幅な改訂をおこなってきた．

　今回の『第4版 入門法学』も，初版から一貫して掲げてきたつぎの編集方針を踏襲している．すなわち「オーソドックスな法学の基本事項と最新の社会の動向を反映する種々のトピック，資料という二正面作戦で編集，執筆」する（初版『入門法学』（2002年）の「あとがき」）．またさらに，本書はつぎの方針をも踏襲した．「各共著者が担当するさまざまな『教室』……の多様な学生諸君を念頭におきつつ，各自の講義内容をできるだけ生かして，法学の入門用の教科書に徹すること，すなわち『入門法学』たることを基本的なガイドラインとして編集し執筆」する（同上「あとがき」）．

　本書は以上の2つの方針を踏襲しつつも，これまでの2回の改訂とは異なり大幅なスリムアップを図った（第3版は総数259頁）．そのことによって，法学および〈法と社会〉のさまざまな問題に関心を有している読者＝法の初学者に対して，法を手がかりとしてわれわれが生きている現代社会のあり方を探っていくための「羅針盤」を，従来にも増してコンパクトな形で提供できるものと考えている．

　1990年代以降の国内外の転変めまぐるしい社会情勢のなかで，わが国もさまざまな形で新たな「国のあり方」を模索してきた．そのような社会情勢の変遷に対して，若干後追いの形ではあるが，種々の変化を踏まえた法改正や新た

な立法,判例の提示,従来の判例の変更など,〈法の世界〉においても大きな地殻変動が生じてきている.

「国のあり方」を根底で支える憲法の領域では,憲法調査会が設立されたのが 2000 年であり,憲法改正手続を規定する国民投票法はその翌年に法案化され,2007 年に制定された.そして,憲法改正に関する議論は,国論を二分する形で現在も進行中である.また民事法の分野では,たとえば 2004 年の消費者基本法の制定をはじめとして,家族をめぐる国民意識の変遷とともに,法改正や従来の判例の変更――たとえば,非嫡出子の相続分に関する民法 900 条や,戸籍上の性別表記を変更した FTM(Female to Male)たる性同一性障害者の AID 児(夫以外の第三者から提供された精子による人工授精で出生した子ども)を嫡出子として戸籍に記載することなど――がおこなわれてきている.

さらにまた,1990 年代末からの大規模な司法制度改革の「目玉」の 1 つとして,裁判員裁判が 2009 年にスタートした.西洋をモデルとしつつも,わが国独自の法文化,法意識をも加味しつつ「創造」された裁判員制度は,従来の法廷のあり方や「雰囲気」,裁判の進め方のみならず,我々一般市民の法や裁判に対する考え方や見方,法意識をも大きく修正しつつある.そして,制度発足以来着実に実績を積み上げ,メリットとともにさまざまデメリットをも明らかにしてきている.『第 3 版 入門法学』はまさにこの裁判員裁判のスタートを契機に改訂版として上梓したものである.

以上のような 12 年間の積み重ねを経て,新たな装いの下で刊行した本書『第 4 版 入門法学』が,文字通り,法学や〈法と社会〉の問題に関心を有している法の初学者に対する,コンパクトな「羅針盤」として,これまでの 3 つの版と同様に末永く読み継がれていくことを,共著者全員切に望んでいる次第である.

さあ,羅針盤を手にして〈法の世界〉という大海原に出航しよう!

2014 年 2 月 22 日

竹下賢・角田猛之

第3版へのまえがき

　バブル崩壊後の日本経済は低成長時代から，いまや危機の時代に入った．もともと混乱は金融システムに起因するものとはいえ，その影響は実体経済を通じて社会一般にも及んだが，ここで法的に注目されたのは請負とか派遣とかの雇用形態であった．これまでの終身雇用の非効率性が指摘されて以来，雇用関係の合理化とそのための多様化が図られたが，その結果としてもたらされたのは労働者の地位の不安定化であり，さらにいえば，人権の侵害につながる事態であった．

　2005年の改訂版『入門法学』は「現代社会に生きる法」という副題を掲げて，法の現代的な展開の意義を，憲法の人権規定に基礎をおいた，法の諸分野における弱者救済にみたのであった．その改訂版は昨年に第4刷を終えたが，編者の間には，改正の内容はもとより，その背景について理解が不可欠な多くの法律が登場しているので，新版を出すべきであるとの意見が強まっていた．

　改訂版における編集の焦点は，法と倫理の相互関係の中で弱者救済という課題を法がどのように果たすかということにあった．しかし，冒頭でも指摘した現代の状況は，雇用の分野のみならず，いまや人権を押しつぶさんとしているのであって，したがって本書の編集の姿勢は改訂版を一歩進めて，どのように人権の息を吹き返させるのかという法の課題にある．そのことが，副題に「活かす人権」を加えた理由である．

　第3版の改訂内容の詳細については，エピローグを参照していただきたいが，こうした編集方針に適った内容となっているか否かについては，読者諸賢のご叱正とご助言をいただくなら，編者一同にとって望外の喜びである．

　　2009年3月4日

編著者しるす
竹下　賢

改訂版へのまえがき

　初版『入門法学——現代社会に生きる法——』を出版したのは，3年前のことである．以来，3刷までを発行して，このたび改訂版をまとめ上げるに至ったのは，編者ならびに執筆者にとって喜ばしいかぎりである．

　このように版を重ねた理由にはいろいろなことが考えられようが，本書が法学への入門書でありながら，同時に「現代社会に生きる法」を副題に掲げて，法秩序のまさに現代の様相を描き出すように努めたことが，理由として大きいように思える．その意味でも，各分野における新たな法改正を速やかにキャッチして，本書を刷新することは，本来の意図に沿っているといえよう．

　コラムの拡充や「YES or NO あなたはどちら？」の導入は，新しい立法についての説明とともに，読者が法の世界での現実問題を検討することを通じて，法秩序の理解を深めるためのものである．新規のエピローグでは，すこし難しいが，現代社会の法を把握することの学問的意義に言及している．

　また，プロローグにおける法思想史の拡大は，法秩序が正義や人権といった理念の実現であるということを説明するためのものである．このことは，表紙にデザインされた最高裁判所の正義の女神によって象徴されているのだが，この女神が西欧とは異なった独特の姿をされていることにも，考えをめぐらしていただきたい．

2005年2月2日

編著者しるす

竹 下　　賢

（初版への）まえがき

　普通の人が法学というと身構えたようになるのには，いろいろと理由があるように思う．もっとも大きい理由は，法学が対象としている法律のイメージから来るものであろう．日本でいまのような法律になったのは，明治の近代化以来のことであって，それまでの統治は行政のみによっていて，律令にしてもお定め書にしても，行政官の手引書という程度のものであった．

　その後に導入された法律は合法的支配の規準であり，国民自身によって制定され公布され，周知が前提になっている．ただ，合法的支配の模範像であった西欧の法律にならった立法のせいで，法律の内容は，周到な適用をめざして対象の確定と厳密な表現をもとにしているために，言葉としては日常語からはなれた，分かりづらい表現となっている．

　法学は，こうした法律の条文を読みこなす技術を教える学問だといえる．読みこなすということでは，条文の解釈という作業が重要である．解釈といえば，芸術の分野で文芸作品などの解釈が知られているが，その場合の意味理解にくらべ，法律の場合は技術的な色彩がこいといえる．それは，おおくの法律解釈が，一方では程度の差はあれ，法律の全体との関連で行なわれるからであり，他方では法適用の手続きを考慮に入れる必要があるからであろう．

　しかし，法律の解釈において重要なのは，対象である個々の法律の精神を理解することでもある．そのことのためには，法律の立法目的を知るのがよいということになる．その法律は，社会からの要求があって制定されたので，その要求が立法目的になる．この基本的な考えは，あたらしい法律だけではなく，これまでの法律にもあてはまる．というのは，個々の法律は，つねにいまの社会に生きているからである．

　法律がどのような状況のもとに現に配置されているかということ，これを知るのが法の精神に近づく方法である．現代の法は，それが社会に生きているがために，伝統的な基本部分と新来の上層部分とからなっている．本書が，社会

からの反照のもとに，この姿を読者に伝えることができれば，編者の望外のよろこびである．

2002年2月10日

編著者しるす

竹下　賢

目　　次

第 5 版へのまえがき
第 4 版へのまえがき
第 3 版へのまえがき
改訂版へのまえがき
(初版への)まえがき

プロローグ ………………………………………………………… *1*
　　──法学のイメージ──
　① 法の体系秩序　(*1*)
　② 法学と司法　(*5*)
　③ 法と道徳と正義　(*10*)
　④ 国　家　と　法　(*15*)
　　　──国民国家と人権──
　コラム 大津事件　(*17*)
　　　──明治立憲主義の最初の試練──

第 *1* 章　憲法へのアプローチ(Ⅰ) ………………………………… *25*
　　──国内における人権保障を中心に──
　① 憲法の基本原理　(*25*)
　② 日本国憲法における人権保障　(*31*)
　コラム 男女平等起草秘話　(*50*)
　コラム 平成天皇の生前退位について　(*51*)

第 *2* 章　憲法へのアプローチ(Ⅱ) ………………………………… *53*
　① 改正史と改正手続き　(*53*)
　② 9 条と安全保障　(*59*)
　コラム 国民投票の結果が示すもの　(*69*)

第3章　民事法へのアプローチ　…… 71
　　　　　──私たちの暮らしと法──
　　コラム　新たな紛争解決手段　(72)
① 民法の全体像　(73)
　　コラム　債権法改正　(75)
② 契約に関する紛争類型と規定　(75)
③ 物の所有に関する紛争類型と規定　(83)
　　コラム　抵当権と保証人　(88)

第4章　刑事法へのアプローチ　…… 93
　　　　　──〈罪と罰と人権〉をめぐる最新の動向をふまえて──
① 刑事法の総論　(93)
　　　──憲法が規定する刑事人権と刑法総論のいくつかの主要な制度──
② 刑事法の各論　(103)
　　　──罪と罰に関する新たな動向をも踏まえて──

第5章　刑事裁判へのアプローチ　…… 115
① 裁判と裁判所制度　(115)
② 刑事裁判のながれ　(120)
　　コラム　裁判所へ行こう　(131)
③ 裁判における新たな動向　(132)
　　　──司法制度改革と裁判員制度──

第6章　社会法へのアプローチ　…… 140
① 職業生活の法ルール　(140)
　　コラム　プロ野球選手のストライキ！　(143)
② 労働条件の法ルール　(143)
③ 多様な働き方と法ルール　(150)
　　コラム　過労死・過労自殺と法的救済　(153)
④ 雇用生活・社会生活を支える社会保障の法制度　(154)

目　次　xi

第7章　現代社会の法トピックスへのアプローチ ……………… *159*
- ① いのちと法　(*159*)
  - コラム　尊厳死・安楽死の法制化問題　(*171*)
- ② 環 境 と 法　(*172*)
- ③ ジェンダーと法　(*179*)
- ④ 国際社会と法　(*191*)

エピローグ ………………………………………………………… *202*
　　　──現代社会の羅針盤──

第 5 版へのあとがき　(*205*)
第 4 版へのあとがき　(*206*)
第 3 版へのあとがき　(*208*)
改訂版へのあとがき　(*209*)
(初版への)あとがき　(*210*)
索　　引　(*213*)

プロローグ
―― 法学のイメージ ――

　本書は法学への入門書であり，憲法と民法と刑法という法律の主要3分野について，また，国際社会に関連して国際法や国際機構について，そして，裁判に関連して訴訟法や裁判制度について，これらについての説明がその主要な構成部分となっている．さらに，本書の特色となっているのは，現代社会におけるいくつかの法律トピックスが取り上げられていることである．

　こうした本書へのプロローグとしては，法学についての概括的な案内をするということになるが，本書のこの案内では，読者に法学についての大づかみのイメージを抱いてもらうように努めることにしたい．そのために，説明は法秩序と法学という2テーマについての構成とする．つまり，まず念頭におく必要があるイメージは，**法学**というのは，現にある**法秩序**を解釈する学問だということである．

　さらに問題にするのは，法秩序の内容である．それは長い歴史的経緯の後に獲得されたもので，そのことを**国民国家の形成**との関連で説明する．また現代社会の動向からみて，**法と道徳**というもう1つのテーマについて，さらに説明を加えることにするが，現にある法秩序の説明からまず始めることにしよう．

1　法の体系秩序

　法といった場合，高校までの学習知識から，憲法や民法といった個々の法がただちに連想されることであろう．一般にも，社会での経験から道路交通法や軽犯罪法など，またマスコミ報道から臓器移植法や少年法など，個別法が容易に思い浮かべられよう．

　しかし，法学の目からみられた法は，各個ばらばらに存在しているのではな

い．それらは秩序を形成しているのであって，そうであればこそ，社会に現に秩序がもたらされる．こうした現にある法秩序については，その中心に憲法があると考えるのがいまや常識であるが，それはどのような意味で中心であるのだろうか．

（1） 憲法と国家と法源
憲　法

　古来，「社会あれば法あり」といわれるほど，人間社会と法との結びつきは深いが，近代になってから，人間は社会秩序を**国民国家**という形態で構成するようになった．こうした近代国家の特徴は，特定の憲法典を持たないイギリスのような例外があるとはいえ，憲法によって国家の基本組織を定めていることにある．このように，憲法は国家の枠組みを定める基本ルールであるといえる（レファレンス：基本ルールとしての憲法については第1章1（1）参照）．

　現代の憲法を世界規模で概観するなら，一般には憲法に2つの部分があり，一方は**統治**のための基本構造を定立する部分と，他方は国民の**基本権**を保障する部分である．日本を例にとっても分かるように，このような憲法の制定は，歴史的には民主政の導入より早い時期におこなわれており，その意味では，国民の基本権の保障に憲法によって程度差があり，国民主権をかならずしも伴っているわけではない．

　しかし，憲法の制定をもって，国家の近代化の端緒がおかれるのである．日本の場合，明治の法制における近代化の中心とされるのは，1889（明治22）年に**大日本帝国憲法**が発布されたことである．それは，立憲君主政を採用するプロイセン憲法にならうものであったが，それでも国民（臣民）の権利を保障して，国民に一定程度の主体的で民主的な地位を与えている．そして，1946（昭和21）年公布の**日本国憲法**は，統治機構としては議会制民主主義の制度をとり，また，国民の基本権については大幅な拡充を図った．

　このように，憲法は国家の基本組織を確定している法であって，他の法はすべて憲法の傘下にあるといえる．そのことは，憲法で規定されている**違憲立法審査制度**のもとで，憲法に違反する法を無効にする仕組みによって維持されている（レファレンス：違憲立法審査権については第1章2（4）参照）．

法律とその他の法源

このように憲法が法秩序の根幹をなす国家は、ヨーロッパ大陸の諸国のように制定法を法の典型的な型としていて、イギリスなどの**判例法国家**とは異なった法体系をとっている。日本は前者の**制定法国家**であるが、この制定法は体系をなしていて、憲法のつぎに位置するのは、国会で制定される法律である。この法律は、規範内容の面からも立法手続きの面からも、憲法に沿ったものでなければならない。この点からみて、法律は憲法の下位に体系化されることになる。

しかし同時に、法律は憲法の内容を具体化するという意味では、行動についてより豊富なパターンを指示している。このように、法律は法秩序をになうもっとも重要な部分になっている。法律をさらに具体化するために、行政機関が定める命令や国家機関が定める規則は、法体系の最下位に組み込まれるといえよう。

法体系をさらに全体として考えようとするなら、裁判の規準である**法源**が何であるかを考えてみなければならない。地方公共団体の条例や規則は**成文**の制定法として、当然にその法源性が認められているが、会社の定款や就業規則などの**自治法規**については、学説において見解の分かれる事例である。そして、制定法国家である日本でも、**不文法**である**判例法**や**慣習法**や**条理**が補充的な法源とされているのである。

このように日本の法体系は、憲法や法律といった成文の制定法の段階構成を中心にして、その周囲に慣習法や判例法などの不文法を擁している。こうした見方によって、法体系の一体性がとりあえずイメージされようが、これは法定立の相違による分類にもとづく像であって、これ以外にも異なった見方での法体系の像がある。

（2） 法秩序の構成

公法と私法

法体系の全体像でよく知られているのは、**公法**と**私法**の組み合わせという捉え方である。公法は国家と個人の関係あるいは国家と国家の関係を、私法は個人と個人の関係を規律する法である。公法には憲法や行政法や刑法、さらに国

際法などが，私法には民法や商法などが属している．

　しかし，西欧ではすでに19世紀の後半から，公法と私法の区別があいまいとなっている．それは，社会法と呼ばれる分野の法律が登場したことによってである．それは，個人の相互関係の自由な形成が，国民の間に豊かさのアンバランスをもたらし，とりわけ資本主義社会のもとで労働者という国民層をうみだしたことによる．

　その種の法律とは，労働法や社会保障法など，国家が国民の個人的な生活に積極的に関与し，国民相互の自主的な秩序形成にゆだねることなく，国民の一定の生活環境を保障しようとする法律群である．このような諸法律は現代国家では，**自由権**とならんで**社会権**として憲法によって保障される，基本的人権から導き出されるようになっている．この社会権との関連では，国家による国民個人への介入が国民の福祉のために是認されるのであり，現代において自由国家は**福祉国家**へと転換している（レファレンス：福祉国家については第1章2（1）参照）．

実体法と手続法，そして法秩序の全体像

　社会秩序の形成という側面から法をみるなら，行動の類型を指示する法とそうした類型にかかわる逸脱や紛争に対処するための法との区別が考えられる．社会が一定の行動類型の組み合わせで成り立っているとすれば，その類型の基礎部分を法によって指示し，刑事裁判によって逸脱に対処し，民事裁判によって紛争に対処することによって，法は社会統制の機能を果たし，社会秩序を維持してゆく．

　これに注目した法の区別は，国民の行動類型にかかわる**実体法**と裁判の手続にかかわる**手続法**の区別ということである．実体法として典型的なのは，義務を課する規範と権利を与える規範である．前者の例は，刑法にみられる殺人や窃盗を禁止する義務規範であり，後者の例は，民法にみられる一定の要件のもとに所有権をみとめる権利規範である．このことからすれば，とりわけ，こうした実体法は各個別の法律に横断的に含まれているといえる．

　この実体法と手続法の区別は，社会秩序の維持機能からみれば分かりやすいが，法全体の姿をしめすという面からいえば不十分なところがある．とくにそこでは，国家にとって重要な組織が法によって規定されていることが現れては

いない．また，手続というと民事や刑事の訴訟を指すと考えられるが，法を全体的にみれば，裁判に準じた決定が行政機関や地方自治体などによってもなされている．

このような考慮にもとづけば，つぎのような3種の規範からの構成で法全体のイメージを考えるのが，現実の姿に近いといえよう．第1は行動の類型を指示する規範であるが，あいまいな実体法という言葉を避けて**行為規範**と呼ぶ．第2は，国家組織による決定のための手続を規定する**裁決規範**であり，第3は，そうした組織そのものの成立を規定する**組織規範**である．

② 法学と司法

人間が原始の時代より社会をつくって生活してきたことを思い浮かべれば，法秩序はもともと法としてよりも**裁判**を中心に発達してきたことが推測できよう．生活を脅かす犯罪行為や人々の間の紛争は共同生活につきものである．有史の時代以前から，慣習によって尊敬される長老のもとにせよ宗教のもとで崇拝される神官のもとにせよ，共同体ではそうした事件を裁く仕組みがつくりあげられてきている．

裁判が法にとって基本的な活動であるということは，こうした歴史的な経緯において重要であることにとどまらない．つまり，裁判は法が社会秩序を形成するために不可欠だという意味で，法にとって基本的な要素なのである．

(1) 法と社会と強制

法の実効性

裁判が社会にとって欠くことのできない要素であるということを，ここでは，社会の成り立ちということから考えてみよう．すでに，法が社会の秩序づけをめざしていることには言及したが，前述ではその法は，規範として表現される法体系として理解されていたといえる．それは，憲法から法律，さらに命令にいたる制定法体系を中心とする法体系であり，あるいは，行為規範，裁決規範，組織規範として再構成された3種の規範の総体からなる法体系である．

だが，「日本には法秩序が存在している」という場合，その法秩序は観念の

上での規範にとどまることのない現実と解されるのが普通である．そこでは，現実の社会に法が通用している状態，生きている状態がいわれていて，それは，法が**妥当性**のみならず，**実効性**をも備えている状態である．

　法が規範のレベルで妥当であるということは，個々の法が制定の手続からしても内容の点からしても妥当であるということである．これに対して，法が実効的であるということは，その法が現におこなわれているということである．

　では，現におこなわれているというのは，どういうことか．それは何よりも，法のもとめている事実が実現されていることである．たとえば，大きくみて憲法の基本的人権規定や組織規範は，現実の人権保障の秩序や国家機関の一定の形態を想定しており，具体的なレベルでは，刑法や民法が標準的な行動類型を指示している．これらの規定が遵守されることによって，もとめられる法秩序が現実となっているということである．

実効性と強制

　しかし，このように実効的な法秩序といった場合，合法的な行動や組織の総合というだけでは説明できない．つまり，違法な行動に対する**制裁**の発動も，法秩序を実効的なものにしている部分である．それは典型的には，刑法における犯罪に対応する処罰であり，民法における不法行為に対する損害賠償である（レファレンス：犯罪処罰のあらたな動向については第4章2(2)，不法行為に対する損害賠償について第3章2(3)参照）．違法の状態があっても，こうした制裁の発動があれば，法秩序としては実効的であるといえる．

　このような法的制裁は，さらに当事者の抵抗を排しても行われる**物理的強制**という特徴をもつが，ある法規範についてそうした制裁がつねに発動されているのであっては，その法規範はとうてい実効的であるとはいえまい．その法規範は，それがあまり遵守されていない場合と同様に，実効的ではない．ただ，法規範の実効性は程度問題であって，遵守と制裁がそれぞれどの程度であれば，ある法規範について実効的といえるかは答えることはできない問題である．大体において遵守され，遵守されない場合に大体において制裁が発動されていると判断されれば，その法規範は実効的である．

（2） 司法としての裁判
法による裁判と法秩序

　社会秩序の歴史との関係で，裁判が法に先行しうることについてはすでにのべたが，近代以前の長老や神官による裁判は，法なしでおこなわれたことは十分に考えられよう．しかし，すでに古代においてその種の裁判であっても，宗教法や慣習法，さらには判例法に依拠していたといえる．その場合，裁判はすなわち**司法**となる．

　この司法の対象となる法について，西欧の法思想史では，法の成立の源泉からみて**自然法**と実定法が区別されてきていて，しかも，自然法を法秩序の基本とみる自然法思想がじつに19世紀の後半まで支配していた．しかし，いまや法秩序ということで念頭におかれているのは実定法であり，この自然法はいまやむしろ道徳原則とみなすことができ，つぎの節であつかうことにする．

　実定法は現代法において完全に優越的な地位についていて，その代表的な形態は，すでに取り上げた制定法と判例法と慣習法である．実定法とは，自然法が自然に根拠をもつのに対して人為に由来する法である．その人為には3種があって，制定行為か判決か慣習かということによって，上の3種の実定法が分かれるのである．

　現実の国家は，これらの実定法のうちどれかを基本にして法秩序を形成していて，**制定法国家**，**判例法国家**，**慣習法国家**の区別がみられる．現代では，前述のように，制定法国家と判例法国家との2大別がみられるが，歴史的には中世は，多くが慣習法国家であったということで有名である．とにかく国家形態にこれら3種があるとしても，現代国家の法秩序はすべてこの3種の法をともに有していて，いずれかを優先しているにすぎない．

　現代国家では，組織原理として立法と司法と行政の三権分立が挙げられる．そのことは逆に，これら三権が分立しているかどうかは別として，近代以降の国家作用として必要視されているということを意味している．いまや司法は国家作用の構成部分であり，それとともに判例法が法秩序の一角をなす．

裁判の役割

　もともと法による秩序形成に司法が不可欠なのは，法律によって行動類型が指示されたとしても，それは現実の行動にくらべれば抽象さをまぬがれること

はできないからである．紛争や事件を処理する判例をつうじて，司法は法律の具体的な意味合いを確定して，法律の規定と現実の行動につながりをつける．こうした判例にもとづく意味合いの確定は，判決をくだされた当事者をこえて規範的な力をもつことになる．

また，社会が複雑化し，その変化のスピードが早まるにつれ，紛争解決や安全対策にとって司法の役割はたかまる．法律は一定の社会関係に対応して制定される．しかし，社会状況が変化し，法律の予想していなかった事態の生じることがある．こうした事態に対処できるのは裁判であり，この種の判例が判例法を構成することになるが，制定法国家ではそれは補充的な立法といえる．

裁判は社会の変化をうつす鏡であるといえよう．規制的な対応が必要となっている新事態に対して，裁判は個々の事例をつうじてではあるが，それを達成することができる．有名な例を１つあげれば，裁判所が公害事件において**無過失責任**をみとめた事例であり，その後，公害立法の多くは，無過失責任制を採用するにいたっている（レファレンス：過失責任については第３章２（３）参照）．

（3） 法適用と解釈

法適用と三段論法

法が司法であるかぎり，**解釈**という作業がかならずともなうことになる．解釈は文書の解釈が通例であるので，判例法国家ではなく，成文法を基本とする制定法国家により明白に意識される．制定法国家での司法は**法適用**といわれるが，それは裁判官が特定の事件に特定の法律を適用して判決を導き出すからである．

この適用過程については，論理学の**三段論法**として理解する見解がある．この三段論法の例をいうなら，つぎのようなものであろう．大前提【人間はいずれ死ぬ】．小前提【Aは人間である】．結論【Aはいずれ死ぬ】．法適用の三段論法はこれに対応しているとされるのだが，それはたとえば，つぎのとおりである．大前提【窃盗をおかした者は３年の懲役刑に服する】．小前提【Bは窃盗をおかした】．結論【Bは３年の懲役刑に服する】．

大まかな形式をみれば，判決の構造はたしかに論理の三段論法に類似している．この点から，小前提につけられる事件と大前提におかれる法規範との論理

的関係に注目して，法適用はある法規範へのある事件の包摂と呼ばれることもある．しかし，論理学の三段論法と法適用の三段論法とは異なるという見解が有力である．

　それは，まず第1に，大前提の違いである．大前提には一般的な法則がおかれ，上記の例では，それは人間が死ぬという自然の**必然的な法則**である．これに対して，法適用における大前提におかれる法規範は，上記では法則のように表現されているが，厳密には**規範**であり，「服する」という存在の言葉ではなく，「服す**べき**である」という当為の言葉でいい表わされるのが適切である．

　この当為の表現をとる規範については以下の第3節で言及することにするが，大前提がこの種の規範であっても**実践的三段論法**と呼ばれて，論理的な三段論法と類似するものとされる．行動にかかわる規範が大前提とされ，ある具体的な人物がその行動をとるべき者の範囲に属していると小前提で確認され，その人物がその行動をとるべきであるとの結論が出される．

法適用における事実認定と解釈

　しかし，法適用と三段論法との間には，かなり根本的な相違がある．法適用の構成要素には，法と事件の2大要素がある．三段論法でいえば，法は大前提の規範であり，事件は小前提にあたるが，事件というのは，一定の人物が規範でいわれた行動をとったという事実である．この法にしても事件にしても，論理的な三段論法における大前提や小前提のもつ実証的な**確実性**を欠いているのである．

　訴訟において争われるのは主として事件の真相であって，刑事事件における証拠や証言，民事事件における証拠書類など，それらを提示して事件を明確化することが訴訟の重要課題となっている．事件の認識について当事者の間で意見が一致するなら，訴訟の課題の大半がはたされたことになる．こうした**事件の認定問題**は，三段論法による図式化では捉えられることはない．

　また，法は成文化されていても，その意味内容について**解釈**を要する場合が多い．たとえば，刑法上の殺人罪の規定に「人を殺した者」との文言があるが，この「人」に胎児や脳死者は含まれるのかどうか，あるいは，「殺した者」に正当防衛をおこなった者や安楽死を敢行した者は含まれるのかどうかには，議論の余地があり，解釈によって結論は異なってくる．こうした解釈をめぐる議

論が訴訟で重要な位置をしめうるのであるが,そのこともまた三段論法という考え方では無視されてしまう.

つまり,法適用はたしかに判決を形式的になぞってゆけば三段論法になるが,しかし,現実の法適用の過程は事実認定と法律解釈の複合である.この認定にしても解釈にしても当事者が主体となっていて,この過程にさらにこうした解釈者が関与する.このように,法適用は,法と事件と解釈者という3要素の相互関係でおこなわれる,事実認定と法律解釈の複合である.

③ 法と道徳と正義

前節でみたように法が規範であるということは,法適用を論理的な三段論法と解することができない決定的な理由である.三段論法では,大前提である自然必然の法則も小前提である事実も実証的な確実性を前提にしている.この条件のもとに,三段論法の妥当性をつうじて,同様に実証的な確実性をもった結論が出されることになる.

法適用の結論である判決でもとめられているのは,事実上の真理ではなく正当性である.法適用は,一定の行動を前提された抽象的な規範にてらして,具体的にどのように評価するかということについての妥当な判断を下すことである.そして,法適用が妥当であれば,その結論としての判決は正当なものとなるが,それは判決が前提された規範の正当性を獲得するからである.では,この前提された規範の正当性は,どのように説明されるのだろうか.

(1) 法 と 道 徳
法と道徳の関わり

規範は,価値や権利や義務の妥当を前提にした**客観的**な性格をもつものと考えられている.規範は一定の**価値**を実現しようとするものであり,一定の権利や義務を実行しようとするものである.であればこそ,規範は客観的となる.規範が価値理念をめざしていることでは,道徳規範も同様である.**法と道徳**の関係が深いということは一般にも理解されやすいことであるが,この関係について厳密に考えてみると,それを整理するのはなかなかむずかしい.

近代国家が，基本的人権を保障する憲法の制定によって骨格をつくったことは，すでに言及したことである．この基本的人権の尊重はさしあたり，人間の**生命と自由と財産**を保障すべきであるという道徳的な権利論を背景にしていて，倫理学として**自由主義**あるいは**個人主義**の立場をとっている．この道徳的立場が法に転換されたということができる．

　こうした例をひくまでもなく，法規範が内容として道徳規範でもあることは容易にみてとれることである．殺人罪や窃盗罪の刑法規定は，「人を殺すな」や「物を盗むな」の道徳規範を内容にしている．民法規定についても道徳の影響はみられ，**善良の風俗**や**公序良俗**の優先規定は，現にある道徳秩序の保護をめざしている．また，民法そのものが個人主義道徳に立脚するといえ，それはもちろん家族法の内容を構成する．それだけではなく，**契約自由（私的自治）の原則**という民法の基本原則もこの種の道徳から導き出される（レファレンス：契約自由の原則については第3章2(1)参照）．

　さらに，自由国家から社会国家への移行に言及したが，社会国家の原則も社会的な平等を達成しようとする集団主義道徳から派生しているといえる．社会権の代表格である**生存権**は，国家が国民に「文化的な最低限度の生活」を保障することに対応している（レファレンス：生存権については第1章2(2)④社会権，(4)の「裁判所による人権の救済——憲法25条をめぐる問題——」参照）．この生活の程度をどのように決定するかは別問題として，最低限度の文化生活が日本という共同体に属している国民には，平等に提供されるのである．

　社会国家への移行からさらに現代になると，法の内容とのかかわりで，法と道徳との関係はよりいっそう重要になる．現代の生命問題や環境問題は，法と道徳の境界に位置している（レファレンス：生命倫理と環境倫理については第7章1，2参照）．法と道徳の境界問題の従来の対処法は，社会の変化が道徳的な問題をひきおこした場合，個人レベルで道徳的に対処され，それが集積された段階で法にする必要があれば，立法化される．

法に独自の理念

　しかし，現代社会の統合的な性格は，法と道徳の交錯をただちに生じさせる．たとえば科学技術の進歩がもたらす延命装置の発達は，脳死状態を継続させて人間の死の再定義をせまる．しかも，その技術は瞬時にひろまり，それをめぐ

る道徳的な問題と，それを国家的に規制するかどうかの法的な問題について，同時の解決が要請される．

このように，法は道徳を内容にしているとはいえ，前述との関連では，法は道徳規範の力で規範としての力をえていることになる．しかし，法はそれが法であるということによって，それ**独自の規範としての力**をえるのであり，それは，法が実現をめざすところの，すでに言及した**秩序**ないし**平和**の価値に由来する．法のこの価値理念については，のちに，西欧で伝統的に法理念とされてきた正義とともに取り上げることにする．

ここでは，こうした法の独自の価値理念と対照的に，道徳に独自の価値理念があることをのべておきたい．法の価値をなす道徳に対して，道徳の価値は**自律**である．自律の基本は，各人が自分の自由な意志でとるべき行動をきめる，あるいはなんらかの行動の指示を承認するということにある．しかも，そこには**個人主義**，さらには**人格主義**の思想が前提とされていて，一定の見識にもとづいた判断が各人にも要求されているのである．法規範は，最終的には自律に根拠づけられる道徳規範に対して，個人の自律をこえて規範として存立するのであって，そうであればこそ，秩序を形成することができる．

（2） 秩序と正義
法の理念としての平和

法がめざす価値である秩序も，あらためて考えてみると，説明はむずかしい．法はたしかに一定の行動を指図することによって，秩序をつくりだそうとしている．前述のように，憲法は民主主義の国家体制と自由主義の保障を，民法は自由主義に立脚した市場経済を実現しようとしているが，これらは君主主義や社会主義にならぶ秩序の1つの類型である．この意味では，現代社会でもいろいろな種類の秩序がありうるといえる．

しかし，刑法がめざしている秩序は，どのような秩序にも共通している**秩序の原型**である．それは，各人の生命と身体の安全を保護するための法である．そもそも，社会は人間の身体的な安全を確保するために自然に形成されたといえ，さらに，国家はそれをいっそう効率化するための装置であるといえる．つまり，秩序の原型は平和である．

古代国家であっても，国王は国民の安全を保障することが最重要の任務であった．近代の**社会契約論**は，現実の契約を問題にしているというより，国家の成立を正当化するための理論であった（レファレンス：社会契約論についてはプロローグ4（1）参照）．この社会契約論は多様であるが，もっともシンプルなものは，国王が国内の平和を確立しているから国王の命令を遵守するという，国家正当化論である．

　動乱の時代にあっては，平和は人間にとって熱望される目的であった．しかし，このことは過去の問題ではなく，体制転換の社会にいつも再現してくる現実である．たとえば，体制転換をめざす新勢力の革命評議会が，放送局を占拠して，旧勢力の法秩序を廃止して新憲法の発布を宣言したとしよう．これによって，旧勢力の憲法秩序は廃止されて，新勢力の憲法が効力をもつようになったのだろうか．

　法的な意味での体制の転換を，現実ではなく言葉の上でのこととはけっして考えることはできない．すでにのべたように，法秩序は現実の法秩序であって，大体において実効的な法秩序であった．そうした実効的な法秩序が認定されるのは，あたらしい法秩序への遵守をつうじて平和の秩序が実現されている場合であり，そうであれば，平和の価値によって法の規範力が根拠づけられる．

法と正義

　だが，問題はこの平和の価値のみで，法の規範としての資格が達成されたとみることができるのか，ということである．たとえば，上記の新勢力が圧倒的な実力のもとに国民を押さえつけ，それによって，平和を樹立することも可能である．しかし，そうした場合に，新勢力の命令が法秩序として効力をもつとはいえまい．やはり，国民の側に新勢力に対して立法機関としての承認が与えられることが必要であろう．

　こうした考え方は，法の規範としての資格を，平和の価値だけでなく自律の価値にも根拠づけるものである．道徳との関連で言及した自律は個人の承認を含意していたが，ここでの自律の意味するところは共同体の承認であり，国民のおおかたの承認ということである．このような集団的な意味合いで自律を理解することは，結局，人間が社会的に生きる動物であることから理解されようが，この種の自律の考えがなければ法の規範的な意味での効力は了解しえない．

法の規範的な効力については，さらに，法理念である**正義**に関連させて根拠づけることが適当である．ただ，その正義の内容が問題となる．西欧の法思想史で，もともと登場した正義の思想は，「各人に彼に**ふさわしいもの**を与えなさい」という**配分**についてのバランス，**均衡**の思想である．罪悪にふさわしい刑罰を，功績にふさわしい褒賞をあたえることが正義の本質であって，したがって正義の女神は左手にはかりを下げている．

　法はその形態からして，一定の要件のもとに一定の効果を与えるという正義の思想枠組みに立脚している．刑法は構成要件を，民法は法律要件をかかげ，それに対応した刑罰や法的効果を規定している．こうした定型化による秩序づけそれ自体で正義が実現される．しかし，このような定型化のためには，規準や原則が前提として必要となる．その基本的な立場と考えられるのは，自由主義や社会主義，あるいは君主主義や民主主義のイデオロギーである．このような正義は，前者を**形式的正義**と呼ぶのに対して**実質的正義**と呼ばれるが，実質的正義のうちの1つをとって，これを法秩序の資格要件，義務づけの唯一の根拠だとすることには無理があると考えられる．

(3) 小　　括

　以上でのべたように，法秩序は憲法や民法や刑法など，多様な実定法で構成されているが，視点によって異なるとはいえ，その体系的意味によって統一的な秩序像をえがくことができる．さらに，法秩序が存在するということで想定されるのは，実定法の法規範からなる法体系が，たんに成文で統一されて存在するというだけではなく，事実として実効的な状態にあるということであった．

　こうした法規範の規範としての性質は，さしあたり，それが内容としている道徳的な価値から獲得する．しかし，法はそれ自体として価値理念である秩序と自律と正義をめざしているという理由で，規範としての効力をもつのである．この意味では，社会秩序の構築を任務とする法は，価値理念をあおぎつつ現実をみすえて国民の生活のかじとりをおこなうのである．

4 国家と法
―― 国民国家と人権 ――

　この節では，まず，(1) 国民国家が形成される歴史的な歩みを振り返りながら，近代的な人権宣言と憲法が，市民革命を経て国民国家が形成される過程で生まれてきたものであることを確認し，次に，(2) 人権の保障が近代国民国家の存続にとって不可欠の要請であることを理解したうえで，(3) 近代において，その普遍性の主張とは裏腹に実は強い歴史的限定を帯びていた人権が，現代に至る歴史のなかで，多くの人々の努力により，どのようにその普遍性を取り戻し，実質化されてきたかということについて考えてみよう．

(1) 国民国家の形成
絶対主義国家
　近代国民国家は，典型的には，近世絶対主義国家の存在を歴史的前提とし，それとの対決において形成されたものである．

　ヨーロッパでは，16 世紀以降，中世から続いていた権力と法の分散状態に変化が生じ，国王が**広域統治**の担い手となっていく．国王は，**官僚制**を整備して**中央集権化**を図るとともに，平時においても恒常的に維持される**常備軍**を創設する．国王は，統治領域内における統一的支配権力を確立し，支配権力の及ぶ範囲（国境）を画定することに成功しはじめるのである．

　近世におけるこのような支配のあり方は，国王の主権を絶対視し，王権に対する中世的な制限から自由であるところから，**絶対主義**と呼ばれる．**ボダンの主権論**，**フィルマーの王権神授説**，**ホッブズの社会契約説**などは，絶対主義的な王権を擁護するための理論であったと考えることができる．

　ところで，現実の統治という局面においては，絶対主義は，古代の専制主義のように臣民の 1 人ひとりに直接的な支配を及ぼすことができたわけではなかった．絶対主義は，臣民を，自立的な**社団**（中間団体）――ギルド，大学などの職能組織や，教区，都市，地方といった地縁組織――のもとに編成して統治することを余儀なくされた．それゆえ，臣民は第一義的には社団に対しての帰

表1　封建制から絶対主義へ

1215年	マグナ・カルタ
1517年	ルター「95箇条の提題」
1562-98年	ユグノー戦争
1576年	ボーダン『国家論』
1618-48年	30年戦争
1625年	グロティウス『戦争と平和の法』
1648年	ウェストファリア条約
1651年	ホッブズ『リヴァイアサン』
1680年	フィルマー『家父長権論』

(出典)　筆者作成.

属意識をもち，社団を越えた国家への直接的な帰属意識はまだ希薄であった．後述するように，成立期の近代国民国家が社団を排除して国民の創出に努めたのはこのためである．

　なお，絶対主義のもとでの中央集権的独立主権国家の並存，すなわち**主権国家体制**が確立するのは，**30年戦争**を終結させた1648年の**ウェストファリア条約**以降のことである．この時期に，このような独立主権国家こそが国際体制を構成する単位に他ならないという考え方に基づいて，**西欧国際体制**と呼ばれる国際体制も同時に成立した．30年戦争のさなか**グロティウス**（1583-1645年）は『戦争と平和の法』（1625年）を著し，独立主権国家間の利害対立を調整するための国際的なルール＝国際法を体系づけようとしたが，その歴史的前提となっていたのは，こうした主権国家体制＝西欧国際体制であった（レファレンス：国際法の前提としての主権国家体制については第7章4（2）参照）．

市民革命

　市民革命（ブルジョア革命）は，支配権力との関係に注目してこれを考えると，商工業の発達によって成長した市民階級が主体となって，絶対主義のもとで国王に独占されていた支配権力（国王主権）を自らの側に奪い取ることを目指した革命であった．このため，17世紀後半から18世紀末にかけてイギリス，アメリカ，フランスなどで起こった典型的な市民革命では，革命の過程において，国家主権が国王ではなく国民にあること（国民主権），国民は国家権力によっては奪われることのない固有の権利（人権）をもつこと，を明確に宣言する**人権宣言**が公にされるのが通例であり，法による支配権力の制限を通じて人権を護

ろうとする**立憲主義**の立場から，**憲法**の確認ないし制定が行われることになる（レファレンス：立憲主義については第1章1（1），2（1）参照）．

　他方，イギリスやアメリカ，フランスとは異なり，イタリアやドイツ，日本では，市民革命の歴史的前提となる，広域統治を担う絶対主義王権自体が弱体であった．したがって，19世紀後半にはじまるこれらの国の近代化過程においては，国王や皇帝・天皇に権力を集中することによって統一国家を権力的に形成していくことがまずもって重要な課題となり，市民革命は後退を余儀なくされた．そのため，典型的市民革命には必然的に付随した権利宣言は，これらの国においては，形式的なものとなってしまう傾向が強く，立憲主義も，君主権力への拘束が弱い**外見的立憲主義**と呼ばれる形態をとることが多い．

コラム　大津事件――明治立憲主義の最初の試練――

　近代立憲主義は国家権力の濫用を未然に防止するための制度であり，国家権力の分立，とりわけ，司法権の行政権からの独立を要請する．また，近代刑法における基本原則である罪刑法定主義は，刑法における類推解釈の禁止を要請するが，これもまた，国家刑罰権の濫用を防止しようとするものである．

　1889（明治22）年に大日本帝国憲法（明治憲法）が制定されて間もなく，日本の立憲主義，罪刑法定主義の行く末にとって重大な試練となる事件が突発した．大津事件である．

　1891（明治24）年5月11日，来日中のロシア皇太子ニコライ（後の皇帝ニコライ2世）が，滋賀県大津で，護衛の巡査津田三蔵に斬りつけられ，負傷した．当時の刑法（1880年刑法）には，外国王族に対する罪についての規定はなかったが，ロシアとの外交関係が悪化することを恐れた政府は，この事件に，日本の皇室に対する罪（大逆罪）を類推適用して，津田を死刑にする方針を決定し，この事件の裁判を担当する司法部にくりかえし圧迫と干渉を加えた．しかし，事件を審理した大審院は，同年5月27日，大逆罪ではなく普通謀殺未遂罪を適用し，津田を無期徒刑に処する判決を下した．

　大津事件で，大審院が，政府の圧迫に抗して，類推適用を排することができたのは，大審院長であった児島惟謙が政府の干渉にねばり強く抵抗したからであるといわれる．児島は，類推解釈を排し，裁判の独立を堅持することこそが立憲君主国家日本の自主性を確保する道であるという意見を政府に示し，同時に，事件の審理を実際に担当した大審院判事たちに対しては，政府の不当な圧迫に屈することのないよう説得をおこなったのであった．

　司法権の独立が「裁判官の独立」をも当然に含んでいるとするなら，児島の大審院判事説得行為は司法部内における行き過ぎた干渉であったかもしれない．また，国家の威

> 信のみが問題とされ，国家権力の濫用から加害者の人権をどのように保障するかという発想が全く欠落していたことは，後発型近代国家という事情を考慮に入れるとしても，なお問題となるであろう．しかし，児島の行動を通して，生まれたばかりの明治の立憲主義，罪刑法定主義は，ともかくも最初の試練を乗り越えることができたのである．

人権宣言と憲法

　市民革命の経緯と，それがどのような人権宣言と憲法を生み出したのかを，代表的な事例に則して簡単に確認しておくことにしよう．

　まず，イギリスでは，17世紀に，ステュアート王朝の絶対主義的支配に対し，議会の同意なき課税や法によらない逮捕などを禁止する**権利請願**（1628年）を国王に認めさせることに成功したが——この過程で**マグナ・カルタ**の再評価が行われた——，国王はすぐにこれを無視するようになったので内乱となり，ついに**ピューリタン革命**（1640-60年）のなかで国王は処刑され，共和政が成立する（1649年）．共和政のもとで独裁的な支配を行ったクロムウェルの死後，1660年には王政復古となるが，議会の権限はかつてより強化されていたから，絶対主義の単純な復活とはならず，**名誉革命**（1688-89年）では，絶対主義的支配の復活を企てた国王に対し，議会は新たな王をオランダから招くこと

表2　市民革命と人権宣言，憲法

1628年	権利請願
1640-60年	ピューリタン革命
1688-89年	名誉革命
1689年	権利宣言，権利章典，ロック『統治二論』
1748年	モンテスキュー『法の精神』
1762年	ルソー『社会契約論』
1776年	アメリカ独立宣言
1787年	アメリカ合衆国憲法
1789年	フランス革命，フランス人権宣言
1791年	フランス憲法（1791年憲法），アメリカ合衆国憲法修正10箇条（権利章典）
1804年	ナポレオン法典（フランス民法典）
1861年	イタリア王国憲法
1868年	明治維新
1871年	ドイツ帝国憲法
1889年	大日本帝国憲法

（出典）筆者作成．

によって対抗した．新しい王は，1689年，議会の提出した**権利宣言**を認めて即位し，それをもとにして「臣民の権利ならびに自由を宣言し，王位継承を定める法律」，いわゆる**権利章典**を制定した．**ロック**の『統治二論』(1689年）はこのような状況のもとで執筆されたものである．こうして，イギリスは，17世紀後半の2つの市民革命を経て，絶対王政から立憲君主制に移行したのであった．

次に，**アメリカ独立革命**は，北アメリカのイギリス植民地における市民革命であったととらえることができる．1776年の**独立宣言**では，**自然権思想**に基づき，人間の平等や，生命・自由・幸福追求の権利，さらには，人民の信託に違反した統治に対する**革命権**が主張されており，宗主国イギリスの国王が植民地でおこなった暴政に対抗して，植民地の人民が結束して独立することが宣言されている．1787年に制定された**アメリカ合衆国憲法**では，国民主権にもとづく連邦共和政体が採用され，権力の濫用を防ぐために，**三権分立**と三権間の**抑制と均衡**のシステムが導入された．なお，人権に関する基本的諸条項は，1791年に，最初の修正10箇条として憲法に付加された．

そして，**フランス革命**は，ブルボン王朝の絶対主義体制——**アンシャン・レジーム**（旧体制）と呼ばれる——を打倒するための市民革命だった．1789年5月，1614年以来実に175年ぶりに招集された議会（三部会）では，平民からなる**第三身分**が**国民議会**を名乗り，7月にはバスティーユ牢獄襲撃が起こって，議会は，封建的特権の廃止を宣言するとともに，「人および市民の権利宣言」，いわゆる**フランス人権宣言**を決議した．**モンテスキュー**や**ルソー**などのフランス啓蒙思想を源泉に，自然権思想に基づく人権や，圧制への抵抗，国民主権などの内容が盛られたフランス人権宣言は，1791年に採択された**フランス憲法**の冒頭に掲げられた．

(2) 国民国家と人権
国民の創出
国民国家とは，国民統合に重点をおいて近代国家をとらえたときに用いられる概念である．すでに述べたように，絶対主義国家においては，広域統治がすでに実現していたものの，臣民は，社団（中間団体）のもとに編成されて統治

されており，人々は国家というよりも社団に対する帰属意識を強くもっていた．絶対主義国家の臣民にはまだ**国民意識**が形成されていなかったのである．

市民革命は絶対主義国家体制を立憲民主主義国家体制に転換させる契機になったが，それは政治体制の転換という側面が強かった．それゆえ，成立したばかりの近代国家＝立憲民主主義国家にとって最も重要な課題は，新しい政治的枠組の実体をなす新たな「国民」を創出することであった．

近代国家における国民は，社団への帰属意識ではなく，国民意識をもたねばならない．そのため，たとえばフランス革命に典型的であるが，革命下の一定期間は，社団の結成が徹底的に排除されることになる．フランス人権宣言に「結社の自由」があえてうたわれておらず，**ル・シャプリエ法**（1791年）のような団結禁止法が制定されたのは，このためである．

国家への帰属意識を強く共有する国民を創出するためには，「国旗」や「国歌」の制定，言語の統一，歴史叙述の統一も不可欠であった．近代国民国家はやはり早い時期から学校制度を整備し，そこにおける統一的国民教育を通して，「国語」や「国史」を普及させた．

法体系の統一と法典編纂

国民国家が国民を創出する場合，法体系の統一は極めて重要な課題となった．なぜなら，国民国家においては，国民が，共通の言語や共通の歴史とともに，共通の法（統一された国家法）をもたねばならないからであり，国民は，国家法を通して，国家に直接――社団を介さないで――対面する存在となるからである．したがって，法体系の統一とその一律適用（法の下の平等）は，国民国家の形成にとって不可欠の要請であった．

市民革命後，新たに法制定の主体となった国民国家は，支配権力を排他的に独占することにより，国家領域内に一元的・排他的に適用される国家法の体系を構築していこうとする．たとえば，フランスの法体系は13世紀半ば以来，北部慣習法地域と南部成文法地域に二分されていたが，1804年に制定された**ナポレオン法典**（フランス民法典）はこれを統一した．この法典の起草委員の1人であったポルタリスは，統一法典の制定にあたって，「われわれはもうプロヴァンス地方の人間でもなければ，ブルターニュ地方の人間でも，アルザス地方の人間でもない．われわれはフランス人なのだ」と演説したが，このことば

表3 民法典の編纂

1804年	フランス民法典
1838年	オランダ民法典
1863年	ルーマニア民法典
1865年	イタリア民法典
1867年	ポルトガル民法典
1888年	スペイン民法典
1890年	日本民法典（未施行）
1896年	日本民法典（総則・物権・債権編），ドイツ民法典
1898年	日本民法典（親族・相続編）
1907年	スイス民法典
1926年	トルコ民法典

（出典）筆者作成．

は，国民国家形成と法体系統一との関係を雄弁に物語っている．

国民国家と人権保障

絶対主義国家の専制的な統治原理に対抗するため，市民革命の過程で，近代的な人権宣言と憲法が生み出されたことはすでにみた．人権宣言と憲法は，国民の人権を保障するためのカタログの提示とシステムの構築に他ならないから，人権の保障こそが市民革命を正当化する大義であり，国民国家もその大義を継承することになる．こうした歴史的経緯により，国民国家における人権保障は，必然的に次のような意義を担うことになる．

第1に，人権の保障は，国民国家における支配の正当性の根拠であり，それなくしては国民国家が存続しえない，統治の基本原理である．国民国家は，絶対主義的な専制支配を否定し，国民の人権をあまねく保障することを，保障されるべき人権カタログの提示（人権宣言）と立憲主義的統治システムの構築（憲法）によって鮮明に打ち出すことによって，初めて自らの正当性を主張しうるのである．

第2に，人権の保障は，国民国家における国民の創出にとって不可欠な原理であり，この原理によって国民統合が維持され，国民国家が存続可能となる．国民国家を現実に構成する人々の属性は，地域，財産，身分，性別，民族等々，実に多種多様であるが，そのような差異を超えて，すべての国民国家構成員に「国民」として理念的に同質であることを納得させるためには，人権の普遍性を原理として掲げたうえで，すべての人間が人間として固有する権利（人権）

を国家の責任においてあまねく国民に保障していくという態度表明が必要となる．国民の人権保障が国民国家における国民統合の前提なのである．

（3） 人権の普遍性の回復，実質化
人権の普遍性と歴史性
　国民国家においては，国民統合を維持していく必要から，人権は「普遍的」なものとして主張される．近代における人権の一般的な定義は，人権が，その人の属性に一切関わりなく，ただ人間であるということのみに基づいて人間に固有される，普遍的な権利であることを示しているが，すでにみたヨーロッパに固有の歴史的経緯によって，近代における人権は，実は大きな歴史的限界をともなっていた．

　第1に，人権の享有主体である「人間」は，市民革命を経て国民国家を形成した欧米諸国が同時に**植民地帝国**であったことを反映して，植民地宗主国（本国）の国民，具体的には，家父長ブルジョア成年白人男性キリスト教徒であることが暗黙の前提であった．たとえば，1778年のアメリカ合衆国憲法は，わずか2年前に出されたアメリカ独立宣言に反して，ネイティヴ・アメリカンや黒人奴隷をあからさまに差別し排除する条項をもっていた．また，1789年のフランス人権宣言が「男性および男性市民の権利宣言」でしかないことを喝破し，「女性および女性市民の権利宣言」を提案した，詩人・劇作家のオランプ・ド・グージュは，フランス革命主流派の男性たちによって抹殺されてしまった．

　第2に，人権の中核は**自由権**にあると考えられたため，**社会権**という考え方はようやく20世紀になってから登場することになった．これは，近代国民国家が，何よりも歴史的に先行する絶対主義権力との対抗のなかで形成され，個人の自由を国家権力の介入から防御することが最優先の課題であるととらえられたことに起因している．

　第3に，人権の享有主体はあくまでも個人であり，一定の人間集団が人権の主体になることはありえないと考えられてきた．これは，近代国民国家が社団を排除して，国民を直接に国家に対峙させたこと，いわば力ずくで個人を創出しようとしたことと深くかかわっている．

実質化への努力

以上のように，近代人権は，その表面的普遍性とは裏腹に，強い歴史性を帯びていたのであるが，近代から現代への歴史のなかで，多くの人々，とりわけ差別や抑圧からの解放を願う人々の粘り強い努力によって，歴史的な限定が徐々に取り除かれていき，人権本来の普遍性が回復されてきたといえる．

たとえば，**社会権**という考え方は，資本主義の発達に伴う構造的な貧困の発生や富の偏在といった社会状況を背景に，20世紀初頭に登場したものであるが，これまでの自由権中心主義的な人権保障のあり方に一定の反省を迫った．また，1960年代以降の**公民権運動**の進展なかで，アメリカ合衆国憲法が保障している人権が事実上白人の人権に限られてきた状況が鋭く告発され，人権が文字どおりあらゆる人種に及ぶことが確認されるようになった．同様に，**フェミニズム運動**の高まりによって，女性もまた人権の主体であるという当然のことがらが再認識されるようになったし，**子どもの人権**という観点も登場するようになってきた．**集団の人権**については今も意見が対立しているが，少なくとも，一定の集団やカテゴリーに属していることを理由に人権侵害（差別）がなされる事実を無視してはならないという認識は共有されるようになっている．

さらに，国民国家における人権保障は自国民にしか及ばず，それゆえ人権はもっぱら国内問題であるととらえられてきたが，第二次世界大戦時における深刻な人権抑圧に対する反省のなかから，人権を国際的に保障していこうとする**人権の国際的保障**という考え方が生まれてきたことも，人権本来の普遍性を回復しようとする人々の努力のたまものであると考えることができよう．**世界人権宣言**や**国際人権規約**，EUや米州などの地域的人権条約，また**人種差別撤廃条約**，**女性差別撤廃条約**，**子どもの権利条約**などの個別的人権条約が，自国民に限られる人権保障という限界を突破していく契機として働いているのである（レファレンス：国際人権条約については第7章4（2）参照）．

日本においても，**大日本帝国憲法**（明治憲法）は国家主義的な側面を強くもっていたが，大正デモクラシー期には，普選運動や護憲運動など，その立憲主義的側面を実質化していこうという運動が展開されたことはよく知られている．戦後の**日本国憲法**には詳細な人権カタログが置かれるようになったが，それらを実質化していく努力がこれまで粘り強く積み重ねられてきたし，現在も続け

られていることを忘れてはならないだろう．

●●● **さらなる学習の手引き** ～～～～～～～～～～～～～～～～～～～～～～～～～～
① 1人の手になる法学入門書であり，法システムと法の動態への言及が特徴である．六本佳平『法の世界』（放送大学教育振興会，2004年）．② 元最高裁判事であり，刑法学者である著者の手になる入門書であるが，これから法学を学ぶ学生向きの，団藤重光『法学の基礎　第2版』（有斐閣，2007年）．③ 特に裁判を中心にして法の世界の基本的なしくみと特徴を説明する，深田三徳『改訂版 法の世界へのプロローグ——法．裁判．人権——』（昭和堂，2006年）．④ 法文化を手掛かりに読者を法の世界へと誘う，竹下賢・角田猛之編著『改訂版　マルチ・リーガル・カルチャー』（晃洋書房，2002年）．⑤ 法学の学習にはヨーロッパ法史に関する知識が必要になるが，本格的概説書である，森征一・山内進編著『概説西洋法制史』（ミネルヴァ書房，2004年）．⑥ 近代国家形成の思想の源流となっている社会契約説について詳細な見取り図を与えてくれる，D. バウチャー・P. ケリー編『社会契約説の系譜』（ナカニシヤ書房，1997年）．⑦ 初学者が取り組みやすい新書の法学入門書として，木村草太『キヨミズ准教授の法学入門』（星海社新書，2012年）．以下書名のみ挙げる．
⑧ 阿南成一『ベーシック法学』（弘文堂，1989年）．
⑨ 佐藤幸治・鈴木茂嗣・田中成明・前田達明『第3版補訂版 法律学入門』（有斐閣，2008年）．
⑩ 大谷實編著『エッセンシャル法学（第6版）』（成文堂，2013年）．
⑪ 高沢紀恵『主権国家の成立』（山川出版社，1997年）．
⑫ 谷川稔『国民国家とナショナリズム』（山川出版社，1999年）．

第1章
憲法へのアプローチ（Ⅰ）
―― 国内における人権保障を中心に ――

1　憲法の基本原理

（1）　近代憲法とは？――**国民主権・人権・三権分立**――

　国民国家と近代法の形成の頂点に立つものが近代憲法である．憲法という言葉は，「憲（のり）」の「法（のり）」，法の中の法，言いかえると法の王様ということであり，その国の**基本法・根本法**という意味を持っている（日本国憲法でも98条で最高法規と規定している）．近代主権国家の構成原理としての基本法＝根本法のことをわれわれは通常，憲法（Constitution）と呼んでいる．

　わが国で憲法という言葉が使用されたのは，古くは聖徳太子の憲法十七条（604年）があるが，その意味は天皇からの大切な法ないし命令ということであり，天皇の権力そのものを制御するものではなかった．欧米近代が市民革命によって創出した，国民主権にもとづく国家の構成原理としての権力を制御する「憲法」とは内容を異にすると言えよう．

　近代憲法の基本原理は，①国民主権，②基本的人権の尊重，③権力分立にあり，この3つは三位一体のものである．主権者である国民の人権を国家権力からいかに守り，また国家のあり方を示すとともにその国家権力を（憲）法によっていかにコントロール（制御）するのかという課題に答えるものこそが，まさに近代憲法なのである．このような憲法によってその国の基本やあり方を規定し（→国民主権・基本的人権の尊重・議会制民主主義），国家権力の恣意性や専制化・独裁化を防ぐ（→三権分立）という考え方を，**近代立憲主義**と呼んでいる（レファレンス：国民国家と近代法，とりわけ人権の形成についてはプロローグ4（3）参照）．

(2) 大日本帝国憲法

　立憲主義をエッセンスとした近代憲法の基本原理が，近代欧米市民革命の成果であり，イギリス・アメリカ・フランスの政治形態の法的表現だとすれば，民主主義の成熟度において後発的な日本の場合，同じ状況下にあったドイツ（プロシア）の憲法の影響が濃いものと言えよう．

　君主権力が強いドイツ帝国憲法（1871年）をヒントにした大日本帝国憲法（以下，明治憲法）は，支配勢力（藩閥政府）側からの憲法であり，天皇が臣民に与える形の**欽定憲法**であった．したがって，明治憲法は立憲主義とは言っても，きわめて君主権力への拘束力（制御）の弱い**外見的立憲主義**の憲法とも言われている．それでは，その明治憲法（1889年2月11日発布，1890年11月29日施行）の特色を3点に絞ってみていくことにしよう．

① 天皇主権

　1条で「大日本帝国ハ万世一系ノ天皇コレヲ統治ス」と，天皇主権を規定している．さらに4条で「天皇ハ国ノ元首ニシテ統治権ヲ総攬シ此ノ憲法ノ条規ニ依リ之ヲ行フ」（総攬は一手ににぎること）と，国家の元首であり，統治権の究極のにない手であった．さらに3条で「天皇ハ神聖ニシテ侵スヘカラス」と規定され，天皇の神格化がなされている．したがって，天皇は「現人神」でもある．この点は，明治の国家神道や教育勅語（1890年）によって，宗教的・教育的側面からもバックアップされ，**近代神権的天皇制国家**（＝「国体」）が完成されていく．

　外見的立憲主義と呼ばれるのは，この統治権の下に三権分立の規定をおいた点にみうけられる．まず立法は，5条で「天皇ハ帝国議会ノ協賛ヲ以テ立法権ヲ行フ」と示している．帝国議会は衆議院と貴族院からなり，前者は臣民の選挙，後者は「皇族，華族及勅任」された議員から組織された．前者の民選の議員によって構成される衆議院の設立は，自由民権運動の成果と言える．つぎに，行政は55条で「国務各大臣ハ天皇ヲ補弼シ其ノ責ニ任ス」とあり，天皇を補弼（助けること）する大臣助言制をとっている．内閣そのもの関する規定は，明治憲法にはなく，内閣制度は内閣官制（1889年）によって定められていた．最後に司法は，57条で「司法権ハ天皇ノ名ニ於テ法律ニ依リ裁判所之ヲ行フ」とある．さらに，58条で「裁判官ハ刑法ノ宣告又ハ懲戒ノ処分ニ由ルノ外其

ノ職ヲ免セラルルコトナシ」ほか，裁判官の身分を保障するなど司法権の独立を制度的にも一応確立した（レファレンス：プロローグ コラム 大津事件）．このように明治憲法は神権的天皇制の下に立憲主義の三権分立を組み込むという妥協の産物であった．

② 臣民の権利・義務

外見的立憲主義のもう1つの側面は，臣民の権利・義務である．明治憲法では第二章 臣民権利義務で18条から32条に自由権を中心に規定されていた．「臣民」とは家来の民，つまり天皇主権の下での臣民であり，「国民」ですらなかった．しかも，たとえば29条「日本臣民ハ法律ノ範囲内ニ於テ言論著作印行集会及結社ノ自由ヲ有ス」（傍点は筆者）とあるように，その自由は「法律ノ範囲内」という条件付であり，その法律を作る側＝天皇側の権力行使の目的の下で，いつでも制限可能であった．まず，人権は立法権に服するし，その制限ができない場合も最終手段としては，天皇の緊急勅令大権や独立命令大権などの権限で，臣民の権利義務について定めることができたのである．

欧米市民革命によって生まれた人権は，自由権的あるいは前国家的権利（レファレンス：プロローグ4）であり，国家権力によっても侵すことのできない人間として生まれながらに有する権利という性格を有していた．その権力から個人の自由をいかに守るかが人権という装置であり，人権は，国家権力が濫用されないためのもう1つの装置である三権分立（権力分立）とともに，近代憲法のエッセンスを形造っているのである（レファレンス：第1章1(1)参照）．

こうした視点から，明治憲法下での臣民の権利は，アジアでいち早く人権が規定された点は評価されるとしても，神権的天皇制国家から恩恵的に与えられた人権で，法律によっていつでも制限可能な**不完全な人権**であったと言えよう．この点も加えて，外見的立憲主義と言われる理由である．

③ 天皇の軍隊

天皇主権のところでは述べていなかったが，天皇の権能のことを「天皇大権」と呼び，皇室大権（皇室の自律）や，軍にかかわる統帥大権などがあった．帝国議会や内閣や裁判所は明治憲法内機関であったが，元老や，軍にかかわる参謀本部や海軍軍令部は，明治憲法外機関であり，陸海軍は天皇大権下の統帥大権のもとにおかれていた．この明治憲法の構造上の問題は，やがて軍部の

「統帥権の独立」問題を呼びおこすことになる．

統帥とは，陸海軍を統べ（＝統括し）活動させることで，その権限については「天皇ハ陸海軍ヲ統帥ス」(11条) や，「天皇ハ陸海軍ノ編成及常備兵額ヲ定ム」(12条) と規定されている．また「天皇ハ戦ヲ宣シ和ヲ講シ及諸般ノ条約ヲ締結ス」という権限もあった．

以上，3点に絞って明治憲法の特色をかいつまんで述べてきた．この明治憲法体制の運用は，各省・陸海軍・政党などに政治勢力が分かれ，元老などによる統合と調整の中で，かろうじてバランスが保たれていた．しかし，昭和 (1927年以降) にはいってから，このバランスが崩れ，世界大恐慌下での経済不況や社会不安，そして政治の混迷する中で，軍部は5・15事件 (1932年) や2・26事件 (1936年) を通じて独裁へむかい，明治憲法下でのわずかながらの立憲主義の要素をも掘り崩しっていった．さらに政党政治も中断させ，軍国主義日本の道＝アジア・太平洋戦争への道（日本では1931年満州事変から1937年日中戦争，さらに1941年アジア・太平洋戦争そして1945年終結までを十五年戦争とも呼んでいる）を突き進んでいったのである．

統帥権の独立をふりかざした軍部の独裁による戦争への道を防げなかったという点で，明治憲法体制下での構造上，**シビリアン・コントロール（文民統制）**が十分に機能しえなかったことを，わが国は多大な内外の犠牲をはらって歴史の上で学んだと言える．

(3) 日本国憲法の3つの柱
国民主権・基本的人権の尊重・平和主義（戦争放棄）

1945年8月15日，日本はポツダム宣言を受諾 (14日) することによって，第二次世界大戦の終了，すなわち敗戦＝無条件降伏以後の現代日本が始まる．マッカーサー中心のGHQ（連合国軍総司令部）は，ポツダム宣言にしたがって，日本を軍国主義から平和で民主的な国家へ変えるため，さまざまな戦後の民主改革に乗り出した．そのクライマックスが，1946年11月3日公布，翌1947年5月3日施行の日本国憲法の制定であった（図1-1）．日本国憲法は，前文と11章103条から成る．それは近代欧米の憲法に源流を求めることができ，

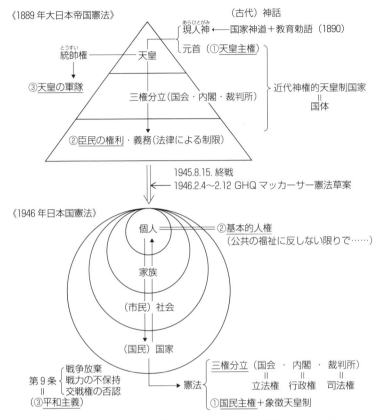

図 1-1　大日本帝国憲法（欽定憲法）と日本国憲法（民定憲法）

(出典)　筆者作成.

① **国民主権**，② **基本的人権の尊重**，③ **平和主義（戦争放棄）** という 3 つの柱を持つ.

① 国民主権は，前文で「……ここに主権が国民に存することを宣言し……」とあり，1条で「天皇は，日本国の**象徴**であり日本国民統合の象徴であつて，この地位は，主権の存する日本国民の総意に基く」と規定されている．国の政治のあり方を最終的に決定する権限は国民にあるという**国民主権（主権在民）**は，前文と1条に明記されている．この国民主権の具体的な現れは，まず代議制（間接民主制）という形で現れる．国民は「正当に選挙された国会における

代表者を通じて行動」(前文)するため，国会は**国権の最高機関**(41条)とされている．選挙によって代表者＝国会議員を選び，彼らから構成される国会(議会)を中心に三権が分立される議会制民主主義の形態を中心に，憲法改正の承認(96条)や最高裁判所裁判官に対する**国民審査**(79条)など直接民主制の形態もとりいれている．

　②基本的人権の尊重に関しては，第3章国民の権利及び義務に10条から40条まで明記されている．基本的人権は自由権・平等権・社会権・参政権・受益権［＝請求権］(後2者は基本的人権を守るための権利と呼ばれる)からなる．だれもが生まれながらに持つ基本的人権は，国家権力によっても「侵すことのできない永久の権利」(11条)であり，「公共の福祉に反しない限り，立法その他の国政の上で最大の尊重を必要とする」(13条)．しかし「この憲法が国民に保障する自由及び権利は，国民の不断の努力によつて，これを保持しなければならない」(12条)ものであり「これを濫用してはならないのであつて，常に**公共の福祉**のためにこれを利用する責任を負ふ」(12条)．ここに欧米の17,18世紀に成立した人権(自由権・平等権)を中心に20世紀の社会権も組み込んだ形でのより充実した基本的人権が規定されている．

　③平和主義(戦争放棄)は前文，9条で規定されている．前文では「……再び戦争の惨禍が起ることのないやうにすることを決意し……日本国民は，恒久の平和を念願し……平和を維持し，……」と平和主義を謳い「……平和のうちに生存する権利を有することを確認する」とある．9条は，さらに平和主義を徹底化させ**戦争の放棄・戦力の不保持・交戦権の否認**を規定している．冷戦のさなか，1950年の朝鮮戦争で設けられた警察予備隊は，1952年に保安隊，1954年に自衛隊となり，その自衛隊は9条との関係でこれまで憲法論の最大のテーマとなって今日に及んでいる．しかし，合憲・違憲のいわば神学的論争とは別に，1951年に締結され，1960年で改正され現在に至っている**日米安全保障条約**(通称「安保条約」)とともに自衛隊の現実は，9条を完全に空洞化させ現在に至っている．日本国憲法公布72年をむかえようとする今日，これは国際貢献論の名の下での**憲法改正論議**(レファレンス：憲法改正については第2章1(2)，(3)参照)の最大の争点となっており，2007年5月国民投票法(レファレンス：第2章1(2)参照)も成立し，21世紀前半の日本の選択の最重要局面に

至っていると言えよう．

2　日本国憲法における人権保障

(1)　人権総論
人権概念の成立・普及・拡大

　1689年のイギリスの権利章典をはじめ，1776年のアメリカ独立宣言，1789年のフランス人権宣言に人権の成立をみることができる．

　17-18世紀に成立した人権は，しかしその対象が白人男性の人権としてしか想定されていなかった．しかし，その対象は，白人のみならず有色人種，男性のみならず女性へも拡大されていくことになる（レファレンス：女性の権利については第7章3　ジェンダーと法参照）．これは，人権という概念が，ある面では普遍的な意味をもつことによる．また参政権や請求権など人権を守るための人権として位置づけられるものも，その対象や範囲を拡大させていった．選挙権の歴史の中に私たちはその要約をみることができよう．

　さらに，20世紀にはいると17-18世紀的自由のいきすぎによる結果の不平等がさまざまな社会問題を誘発する中，その対応として社会権という概念を生み出した（1919年のドイツワイマール憲法における社会権規定は世界で最初の成文化）．社会的・経済的弱者を国家が積極的に支援・救済すべきであるという考え方から，勤労権や教育権や生存権などが社会権の名のもとに人権として制度化された．17-18世紀の**夜警国家・消極国家**から20世紀的**社会国家・積極国家**，第二次世界大戦後は**福祉国家**と呼ばれる国家観の転換でもある．ここに国家権力からの自由を根幹に人権を設定し，憲法によって国家組織や権力行使の根本を規定するとともに，国家権力の濫用を抑制するという近代立憲主義に加えて，国家権力による自由の実現という**現代立憲主義**が登場してきた．

　すなわち，夜警国家の下での個人の自由が保障され，自由な経済活動が自由競争の名の下におこなわれた結果，19世紀後半ごろから経済的・社会的貧富の格差＝経済的・社会的不平等がとみに拡大する．こうした中，マルクスの資本主義経済システムの分析とその批判が『資本論』によってなされると，社会主義・共産主義という考え方が社会に大きな影響力を与え始めた．さらには労

働者階級による革命というような考え方が広がる中で，資本主義諸国は自らの立場の修正を余儀なくされてきた．国家による積極的支援・援助が権利として主張されはじめ，国民が実質的に自由・権利を享受できるよう国家に積極的に働きかける**社会権**が憲法に新しい人権として組み込まれてきたのである．日本国憲法もこれらの世界的流れを受けて25条の生存権などを中心にさまざまな権利が，社会権として戦後の日本国憲法条文に登場することになった．

このように現代立憲主義の下では，これまでの「国家からの自由」を土台とした自由権中心の近代立憲原理に加えて，「国家による自由」の実現を要求する社会権規定もふくめた積極国家の役割が期待されることになる．ただし行政権が肥大化する**行政国家**化現象の中で国家の意思決定を行政府（日本では内閣）がおこなうようになると，三権分立の存在意義が問われる危機状況も生じてきていることを考慮しておかねばならない．

さて20世紀において登場した社会権は，いわば20世紀の新しい人権であったわけである．現代において，これまでの人権のはんちゅうでは予想できなかった人権への侵害が起こってきている中で，**環境権・知る権利・プライバシーの権利**などが「**新しい人権**」の名の下に登場してきている（レファレンス：環境権，知る権利，プライバシー権については第1章2（3）参照）．これらはこれまでの憲法上の人権規定から基礎づけられるのか，あるいは憲法条文化を必要とするのか，また法律レヴェルでの立法化による具体的保障で十分こと足りるのかといった新しい人権の基礎づけと制度レヴェルでの具体的保障といった問題が，この新しい人権の名の下で提起されてきているのである．

人権の国際化

1945年8月15日をもって第二次世界大戦（1939-45年）は終了した．20世紀はその前半を，1914年の第一次世界大戦（1914-18年）とあわせて二度にわたる大戦争で人類史上例を見ない破壊と殺戮をくりかえしてしまった．1945年以後は，戦争の反省と戦争をおこさない世界平和の実現にむけて動きだした．戦争の反省から得たものは，平和がいかに大切であるか，そして世界平和を実現させるために一人ひとりを大切にする人権の価値の実現が同時にいかに大切であるかということの認識であった．**平和と人権**はセットで考えられるようになった．

1945年10月に設立された国際連合は，世界平和のためのしくみと機能をもって動き出した（レファレンス：国際社会における紛争解決機能については第7章4国際社会と法参照）．人権が欧米を中心に成立し，一国の憲法的枠内で国内的保障が進んできた歴史が，1945年以後国連をとおしての国際条約による人権の国際的保障の中で同時に相互に作用しながら展開されていくことになる（レファレンス：国際人権については第7章4（2）参照）．まず，1948年の**世界人権宣言**が人権の国際化にとって非常に重要である．前文は，「人類社会のすべての構成員の固有の尊厳と平等で譲ることのできない権利とを承認することは，世界における自由・正義及び平和の基礎であるので……」から始まり30条の条文からなる宣言である．この宣言を宣言に終わらせないために，国連は，1966年「経済的・社会的及び文化的権利に関する国際規約」と「市民的及び政治的権利に関する国際規約」を総会で採択した．この**国際人権規約**は，人権の国際化を促進し，ある一国内での人権保障が不十分な場合，一定の拘束力をもつものとなる点で，人権の国内的・国際的保障にむけて大きな役割を果たすことになった．

人権の基礎にあるもの

これまで，人権の成立・発展（国内的普及と概念の拡大）・国際化をみてきたが，最後に人権とは何か，その基礎についてごく簡単に述べておこう．人権の基礎にあるものは，人間の尊重，具体的には**個人**としての一人ひとりを人間として尊重するという考え方である．もっと分かりやすくいえば，自分という個人と同じように他人＝他者を尊重し取り扱うということである．自分＝他人（他者）という等しい価値（等価性）の中に**平等**という言葉を見い出せる．ここで自分と他人が平等であるという考えの前提には，個人としての一人ひとりは「自由で平等な道徳的人格」を持つ，ということが想定されている．この自由で平等な道徳的人格を個人が持ち，その個人が人権の主体ということになる．自由であること，平等であることを一人ひとりが人権として主張し要求する主体としての**近代的個人**の発見こそが，欧米近代の出発点である．

中世的な神の秩序や身分制度からの自由であり，絶対王政下での権力の恣意性や暴力性から自由である「個人」の成立が自由権としての人権の基礎にあるといえよう．自分で考え，自分で判断・行動し，それらの結果に責任を負う個

人こそが人権の主体＝にない手なのである．自らを律し，自ら立つ個人に，初めて**自由**が広がるのであり，この自由を法制度として保障したものが自由権であり，人権の重要な基礎なのである．自律＝自立した自由な個人は一人ひとりが道徳的人格としての等価性をもつ．これが**平等**であり，この平等を法制度として保障したものが平等権であり，これまた人権の重要な基礎となっている．自由で平等な道徳的人格を持つ個人は，**近世自然法・自然権思想**によって想定された考え方である．

（2） 日本国憲法における人権の分類

日本国憲法は前文と11章103条からなるが，基本的人権に関しては第3章国民の権利及び義務がその中心である．全体の構成は，第1章天皇（1-8条）・第2章戦争の放棄（9条）・第3章**国民の権利及び義務**（10-40条）・第4章国会（41-64条）・第5章内閣（65-75条）・第6章司法（76-82条）・第7章財政（83-91条）・第8章地方自治（92-95条）・第9章改正（96条）・第10章最高法規（97-99条）・第11章補足（100-103条）である．

人権は，大まかに分類すれば①包括的基本権（13条），②平等権，③自由権，④社会権，⑤参政権，⑥受益権（請求権）に分かれる（図1-2）．以下，簡単に説明していこう．

① 包括的基本権

13条は，「すべて国民は，個人として尊重される．生命，自由及び幸福追求に対する国民の権利については，公共の福祉に反しない限り，立法その他の国政の上で，最大の尊重を必要とする」と規定されている．前段で**個人尊重**の原則を示し，これは日本国憲法上の最高の価値と考えられる原則である．戦前のファシズム（全体主義）を否定し，かけがえのない一人ひとりとしての個人を尊重することを示している．後段で「生命，自由及び幸福追求権」を保障している．この権利は自然権思想やアメリカ独立宣言の幸福追求権に源流をおく包括的な権利である．当初は，この権利からは，具体的権利を導き出すことはできないと考えられていた．しかし，**京都府学連事件最高裁判決**（1969年）で，この13条から「肖像権」を導き出すことによって，13条は具体的権利として考えられるようになり，憲法に列挙されていない「新しい人権」（レファレン

第1章 憲法へのアプローチ（Ⅰ）　35

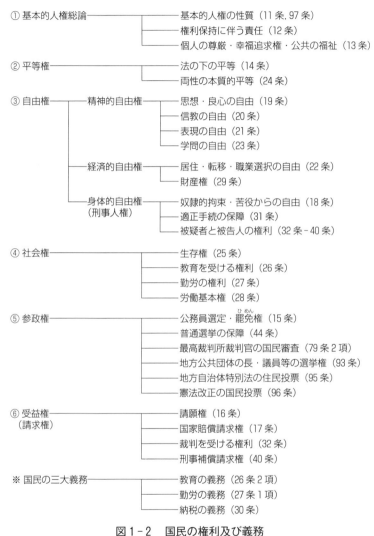

図1-2　国民の権利及び義務

（出典）筆者作成.

ス：第1章2（3）参照）の根拠としての役割を果たすものとして注目されてきている．

　幸福追求権からいかなる具体的権利が導き出されるか，また，それが新しい人権の1つとして承認されるのかどうかは，別の難しい問題である．これまで新しい権利として主張されたものは，プライバシーの権利，環境権，日照権，静穏権，眺望権，入浜権，嫌煙権，健康権，情報権，アクセス権，平和的生存権などであるが，最高裁判決として認められたものは，プライバシーの権利，肖像権，人格権（自己決定権）くらいのものである．

② **平等権**

　14条は「法の下の平等」を規定しているが，この原則は，近代法秩序の基本原理であり，人権の総論でもとりあげられた．人種・信条・性別・社会的身分・門地（家柄や血統）などによる差別を受けず，すべての人間が同じ扱いを受ける権利である．中世の「神の下での平等」は，近代市民社会においては，「法の下の平等」として近代法の根本原則の1つをなしている．欧米の「人の支配」ではなく法の支配は，とりわけイギリスから始まるが，法にもとづいた国家を法治国家，法の支配と法治主義をほぼ同じ性格をもつものとして考えると，近代市民革命によって成立した社会にとって**法の支配**ないし**法治主義**は大原則であり，その「法の下の平等」は，近代社会の出発点で画期的な原則として創出されたと考えられよう（レファレンス：国際社会における法の支配については第7章4（1）参照）．現代社会にとっても，実質的平等の実現がとりわけ注目されているが，その前提としての法の下の平等はまず確保されなければならない法秩序の根本原則である．24条は，「個人の尊厳と両性の本質的平等」を規定している．婚姻は両性の合意のみに基づき，夫婦は平等である．家族生活では，「個人の尊厳」と「両性の本質的平等」すなわち男女の平等は保障されなければならない．この24条にもとづき戦後の民法とりわけ家族法では**個人の尊厳**と**両性の本質的平等**が実現され現在におよんでいる．21世紀の日本の果たすべき課題の中で男女平等社会の実現は最重要課題の1つである．24条は男女雇用機会均等法（1985年制定→1999年改正法施行→2007年新改正法施行）・男女共同参画社会基本法（1999年）の根幹にあたる条文として考えられるし，男女平等の実現の1つの方向としての夫婦別姓議論の理論的前提となる条文だと

いえる．憲法上の男女平等と家族法（民法）及び民法改正の動向については第3章民法と第7章3　ジェンダーと法に譲ることにする．

つぎに政治上の平等としては，15条「公務員選定罷免権・公務員の本質・普通選挙の保障・秘密投票の保障」の中で成年男女による普通選挙を保障しているし，44条「議員及び選挙人の資格」で選挙人・被選挙人は，人種・信条・社会的身分などによる差別をうけないと規定されている．

なお，14条・24条に関しては，日本国憲法制定から半世紀が経過する前後にベアテ・シロタ・ゴートン女史が，これらの条文の元となるベアテ草案を書いていたことは一般に知られ始め，今日では周知のことである（レファレンス：第1章　コラム　男女平等起草秘話参照）．

③ 自由権

自由権は，大きく3つに分類されている．まず**身体（人身）の自由**であり，18条「奴隷的拘束・苦役からの自由」，33条・34条「不当な逮捕・拘禁からの自由」，35条「住居の不可侵」，36条「拷問・残虐刑の禁止」，37・38条「刑事被告人の権利」などで規定されている（レファレンス：第4章1　刑事法の総論で，31〜40条までは人権保障と刑法との関係で詳しく論じられている）．つぎに**精神の自由**は，自由権の基底的・基礎的核心部分であり，19条「思想・良心の自由」，20条「信教の自由」，21条「集会・結社・表現の自由」，23条「学問の自由」が規定されている．3番目は，**経済活動の自由**であり，22条「居住・移転の自由」・「職業選択の自由」・「海外移住・国籍離脱の自由」，29条「財産権の自由」が規定されている．この経済活動の自由は，資本主義経済の根幹をなすものであるが，同時に社会的・経済的不平等を生み出すため，自由と平等の調整原理として20世紀に社会権が登場したことはすでに述べたとおりである．

④ 社会権

社会権の成立については人権総論ですでに述べたが，日本国憲法も25条「生存権」の中で「健康で文化的な最低限度の生活を営む権利」を規定している．この条文にもとづいて生存権を保障するためのさまざまな社会保障制度が設けられている．それらは，社会保険（医療保険・雇用保険・年金保険・労働者災害補償保険）・公的扶助（生活保護）・社会福祉（老人福祉・児童福祉・身体障害者福祉，母子福祉etc）・公衆衛生及び医療の4つの柱の下で，憲法条文である「生

存権」を保障するための具体的諸法律による保障であると言えよう．この25条生存権規定を全国的に知らしめた裁判が有名な朝日訴訟（1956年提訴→最大判昭和42・5・24民集21・5）である（レファレンス：朝日訴訟については第1章2（4）の裁判所による人権の救済——憲法25条をめぐる問題——参照）．つぎに26条「教育を受ける権利」は，だれでも能力に応じて教育を受ける権利をもつし，この権利にもとづいて，義務教育は無償とされている．最後は，労働基準権で27条「勤労の権利」にもとづき国家に対して，就労の機会を要求でき，その保障のために職業安定法などが定められている．さらに28条「労働三権」で団結権・団体交渉権・団体行動権（争議権）が規定されている．この三権を具体的に保障するために，労働組合法・労働基準法・労働関係調整法の労働三法が定められている（レファレンス：労働基準法については第6章1，2，3参照）．

　なお，**国民の三大義務**をここでかかげておけば，**教育の義務**（26条），**勤労の義務**（27条），**納税の義務**（30条）である．

　⑤ 参政権

　人権を守るための権利の1つである参政権は，まず15条で選挙権が規定されており，18歳以上の者は，だれでも選挙を通して政治に参加する権利を持つ．同時に，44条で被選挙権，つまり国民は法の定めるところに従って被選挙人（＝立候補者）となる権利も持つ．つぎに79条「最高裁判所裁判官の国民審査」つまり三権の中の司法権の最上位にある最高裁判所の裁判官（全員で15名）に対する信任投票をおこなう権利が保障されている．もう1つ，96条「憲法改正の国民投票」で憲法改正の賛否を問う権利があり，衆参各議院の総議員の3分の2以上の賛成で発議された憲法改正案を「国民投票」という過半数の賛成によって承認する権利を持つのである（レファレンス：国民投票については第2章1（3）参照）．国民審査・国民投票ともに，すでに述べたが国民が直接国政に参加できる数少ない権利であり直接民主制の一部採用である．憲法9条問題でこれもすでに述べたことであるが，21世紀初頭以来，憲法改正論議は本格的・具体的政治日程の中で改正が現実化していく方向にあり，半世紀以上にわたり一度も改正されていない日本国憲法（**硬性憲法**）も9条を中心に改正（改悪？）の日程が近づいてきていると言える．最高裁が「憲法の番人」だとすれば，われわれ国民は憲法を改廃するまさに『最後の砦』ということにな

⑥ 受益権（国務請求権）

　通常「請求権」として語られている内容が中心である．16条は「請願権」であり，国の政治への要望を提出する権利を規定している．32条は「裁判請求権」と呼ばれ，国民はだれでも裁判を受ける権利がある．17条は「国及び公共団体の賠償責任」を規定しており，公務員の不法行為によって損害を受けた場合には，国や地方公共団体に対し，損害賠償を求めることができる権利である．40条は「刑事補償請求権」で，刑事被告人が無罪の判決を受けた場合，国に対し保障を求めることができる．

（3） 新しい人権

新しい人権とその基礎づけ

　憲法が人権を規定しそれを保障しても，社会の進歩や複雑化にともなって，これまで予想もされなかったさまざまな形で人間の尊厳を侵害するできごとが生じてきた．このような事態に対して，さまざまな権利が「**新しい人権**」として，社会運動や訴訟の中で主張されてきた．

　これらの権利の中でも裁判所に対して救済を求めることのできる具体的な権利であると受け入れられているのは，プライバシーの権利・名誉権・肖像権・知る権利などである．また，学説では広く支持され，人々の間で一定のコンセンサスがあり，実際の政策形成において重要な役割を果たしているが，裁判所が認めていない権利として環境権がある．さらに，裁判所ではまったく認められていない権利として平和的生存権があるが，学説上は判例に対する批判も強い．

　これらの「新しい人権」の憲法条文からの基礎づけ方もさまざまである．憲法13条は後段において「生命，自由及び幸福追求権に対する国民の権利」を規定しているが，これを幸福追求権と呼ぶ．これは個人の尊厳に不可欠とされる権利や自由を包括的に保障する包括的人権である．つまり，14条以下の個別的な人権をその中に含む包括的な権利規定であると同時に，個別的な人権ではカバーできない自由や権利を補充的に保障する規定である．この幸福追求権を根拠として，新しい人権と総称される権利が保障される．以下，幾つかの主

要な新しい人権を見ることとする．

知る権利

我々が自らを確立し，自己決定をおこなうために情報は必要であるし，主権者として政治的決定に参加するためにも必要となる．したがって憲法は第21条において，情報のやり取りを「表現の自由」として保障している．ところが情報化社会の進展とともに報道機関の巨大化とメディアの独占，国民生活にかかわる情報の国家機関への集中という事態が生じ，それに対応して新たな権利として唱えられたのが，情報の受け手の「**知る権利**」であり，また自らの私的領域にかかわる情報を積極的にコントロールする権利「**プライバシー権**」である．なお今日では，インターネットにより時間と空間という障壁を飛び越えて容易に情報のやり取りをすることが可能となり，また従来の一方向的なメディアと違って双方向的なコミュニケーションが可能になっている．その点で，インターネットは表現の自由にとって革新的な意義を持つが，その功績も無条件ではなくさまざまな新たな問題も起こっている．

さて，憲法第21条の定める表現の自由は表現の「送り手」の権利であり，「受け手」の権利は「送り手」の権利を保障することで当然実現するものと考えられてきた．しかしすでに見たように，マス・メディアの巨大化による「送り手」と「受け手」の分離，国家による情報の集中や情報統制の可能性から，情報の受け手の「知る権利」を保障することが必要とされるようになっている．「知る権利」について憲法上の明文の規定はないが，現代社会においてはそれは憲法21条を根拠として当然に保障されるべき権利であると考えられている．

「知る権利」には，国家からの干渉なしに情報を受け取る権利という自由権的な側面と，国家に対して情報を積極的に要求するという請求権もしくは社会権的な側面がある．人々が受け取る情報は依然として新聞や放送などの報道機関に頼るところが大きいから，国家からの干渉なしに情報を受け取る権利としての「知る権利」を保障するためには，**報道の自由**が重要となる．最高裁は「報道機関の国政に関する報道は，民主主義社会において，国民が国政に関与するにつき，重要な判断の資料を提供し，いわゆる国民の『知る権利』に奉仕するものである」（最大判昭44・11・26刑集23・11・1490）と，報道の自由が「知る権利」から導き出されるとしている．

しかし、現在では積極的な請求権としての「知る権利」も重要となっている。行政機関には膨大な情報が集中しており、もし行政機関が裁量により公開されるべき情報を決定するとすれば、行政機関に都合の悪い情報の隠蔽や行政による情報操作の恐れがあるため、できる限り行政機関の保有する情報を公開する必要性がある。さらに、政治参加の前提として国民には当然に行政機関の持つ情報を求める権利があるともいえる。ただし、情報を要求する権利（情報開示請求権）としての知る権利が具体的請求権となるためには、公文書の原則的公開とその手続きを定める情報公開制度が必要となる。この制度については、自治体の情報公開条例が先行していたが、国政レベルでも1999年にようやく**情報公開法**が制定された。本法は国民主権の理念にのっとり、政府の国民に対する説明責任と民主的な行政の推進を目的として、行政文書の開示を請求する権利を定めたものである。ただし、その目的の中で国民の「知る権利」への言及がない点、公にすることで不利益を及ぼすと「行政機関の長が認めることに相当の理由がある」情報については広く不開示とされている点などの問題がある。

また、2013年の**特定秘密保護法**は秘密を扱う公務員が情報を漏らした場合に重罰を科すことで公務員を萎縮させ、ひいては報道の自由を侵すものであるとの批判があるが、この法では行政による秘密指定の妥当性をチェックする仕組みが不十分であり、さらに秘密が「原則」60年公開されないなど、行政による情報隠蔽や情報操作の懸念が残る法となっており、知る権利を制限する内容となっている。

プライバシー権

情報化の進展とともに、プライバシーの侵害の恐れも顕在化している。プライバシーの権利とはもともと「ひとりで放っておいてもらう権利」、または「私生活をみだりに公開されない法的保障ないし権利」（東京地判昭39・9・28下民集15・9・2317）、つまり私的な領域への干渉を禁止する消極的な権利であると理解されていた。裁判所は「私事をみだりに公開されないという保護が、今日のマスコミュニケーションの発達した社会では個人の尊厳を保ち幸福の追求を保障するうえにおいて必要不可欠なものであるとみなされるに至っている」のであって、それは「不法な侵害に対しては法的救済が与えられるまでに高められた人格的利益であると考えられるのが正当であり、それは、……人格権に

包摂されるものではあるけれども、なおこれ1つの権利と呼ぶことを妨げるものではない」としている（東京地裁昭 39・9・28 下民集 15・9・2317）。

しかし、情報が集中管理される情報化社会の進展とともに、プライバシー権は「自己に関する情報をコントロールする権利」として、その社会権的・請求権的な側面が強調されるようになっている。これはとくに国家に対して個人が本人情報の収集、管理、利用について、それぞれの段階において関与し、コントロールすることを求めるのである。そして、そのためには、個人情報の開示請求権や抹消・訂正請求権が個人に認められることが必要となる。

地方公共団体においては包括的な個人情報保護条例によって個人情報を保護するところも増加しつつあるが、国レベルでは、1988 年に**行政機関個人情報保護法**が制定されている。ただし、本法による保護は、コンピュータ処理に関わる電子情報に限定されていること、個人情報の収集に対する制限がないこと、情報の利用・提供の制限や開示請求に例外規定の多いこと、訂正の申し立てを認めてはいるが訂正請求権を認めていないなど、不十分な点が少なくない。

なお民間事業者に集積された情報についても、正規の目的から逸脱した、あるいは同意なしに情報が収集される可能性があるし、情報の流用やハッキング・クラッキングによる情報漏洩の可能性もある。そこで、利用者のプライバシー保護のため、**個人情報保護法**が 2003 年に制定されている。本法は本人から求められた場合には個人データの開示・訂正をしなければならない旨を定めている。

環境権

1960 年代の高度経済成長期の負の遺産である公害の頻発に対し、1970 年に「環境権」が提唱された。これは「われわれには、環境を支配し、良き環境を享受しうる権利があり、みだりに環境を汚染し、われわれの快適な生活を妨げ、あるいは妨げようとしている者に対しては、この権利に基づいて妨害の排除または予防を請求しうる権利がある」と定義された。

環境権は憲法 13 条と 25 条に根拠をおいて環境権を基礎づけることが可能だが、まず 13 条から導出される権利であると考えれば、幸福追求の前提となるより良き生活環境を享受する権利として理解されることになる。憲法 25 条から環境権を基礎づけるとすれば、「健康で文化的な最低限度の生活を営む権利」

（生存権）を維持するために必要な条件であるとして，国家に対して個人の生存に不可欠な良い環境の確保を請求する権利と理解されることになる．

環境権はすでに触れたように人々の間で一定のコンセンサスがあり，実際の政策形成において重要な役割を果たしているといえるが，その対象となる環境の範囲はどこまで及ぶのか，何をもって侵害とするか，権利者の範囲はどこまで及ぶのかなど不明確な点も多いため，裁判所も環境権を認めた判決を下していない．

自己決定権

自己決定権とは，私的な事項について，公権力の介入なしに自ら決定する権利のことを言う．これも13条の幸福追求権から導出される権利であると考えられている．もちろん，個別的な自由権行使に際しては各人が自己の決定の保障を含むことになるから，個別的な人権によってカバーされる分野については自己決定権を持ち出す必要はない．したがって自己決定権が問題となるのは，個別的な人権によって保障されない領域での自己決定である．

とくに近年問題となっているのは医療や生殖における自己決定権である．前者は，他者や社会に危害を及ぼさない限り患者自身が治療を決める権利があることを意味するが，それがどこまで認められるかが問題となる．たとえば，宗教的信念にもとづいて輸血を拒否した患者に対して，緊急事態に至った場合には輸血をおこなうという病院の方針を伝えずに手術をおこなったという事例について，裁判所は，患者が輸血拒否の明確な意思を有している場合，このような自己決定をする権利は人格権の一内容として尊重されなければならないとしている（最判平成12・2・29判時1710・97）．

さらに，治療そのものを拒否する，あるいは命の短縮を求めるという尊厳死・安楽死については，許される尊厳死・安楽死の要件を定めた判例もあるがこれらについては第7章1 いのちと法に譲る（横浜地判平成7・3・28判時1530・28）．

生殖における自己決定権が問題となるのは，子どもを産む，あるいは産まない場面である．前者ではとくに「科学の進歩およびその利用による利益を享受する権利」との関係において，生殖補助技術を利用する権利が問題となる．たとえば，代理懐胎（代理出産）によって子どもをつくることが容認されるべ

か否かという問題がある．後者では，中絶する権利が問題となるだろうが，近年議論が盛んにおこなわれているのは出生前診断によりおこなわれる選択的堕胎についてである．とくにより確実な新型出生前診断の導入にあたり，優生学との関係で激しい議論がおこなわれている．これらの問題についても第7章1いのちと法に譲ることとする．

平和的生存権

日本国憲法の前文では「われらは，全世界の国民が，ひとしく恐怖と欠乏から免かれ，平和のうちに生存する権利を有すること」を確認しているが，この平和のうちに生存する権利は平和的生存権と呼ばれる．しかし，平和的生存権の具体的権利性が問題となっている．権利性については，憲法前文・9条・13条・25条を根拠として裁判所に対して救済を求めることができる具体的な権利と考える立場から，単なる理念・理想と捉える立場まで見解が分かれている．また，下級裁判所では平和的生存権を肯定した判例もあるが，裁判所としては概して否定的である．

ただし，最近では，イラクにおける自衛隊の活動の一部が他国による武力行使と一体化した行動であって，憲法9条1項に違反すると判断した名古屋高等裁判所が，平和的生存権は，現代においては憲法の保障する基本的人権が平和の基盤なしには存立し得ないことからして，すべての基本的人権の基礎にあってその享有を可能ならしめる基底的権利であると言うことができ，単に憲法の基本的精神や理念を表明したに留まるものではない，という判断を示している．同裁判所は，平和的生存権について，前文が平和的生存権を明言している上に，憲法9条が国の行為の側から客観的制度として戦争放棄や戦力不保持を規定し，さらに人格権を規定する憲法13条をはじめ，憲法第3章が個別的な基本的人権を規定していることからすれば，平和的生存権は，憲法上の法的な権利として認められるべきであるとしている（名古屋高判平成20・4・17判時2056・74）．

（4） 三権分立と司法権の独立

三権分立と司法権

主権者である国民が選挙で選んだ国会議員からなる国会は，**国権の最高機関**であり国の唯一の**立法機関**である（41条）．日本は，三権の中でも国会に重心

をおく国会中心主義の下，**議会制民主主義＝代議制**の形態をとっていることはすでに述べた．つぎに日本は，**議院内閣制**を採用しており，国会における多数派を形成した政党による内閣の形成，つまり政党内閣による政党政治をおこなう．内閣は憲法・法律にもとづいて行政権（65 条）を行使する．議院内閣制はイギリスに起源をもつが，内閣が国会の信任によって成り立ち，国会に対し連帯して責任を負うしくみ（66 条）のことである．最後に，裁判所は司法権を有し，「すべての裁判官は，その良心に従ひ独立の職権を行ひ，この憲法及び法律にのみ拘束される」（76 条 3 項）と**司法権の独立**が保障されている．

司法権の独立とは，司法権が立法権や行政権から独立していることであり，裁判官の職権の独立そして裁判官の身分保障が確立していることを前提とする．司法権の中で一番大切なのは**司法審査**であり，とくに最高裁判所は，「一切の法律，命令，規則又は処分が憲法に適合するかしないかを決定する権限を有する**終審裁判所**」（81 条）である．この権限を**違憲審査権**，通常**違憲立法審査権**ないし**法令審査権**と呼んでいる．すべての裁判所にこの権限があり，国会の立法行為と内閣の行政行為が審査の対象となる．最高裁の判決が終審となるので最高裁のことをとくに**憲法の番人**という．

司法権の独立（違憲立法審査権）——憲法 9 条をめぐる問題——

まず最高裁ないし下級裁判所による司法審査とりわけ違憲審査について考えてみよう．結論を先取りすれば，最高裁が過去に下した違憲審査の数は非常に少なく，最高裁は**司法消極主義**の立場に立っていると言われてもしかたがない．憲法裁判史上，違憲判決の例は少なく，その中でとくに明記されるものは，**尊属殺事件**，**衆議院議員定数不均衡訴訟**そして**愛媛玉串料訴訟**くらいのものである．なお 2008 年 6 月 4 日上告審判決で「国籍法は違憲」という判決が出た．この判決は結婚していない日本人男性とフィリピン女性から生まれた後，男性に認知された子どもに日本国籍を与えない国籍法の規定は，憲法 14 条が保障する「法の下の平等」に反するとした（読売新聞 2008 年 6 月 5 日朝刊）．この判決によって国籍法の一部が改正された（2008 年 12 月 5 日）．

また，2013 年 9 月 4 日上告審判決でも，民法の非嫡出子の相続差別が，憲法 14 条により違憲とされ（最判平成 25・9・4 民集 67・6・1320），民法 900 条 4 号ただし書きにある「嫡出でない子の相続分は，嫡出である子の相続分の 2 分

の1とする」との格差規定が削除される民法改正がなされた（2013年12月5日）．

最高裁の司法消極主義による判決の中で，9条と自衛隊・日米安保条約の問題をとりあげてみよう．安保条約の違憲性が正面から争われた事件は，**砂川事件**である（第一審〔無罪〕東京地判昭34・3・30下刑集1・3・776，上告審〔破棄差戻〕最大判昭和34・12・16刑集1・13・325）．1957年7月8日，米軍立川基地拡張のための基地内民有地の測量を政府が実施しようとした際，その実力阻止を叫ぶ反対派の人々が立入禁止の境界木柵を壊し，基地内に立ち入ったため，日米安保条約（旧）にもとづく行政協定に伴う刑事特別法2条に違反するとして，基地内部へ立ち入った内7人が起訴されたという事件である．本件での主要な論点は，①外国軍隊の駐留が日本国憲法9条2項の禁ずる『戦力』にあたるか，②日米安保条約の司法審査に関し，司法権の行使が抑制されるいわゆる**『統治行為論』**が採用されるか，の2点であった．

一審判決（伊達判決）は，統治行為論に触れず司法審査権にもとづき，「わが国が外部からの武力行使に対する自衛に使用する目的で合衆国軍隊の駐留を許容していることは，指揮権の有無，出動義務の有無に拘らず，日本国憲法9条2項前段によって禁止されている陸海空軍その他の戦力の保持に該当するものといわざるを得ず，結局わが国内に駐留する合衆国軍隊は憲法上その存在を許すべからざるものといわざるを得ない」とした．これに対し最高裁判決は，憲法9条2項の禁ずる戦力とは「わが国がその主体となってこれに指揮権，管理権を行使し得る戦力をいうものであり，結局わが国自体の戦力を指し，外国の軍隊は，たとえそれがわが国に駐留するとしても，ここにいう戦力には該当しない」し，本件安保条約は，「主権国としてのわが国の存立の基礎に極めて重大な関係を持つ高度の政治性を有するものというべきであって，その内容が違憲なりや否やの法的判断は，純司法的機能をその使命とする司法裁判所の審査には，原則としてなじまない性質のものであって，……一見極めて明白に違憲無効であると認められない限りは，裁判所の司法審査権の範囲外」であり，「合衆国軍隊の駐留は，憲法9条，98条2項および前文の趣旨に適合こそすれ，これらの各章に反して違憲無効であることが一見極めて明白であるとは，到底認められない」と判決した．

この統治行為論により司法判断を回避した最高裁判決は，今後の9条関係判決に多大な影響を与えることになる．統治行為とは，「国家行為の中で，それ自身は本来裁判所による法的判断が可能であるにも拘わらず，それがもつ高度の政治性のゆえに，裁判所による審査の対象から除外される行為」であり，「国家行為に対する裁判所による法的な統制を部分的に否定するものではあるが，民主制の原理を確保するもの」と言われている．なお，裁判所が具体的な訴訟事件を裁判するさいに，その前提として，訴訟事件に適用される法令等の憲法適合性を審査することが**付随的審査**であり，アメリカ合衆国でおこなわれており，わが国の憲法81条の違憲立法審査権（法令審査権）も合衆国型の付随的審査権と一般的に考えられている．また，具体的な訴訟事件とは無関係に，法令等の憲法適合性を単独に審査することが**抽象的審査**であり，憲法裁判所をもつドイツやオーストリアや韓国などでおこなわれている．

　つぎに，自衛隊の違憲性について争われた有名な事件は，**長沼事件**である．（長沼訴訟〔上告棄却〕最判昭57・9・9民集36・9・1679）．この事件は，北海道長沼町所在の国有林の一部に自衛隊のナイキ基地建設のため，国が森林法26条2項によって保安林指定の解除処分をおこなったことに対し，建設反対の農民側が，自衛隊は違憲であるから同条の「公益上の理由により必要が生じたとき」に該当せず，右処分は違憲・無効であるとして争ったものである．

　一審札幌地裁は原告側の主張を認め，次のように判断した．① 本件施設は一朝有事の際，攻撃の第一目標となるので，原告の平和的生存権を予防するためにも，処分取消を求める法律上の利益がある．② 憲法9条1項では，自衛戦争，制裁戦争までは放棄していないが，2項により，軍隊その他の戦力による自衛戦争も，事実上おこなうことができなくなった．③ 2項の陸海空軍とは「通常の観念で考えられる軍隊の形態」で「外敵に対する実力的な戦闘行動を目的とする人的・物的手段としての組織体」であり，「その他の戦力とは……陸海空軍以外の軍隊か，または，軍という名称をもたなくとも，これに準じ，または匹敵する実力を持ち必要ある場合には戦争目的に転化できる人的・物的手段としての組織体」をいう．④「外部からの不正な武力攻撃や侵略を防止するための必要最小限の自衛力は……戦力にあたらない……」との被告の主張は，なんらの根拠もなく，憲法前文の趣旨，憲法制度の経緯に反し，かつ2

項後段などにも抵触する．⑤自衛隊は，編成，規範，装備，能力からすると③の陸海空軍にあたり，違憲である．

二審札幌高裁は，原審を取り消し，傍論で「一見極めて明白に違憲，違法と認められるものではない限り，司法審査の対象ではない」と統治行為論を主張した．最高裁は，二審の訴えの利益消滅の結論を支持して，自衛隊の議論には一切触れなかった．

このように，砂川事件・長沼事件の最高裁・高裁レヴェルの判決は統治行為論を持ち出すことにより，憲法9条と自衛隊・日米安保条約との合憲性・違憲性の司法判断を停止，ないし回避することによって政府の現実的解釈＝解釈改憲を結果的に許してしまった．ここに憲法の番人を放棄し，行政への藩屏化（はんぺい）した司法（裁判所）の姿がうかがえる．下級裁判所レヴェルでよい判決がおりても最高裁でくつがえる，まさに司法権の独立の危機状況が，さまざまな違憲訴訟の中で進行していったのが戦後の半世紀だったともいえる．これらの判例は多少古典的ではあるが，現在9条問題が改憲論議の最大焦点である中，もう一度原点に戻って考える上で重要な判例と言えよう（レファレンス：憲法改正と9条については第2章2（2）参照）．

裁判所による人権の救済――憲法25条をめぐる問題――

司法消極主義の事例を，憲法25条生存権で争った**朝日訴訟**（1956年提訴→最大判昭和42・5・24民集21・5）を紹介する中で，再検討してみよう（レファレンス：社会保障制度については第6章4参照）．朝日訴訟は，重度の肺結核のため岡山の療養所に入所し，生活保護法にもとづく医療扶助・生活扶助を受けていた朝日茂氏に実兄がいることがわかり，月々1500円の仕送りを受けることになったことから始まった．1956年8月からそれまで支給していた日用品費月額600円を打ち切り，仕送りの1500円から600円を差し引いた900円を医療費の一部に当てるという処分を国側がおこなったことに対し，600円の日用品費のほかに補食費400円を認め，全部で1000円を手元に残してほしいと訴えて，まず岡山県知事，つぎに厚生大臣に不服申立をおこなったが，いずれも却下，そこで東京地裁に提訴した裁判である．一審東京地裁判決（東京地判昭35・10・19行裁例集11・10・2921）は，この処分を違法として裁決を取り消した．判決によれば，①生活保護法は，憲法25条の生存権を現実化・具体化したもので

ある．②同法が定めている権利は保護請求権である．③厚生大臣が定める保護基準の認定は，つなぎとめるという意味での羈束(きそく)行為である．④最低限度の生活水準は，特定の国における特定の時点においては客観的に決定しうるものである．

二審判決（東京高判昭38・11・4行裁例集14・11・1963）は，原告（朝日氏）が敗訴．そこで上告がおこなわれたが，朝日氏の死亡のため本件訴訟の継承が争われたのが最高裁の以下の判決である．（最判昭42・5・24民集21・5・1043）．保護受給権は一身専属の権利である以上，相続の対象となり得ないとし，25条1項規定について「すべての国民が健康で文化的な最低限度の生活を営み得るように国政を運用すべきことを国の責務として宣言したにとどまり，直接個々の国民に対して具体的な権利を賦与したものではない」し，「健康で文化的な最低限度の生活なるものは，抽象的な相対的概念であり，その具体的内容は，文化の発達，国民経済の進展に伴って向上するもとより，多数の不確定的要素を綜合考慮してはじめて決定できるものである」と解釈した．これが有名な**プログラム規定説**である．つまり25条は個々の国民に具体的な権利を保障したものではなく，国が積極的な政治をおこなう場合の目標・指針を示したものであり，したがって国は法的な義務を負わないという考え方である．

さらに生存権の法的性格については，抽象的権利説と具体的権利説がある．前者は，生存権は法的な権利であり，国民は国に対して立法を要求することができ，国はその国民の立法要求に応えなくてはならない．もっとも，立法が不存在の場合，この権利が法的権利であっても，憲法25条を根拠に直接に具体的な請求をすることは不可能であると考える説である．後者は，25条は国民に具体的な請求権を保障したものと解釈する．国に生存権保障のための立法を要求できるとする点は前者と同じだが，立法が存在する場合でもそれが不十分な場合は，その法律の違憲を主張できるだけではなく，立法が存在しない場合，立法部の不作為の違憲を主張しうるとする点に特色があるとされる．

生存権をめぐる現行の多数説は，抽象的権利説にあるとされている．25条生存権の法的性格を確定するに当たって以下の点が大切と考えられる．①憲法25条は，憲法が国民に保障している社会権中（26・27・28条）の根幹規定，②社会権は，国家の関与・干渉を排除する自由権と異なり，国家に対して一

定の作為を要求できる権利，③憲法が国民に保障しているすべての権利・人権は，すべての個々の国民に具体的に保障されている権利であることの諸点である．

社会権に関連した訴訟には，障害福祉年金と児童扶養手当との併給を争った**堀木訴訟**（最高裁昭57・7・7民集36・7・1235）が有名である．ともあれ，朝日訴訟や堀木訴訟でいえることは，25条生存権を国家の目標や政策指針を宣言したにとどまるプログラム規定説として解釈したり，広い立法裁量論に逃げることによって司法審査が控えられる結果，憲法25条違反を理由とした社会福祉にかかわる訴訟は，裁判所からの救済（司法による人権救済）をほとんど受けられないということになってしまうということである．ここに憲法に保障されたさまざまな人権が，裁判による救済を受けられないということになれば，人権の保障はありえないことになる．

1945年以後とりわけ日本国憲法制定以後の民主主義の実現が，日本国憲法という新しい価値基準を得て，つき進んでいくはずであった．しかし，73年後のこんにち，戦後民主主義は空洞化し，あらたな「戦前」とまで言われる中で憲法9条は安楽死寸前にあり，社会権とりわけ25条生存権が空虚な条文へとおいこまれた最大の責任は最高裁の司法消極主義に帰されるのではあるまいか．そして同時に，主権者たるわれわれ国民にもその最終的責任があると言えよう．21世紀の初頭，この日本国憲法の改正がまさに政治日程にのぼろうとする中で，いまこそ，われわれ国民は1945年という現代日本の原点にたちもどり，日本国憲法によって私たちは何を志し，どのような日本の将来を織りなそうとしたのか，もう一度冷静に考える時期にきているのではあるまいか．

同時に，日本の近・現代のスパンの中で，「憲法とはなにか」を真摯に考えていく必要があるといえよう．

コラム　男女平等起草秘話

　ベアテ・シロタ・ゴードン女史は，当時の日本女性の法的権利がほとんど認められていない状態を考慮し，たずさわったGHQ憲法草案の中で，特に女性の権利を強調した．ベアテ草案は以下のとおり（一部抜粋）．

　「すべての人間は法の下に平等である．人種，信条，性，門地，国籍による，政治的，

経済的, 教育的, 社会的関係における差別はいかなるものも認めず, 許容しない. ……」（→日本国憲法 14 条へ）.

「家庭は, 人類社会の基礎であり, その伝統はよきにつけ悪しきにつけ, 国全体に浸透する. それ故, 婚姻と家族とは法の保護を受ける. 婚姻と家庭とは, 両性が法律的にも社会的にも平等であることは当然である. このような考えに基礎をおき, 親の強制ではなく相互の合意にもとづき, かつ男性の支配ではなく両性の協力にもとづくべきことをここに定める. これらの原理に反する法律は廃止され, それにかわって配偶者の選択, 財産権, 相続, 住居の選択, 離婚並びに婚姻及び家庭に関するその他の事項を, 個人の尊厳と両性の本質的平等の見地に立って定める法律が制定されるべきである」（→日本国憲法 24 条へ）.

コラム　平成天皇の生前退位について

戦後 70 年が過ぎる中, 2016 年 8 月 8 日, ビデオメッセージによる平成天皇の生前退位の「お気持ち」表明を受け, 2017 年 6 月「天皇陛下の退位を可能とする皇室典範特例法」が衆・参両院で可決, 成立した（6 月 9 日）.

この特例法は皇室典範（昭和 22 年）第 4 条規定の特例として, 天皇陛下の退位及び皇嗣の即位の実現と, 天皇陛下の退位後の地位（上皇）その他の退位に伴い必要となる事項を規定したものである.

この特例法を受けて, 政府は天皇の退位日を 2019 年 4 月 30 日とし, 皇太子が翌 5 月 1 日に新天皇に即位し, その日に新しい元号を施行する方向にある. 新元号は 2018 年中に発表予定であり, 平成は 31 年（2019 年）4 月末をもって閉じることになる.

「譲位」は江戸時代後期の約 200 年前の光格天皇以来で, 日本国憲法下での象徴天皇制の下では初めてであり, 今後の日本の象徴天皇制のあり方に一石を投じ, 議論を呼び起こした.

また今後女性宮家の検討や女性天皇問題など, さまざまな課題も残されている.

●●● さらなる学習の手引き

① 憲法理解のための手がるな新書として, 渋谷秀樹『憲法への招待 新版』（岩波新書, 2014 年）, 長谷部恭男『憲法と平和を問いなおす』（ちくま新書, 2004 年）, 長谷部恭男『憲法とは何か』（岩波新書, 2006 年）, 長谷部恭男・杉田敦『これが憲法だ！』（朝日新書, 2006 年）, 半田滋『日本は戦争をするのか──集団的自衛権と自衛隊──』（岩波新書, 2014 年）, 柄谷行人『憲法の無意識』（岩波新書, 2016 年）, 高見勝利『憲法改正とは何だろうか』（岩波新書, 2017 年）.

② 社会人にも人気のある高水準の, しかもわかりやすいテキストとして, 芦部信喜・高

橋和之補訂『憲法　第六版』（岩波書店, 2015年), 長谷部恭男『憲法　第五版』（新世社, 2011年).

③ しっかりと学説・判例が整理された最高水準のテキストとして, 佐藤幸治『日本国憲法論』（成文堂, 2011年).

④ 現代の人権を哲学的に基礎づける法哲学文献として, 深田三徳『現代人権論——人権の普遍性と不可譲性——』（弘文堂, 1999年).

⑤ なおビデオであるが, 当時の貴重な映像を含む『日本国憲法を生んだ密室の9日間』と『私は男女平等を憲法に書いた』（いずれも株式会社ドキュメンタリー工房, 1993年), さらに『NHKスペシャル日本国憲法誕生』（NHKエンタープライズ, 2007年) も日本国憲法の制定過程を知る上で欠かせない資料である. 最初のビデオは, その時の取材資料をもとに新たに書き下ろしたものとして, 鈴木昭典『日本国憲法を生んだ密室の9日間』（角川ソフィア文庫, 2014年) がある.

⑥ 『憲法に男女平等起草秘話』（岩波ブックレット No.400), 『ベアテシロタと日本国憲法』（岩波ブックレット No.889), ベアテ・シロタ・ゴートン・平岡磨紀子訳『1945年のクリスマス』（柏書房, 1997年) 参照.

⑦ 樋口陽一・大須賀明編『日本国憲法資料集　第四版』（三省堂, 2000年).

⑧ 樋口陽一『「日本国憲法」をまっとうに議論するために』（みすず書房, 2006年).

⑨ 愛敬浩二他『憲法を／憲法からラジカルに考える』（法律文化社, 2008年).

⑩ 『別冊ジュリスト No.186・No.187　憲法判例百選 I・II　第五版』（有斐閣, 2007年).

⑪ 『新・法律学の争点シリーズ3　憲法の争点』（有斐閣, 2008年).

第2章 憲法へのアプローチ（Ⅱ）

1 改正史と改正手続き

（1） 憲法制定過程と押しつけ憲法論
憲法の制定過程

1945年8月14日に日本はポツダム宣言を受諾し，翌日終戦を迎えた．ポツダム宣言は軍国主義の除去，占領・完全な武装解除，戦争犯罪人の処罰，民主主義と人権の確立（「日本国政府は日本国民の間の民主主義の復活・強化に対する一切の障がいを除去しなければならない．言論，宗教および思想の自由ならびに基本的人権の尊重が確立されなければならない」），国民の意思に従った政府の樹立（「……日本国国民の自由に表明する意思に従い，平和的傾向を有しかつ責任のある政府が樹立されたときには，連合国の占領軍は直ちに日本から撤収されなければならない」）を戦争終結の条件とした文書であり，これには明治憲法の改正を求める条項はないものの，その履行のためには近代憲法の制定が不可避であったといえる．

その後連合国最高司令部（GHQ）司令官マッカーサーの示唆を受けた日本政府は，松本烝治国務大臣を長とする**憲法問題調査委員会（松本委員会）**を設置した．この時期は憲法改正に関する国民の関心が高まった時期であり，政党，民間団体，個人によって次々と憲法改正草案が提案されていた．その中で，市井の学者や知識人からなる憲法研究会によって11月26日に出された**「憲法改正案要綱」**は今日の日本国憲法を想起させる完成度の高い草案であった．これはGHQ民生局によって注目され，後にGHQ草案に影響を与えることとなった．

1946年2月1日に松本委員会による草案の1つが毎日新聞によって突然ス

表 2-1　日本国憲法制定年表

1945年 8月14日		ポツダム宣言受諾
	10月 4日	マッカーサー元帥，近衛文麿に改憲の示唆
	10月11日	幣原喜重郎首相マ元帥を訪問，改憲の示唆を受ける
	10月25日	松本烝治国務大臣を長とする憲法問題調査委員会設置
1946年 1月 1日		天皇人間宣言（新聞紙上）
	2月 1日	松本案がスクープされる
	2月13日	GHQ憲法草案（マッカーサー草案）が日本政府に手渡される
	2月26日	極東委員会第1回会合
	4月10日	第22回衆議院議員総選挙（はじめての女性の選挙権）
	4月17日	政府「憲法改正草案」を発表
	6月20日	第90回帝国議会開会
	11月 3日	日本国憲法公布
1947年 5月 3日		日本国憲法施行

（出典）　筆者作成．

クープされた．松本委員会は，天皇を統治者として，その権限をできうる限り温存しようとする方針をとっていたため，松本案は明治憲法のうわべだけを変えた保守的な憲法案に過ぎないものであった．これを受け，GHQ は憲法改正を日本政府に一任するというそれまでの態度を一変させる．

　マッカーサーは2月3日に憲法改正についてマッカーサー三原則（天皇制の維持・戦争放棄・封建制廃止）と呼ばれる基本原理を示し，GHQ 民生局に憲法草案の制定を命じたのである．民政局の憲法草案起草委員会は極秘のうちに9日間でこの作業を終えた．13日には GHQ と日本政府との間で会見がもたれたが，この会談において GHQ は，自由と民主主義の文書として受け入れることは不可能であるとして松本案の受け取りを拒否し，**GHQ 草案の受け入れ**とそれに基づく日本側草案の作成を迫った．

　これを受け入れた日本政府は，GHQ との折衝を重ねた上で3月6日に「憲法改正草案要綱」，4月17日には「憲法改正草案」を公表した．4月10日には女性が初の選挙権を行使した第22回衆議院総選挙がおこなわれ，6月20日に第90回帝国議会が開会した．政府によってさらに修正された「憲法改正草案」が国会に提出され，109日間にわたる審議，修正がおこなわれた後に，衆議院・貴族院において圧倒的多数で可決された．そして日本国憲法は11月3日に公布され，翌47年5月3日に施行されたのである．なお，日本国憲法は

形式的には明治憲法の改正手続き（73条）に従って成立したのであって，新たな憲法の制定ではなかった．

押しつけ憲法論

以上概観したように，日本国憲法の制定にあたり GHQ の大きな関与があったことから，押しつけ憲法論が唱えられることになった．押しつけ憲法論は，GHQ 草案を基に作られた日本国憲法は無効である，もしくは無効ではないとしても国民自らが自主的に新たな憲法を制定すべきだと主張するのである．

押しつけ憲法論に対しては，ポツダム宣言の受諾により（近代憲法の基本原理に沿う）憲法の制定が不可欠であったにもかかわらず政府の憲法改正案である松本案は明治憲法と変わらない極めて保守的なものであったとの反論がある．また，連合国としての日本占領政策の最高意思決定機関であった**極東委員会**の設置と活動開始を 1946 年 2 月末に控え，連合国の中には天皇制に敵対的であり天皇の戦争責任を問いかねない国々があったことから，天皇制存置の方針を採っていたマッカーサーは，極東委員会の発足までに既成事実として，（政治的な権限を持たない）天皇制を据えた近代憲法の制定を急ぐ必要があったという反論がおこなわれている．

また，押しつけ憲法論は法律論としては日本国憲法の手続的な正しさを問う議論であるから（したがって「日本国憲法は良い内容の憲法であるから新たな憲法を制定する必要はない」という議論は噛み合わない反論になる），反論としては，憲法制定議会において国民の代表による十分な実質的審議がおこなわれ，明治憲法の改正手続きにしたがって制定されているという意味で**法的な承認**があったのであって，日本国憲法は自主的な憲法ではないとの押しつけ憲法論は成り立たないという反論もある．

（2） 憲法改正

これまでの憲法改正論

憲法制定後すぐに冷戦が始まり，東アジアは米ソが対峙する地域となり，1950 年には朝鮮戦争が勃発する．このような事情により，占領当初の武装解除政策から再軍備へと GHQ による日本の占領方針が転換され，それに伴い日本国憲法の見直しがおこなわれることになった．再軍備は憲法との齟齬を生み

出すことになり，これについて日本政府は当初解釈操作により両者の矛盾を回避しようとした．その後，再軍備と戦後公職追放されていた政治家の復帰に伴い，54年から60年の鳩山・岸内閣の下で憲法の明文の改正を求める動きが起こった．この時期に出された自由党憲法改正案は，わが国の歴史と伝統を尊重し，自主的憲法を確立すること，天皇を元首とし，天皇の権限を強化すること，9条を改正して軍隊を設置すること，国民の権利を法律で制限できるようにすること，孝養の義務・国防の義務・国家に対する忠誠の義務・国家経済の発展に協力する義務など，さまざまな義務の規定を定めることなど，明治憲法への復古的な傾向も持つものであった．また，押しつけ憲法論はこの時期に表れた主張であり，これは9条を改正するための足掛かりに過ぎなかったことが分かる．この時期の憲法改正への動きは，まだ厭戦気分の強かった60年代の護憲運動により頓挫した．ただし，9条を改正するという目的は，裁判所が憲法判断を回避し，政府による9条の解釈改憲を容認することによって事実上達成された（レファレンス：裁判所の憲法判断については45-48頁参照）．

80年代に入り，日本の経済成長とアメリカの経済力の相対的な低下によって，アメリカは日本に対して相応の負担と軍事的貢献の要請を求めた．これに応えるために憲法改正の動きが起こったが，これも国民の支持を集めることができず，また近隣アジア諸国からの反発を受け失敗に終わる．この改憲の動きが再度顕在化するのが90年代である．

90年代と現在の憲法改正論

90年代は冷戦の終わりと湾岸戦争によって始まった．冷戦終結後，アメリカは国際情勢を単一の脅威から多岐にわたる脅威（地域紛争）への変化であると分析し，それへの機動的な対処として軍事力と海外軍事態勢の見直しをおこなった．多岐にわたる脅威に対処するために，米国は自衛隊に対し領域外での紛争に対する共同対処と海外での米軍作戦への自衛隊の支援活動を求めるという方針を打ち出した．アメリカの要請に応えるため1999年には**周辺事態法**が制定されたが，これによって，自衛隊は「周辺事態」＝「そのまま放置すればわが国に対する直接の武力攻撃に至る恐れのある事態」において米軍への軍事活動への「後方支援（兵站）」をおこなうことになった．これにより「極東」に限定されていた安保条約が実質的に変更されて日米軍の協力関係が広域化し，

日本の領域外でのアメリカ軍の軍事行動への兵站を自衛隊が担うことが可能にになった.

　さらに湾岸戦争を契機として国際貢献という考えが国民の支持を集めたことにより，1992 年に PKO 協力法（国連平和維持活動等協力法）が成立する．これは国連の枠組みの中での自衛隊の海外派遣を定めた法律であったが，その後アメリカ同時多発テロをきっかけとして，2001 年のテロ対策特別措置法，2003 年のイラク対策特別措置法によって自衛隊の海外派遣法制が整備された．

　この整備により，9 条改正が再度射程に入ることになった．90 年代の憲法改正の動きは，9 条の改正が主要な目標である点ではそれ以前の動きと違いはない．だが，大きく異なっている点はそれ以前の復古的な改憲論が後退し，新たな人権規定を設けること，首相公選制の導入，国会（参議院の）の見直しなど，日本国憲法全体を見直すという改憲論となっていたことであった．しかし，2012 年 4 月に発表された自民党の「憲法改正草案」を見る限り，後に見るように復古主義的な改憲論が再度姿を現してきているように思われる（https://www.jimin.jp/policy/policy_topics/pdf/seisaku-109.pdf）．

安倍政権と憲法改正

　2009 年からの 3 年余りの民主党政権の後に，2012 年 12 月に再度総理に返り咲いた安倍首相は，まず憲法改正の要件を定めた 96 条の改正を主張した．しかし「ゲームに勝てないから，ゲームのルールを変えるようなものだ」という批判もあり，96 条先行改憲論は断念されることになった．しかし，いわゆる「アベノミクス」による好調な景気回復を背景として長期政権を維持している安倍政権は，これまで着実に「戦後レジームからの脱却」に向けた下準備を積み重ねている．

　9 条の関連では，2014 年に歴代内閣の憲法解釈を閣議決定により変更することによって，これまでは憲法に反するとされてきた**集団的自衛権**の行使を容認し，2015 年に集団的自衛権の実施法として，いわゆる安全保障関連法を通常国会の会期を大幅に延長することで成立させた．さらに 2017 年の 5 月には，これまで発表されてきた自民党の憲法改正草案とは異なり，現行の憲法第 9 条の第 1 項，第 2 項を残して，新たに自衛隊を明記した第 3 項を付け加えるという独自の 9 条改正案が安倍首相によって提案されている．2017 年 10 月の総選

挙における与党の圧勝に勢いを得て,いよいよ憲法改正が現実的に視野に入ってきている.

(3) 国民投票法
憲法改正手続き

　憲法96条1項によれば,憲法を改正するためには憲法の改正は衆参各院の総議員の3分の2以上の賛成を経て,国会が国民に提案し,国民の過半数の承認を得ることが必要である.日本国憲法が改正のしにくい**硬性憲法**である理由は,基本法である憲法の軽率な改正を戒めることにある.また,憲法改正に国民投票が必要であるのは,憲法改正という重要な問題について,国民主権原理にもとづいて国民自身が決定すべきだという考えを憲法がとっているからである.国民投票を実際におこなうためには,その手続の詳細を定める必要がある.この手続きを定めた国民投票法が2007年に成立し,2010年5月18日に施行された.

国民投票法の概要

　国民投票法は国民投票の手続と憲法改正の発議手続について定めた法律である.

　まず憲法改正原案の発議権を持つのは国会議員であり,発議については衆院議員の場合は100名,参院議員の場合は50名以上の賛成という要件が課されている(国会法68条の4).また,衆参憲法審査会が合同審査会を開き,原案の大綱・骨子を作成した上で各議院の憲法審査会に勧告し,各審査会が憲法改正原案を提出することも可能である.内閣に憲法改正の発議権があるか否かについては定めがない.しかし,憲法改正について特別の定めをおいている憲法の趣旨から,内閣には発議権がないと考えるのが相当である.

　発議された憲法改正原案は**憲法審査会**で審議される.衆参両議院の本会議において総議員(法定議員数)の3分の2以上の賛成で可決された場合は,その最後の可決をもって,国会が日本国憲法に定められた改正の発議をし,国民に提案したものとみなされる(国会法68条の5第1項).

　投票は発議から起算して60日以後180日以内において,国会の議決した期日におこなわれる(国民投票法第2条).投票年齢については,満18歳以上の者

である．投票は，国民投票に係る憲法改正案ごとに，1人一票でおこなう（47条）．

投票については一括投票方式ではなく，**個別投票方式**がとられている．発議においては「内容において関連する事項ごと」に区分しておこなわれ（国会法68条の3），発議された憲法改正案ごとに投票用紙が用意される．投票用紙には「賛成」，「反対」があらかじめ印刷されており，どちらかに○を自書するという方法で投票がおこなわれる（57条）．改正には国民の過半数の承認を得ることが必要であるが，過半数とは投票総数を指す（126条）．国民投票法では最低投票率は設けられていない．

国民投票の周知・広報期間には国民は自由に自分の意見を公表し，討論し，集会を開き，説得するなどさまざまな活動や運動をすることができる．しかし，憲法改正案に対して，賛成あるいは反対の投票をし又はしないように勧誘する行為（国民投票運動）については規制がある．国家・地方公務員や教育者など，その地位にあるためにとくに国民投票運動を効果的におこない得る影響力又は便益を利用して，国民投票運動をすることができない（103条1項）．国民のより十全な理解のための報道や評論提供においてメディアの果たす役割は非常に重要であるため，メディアに対する直接的な規定はなく，自主規制に委ねられているが，国民投票の期日前14日間は国民投票運動のための放送広告が禁止される（105条）．

2　9条と安全保障

（1）　憲法9条の解釈

学界の多数派解釈

憲法9条は1項で，「日本国民は……国権の発動たる戦争と，武力による威嚇又は武力の行使は，国際紛争を解決する手段としては，永久にこれを放棄する」としている．ここで「国権の発動たる戦争」「武力による威嚇」「武力の行使」の放棄は，まとめて一切の戦争の放棄を意味する．2項は「前項の目的を達するため，陸海空軍その他の戦力は，これを保持しない」とし，さらに「国の交戦権（戦いを交える権利，もしくは船舶の臨検・拿捕などの国際法上の権利）は，

これを認めない」と定める．そこで，9条は戦力の保持を認めない徹底した平和主義を示すものと憲法学では理解されてきた．他方で，国際比較において五本の指に入る軍事費をかけた軍隊である自衛隊が存在し，その自衛隊は海外に派遣され，日米安全保障条約という「軍事同盟」が結ばれている．そのため，憲法と自衛隊，法と現実の「乖離」があると論じられ，法と現実の矛盾を回避するためにおこなわれる9条解釈は現実離れした「神学論争」であると揶揄されることもあった．さらには，法と現実の乖離を清算するために，9条を改正して軍である自衛隊を正式に軍隊と位置づけようではないかとも主張されることになる．本節では9条をめぐる問題を扱うが，まずは憲法9条の解釈を概観する．それはまず法学の任務として，9条についての妥当な解釈について理解することが必要だからである．

　憲法9条については，単純化すれば，大きく2つの解釈が対立している．ここで取り上げる2つの解釈は9条1項については争いはない．両解釈とも，9条1項については，国際紛争を解決する手段としての戦争，すなわち侵略戦争としては戦争を放棄しているが，そうではない戦争，つまり自衛戦争までは放棄していないと主張する．自国を守る自然権的な権利までも放棄することはできないと考えるからである．憲法は侵略戦争のみならず，自衛戦争をも放棄しているという解釈も成り立つが，支持されてはいない．

　そこで9条についての2つの解釈は2項について大きく対立することになる．まず1つ目の解釈は，2項について「前項の目的」は戦争放棄という目的を指すと解釈し，2項は戦争放棄という目的のために**「戦力」＝軍隊**を保持しないと定め，また交戦権を認めていないから，結果として自衛のための戦争ができないことになるというのが憲法の趣旨であると説明する．この解釈を採用すれば，自衛隊は憲法で保持することを禁止されている戦力にあたり，違憲の存在となる．

　2015年の安全保障関連法についての国会審議に際しておこなわれた，朝日新聞による憲法学者に対するアンケートによると，自衛隊が憲法に反する，もしくは憲法に反する可能性があると考える憲法学者77人に対して，反しない，もしくは反しない可能性があると答えた学者の数は41人であった．憲法に反すると考えた多くの学者は，上の1つ目の解釈を採用していると考えられるか

ら，これは相対的に多くの憲法学者によって支持されている解釈である．

　この解釈は，憲法の前文に「日本国民は……人間相互の関係を支配する崇高な理想を深く自覚するのであって，平和を愛する諸国民の公正と信義に信頼して，われらの安全と生存を保持しようと決意した」とあることから，憲法は安全保障の方策として，**国連の集団的安全保障**を想定しているのだと論じる（レファレンス：国連の下での安全保障については第 7 章 4（3）参照）．また，これらの解釈は，66 条の規定を除いては憲法に軍隊の存在を予定した条文はないこと，自衛戦争と侵略戦争の区別は困難であることなどの理由によって補強される．

政府解釈

　これに対して 2 つ目の解釈は，2 項について「前項の目的」とは「侵略戦争の放棄という目的」であると解釈し，わが国は**「戦力」＝侵略戦争のための戦力**や交戦権は持てないが，自衛戦争のための戦力や交戦権は持てるのだと読む．これが政府解釈である．この解釈によれば，憲法で保持することを禁止されている戦力とは「自衛のための必要最小限度を超える実力」を指し，自衛隊は「自衛のための必要最小限度の実力」であるから憲法には反しないということになる．この解釈は，憲法は軍事力で国を守ることを想定しているのだと主張する．

　この政府解釈はしばしば憲法学者によって妥当な解釈ではないと批判されてきた．その理由の 1 つが政府解釈における「戦力」概念である．通常は「戦力」という言葉で意味するのは軍隊，すなわち戦争のために編成され，装備を持ち，訓練を受けた人的組織と施設を意味するのに，政府解釈は「戦力」を通常の言葉の意味からかけ離れた「自衛のための必要最小限度を超える実力」と解釈するからである．また，この解釈は，わが国の保有する実力が「自衛のための必要最小限度の実力」であるのか否かを判断する基準を示していないために，結局は「自衛力は戦力ではない，なぜなら自衛力は戦力ではないからだ」と主張するだけであって，およそ憲法の解釈としては妥当ではありえないからである．

　政府の解釈が憲法学上 9 条についての妥当な解釈ではなく，後で見るように憲法に反する事態を意図的に隠蔽するための解釈であるとすれば，政府は無理な解釈によって憲法の規範内容を変更し，改正してきたのだといわざるをえないだろう．それは，政府によって国の基本法であるはずの憲法が蔑ろ[ないがし]にされて

きたことを意味し，法の支配や立憲主義という観点からも極めて問題である．

（2） 9条についての政府解釈の変遷と集団的自衛権
政府解釈の変遷

上で見たような憲法学者の議論に対しては，確かに完全な戦争の放棄と戦力の放棄は実現すればすばらしい理想であるが，現実の国際社会では理想的過ぎる議論であり，リアリティを欠く学者の理論だという反論が予想される．そこで憲法9条をめぐるリアリティーとは何かという点について検討する．

政府の9条解釈は戦後すぐの段階では憲法学者の解釈と変わりなかった．憲法制定の際に吉田首相は国会において，9条1項は直接自衛権を否定していないが，2項において一切の軍備と国の交戦権を認めない結果，自衛権としての戦争も，又交戦権も放棄しているのであって，戦争は多く自衛権の名においておこなわれたのだと答弁していた（さらに吉田は自衛権としての戦争を放棄したことの理由として，「従来近年の戦争は多く自衛権の名に於いて行われたのであります」という答弁をおこなっていた）．

しかし，冷戦の開始後にGHQの**占領方針の転換**により再軍備が進められ，さらに1950年には朝鮮戦争が勃発したことによって，事実上の軍隊（陸軍）である「警察予備隊」が創設された．これにより，政府は憲法で保持することが禁止されている戦力とは「警察を超える実力部隊」を指すのであって，警察予備隊はあくまで警察を補うものであるから憲法に抵触しないと説明した．

1951年にはサンフランシスコ講和条約により日本が独立したが，それに伴い占領軍が撤退することになったために，アメリカ軍を引き続き日本に駐留させるための日米安全保障条約が締結され，さらに日本は軍備強化を迫られる．警察予備隊は1952年には保安隊（＝陸軍）と警備隊（＝海軍）へ改組・拡充される．これに際して政府の9条解釈は変更を余儀なくされ，憲法で禁止されている戦力とは「近代戦争遂行に役立つ程度の装備，編成をそなえるもの」を指すと解釈を変更する．そして空軍を備えておらず近代戦争を遂行できない保安隊と警備隊は憲法で禁止される戦力にはあたらないと説明された．

ところが1954年には日米相互防衛援助協定（MSA協定）が結ばれ，これにより日本はさらに防衛力の増強を義務づけられたために，保安隊と警備隊は航

空自衛隊を備えた自衛隊へと改組された．それに伴い9条の政府解釈も戦力＝「**『自衛のための必要最小限度の実力』を超えるもの**」という解釈に変更されるのである．それ以後も一貫してアメリカからの軍事力増強の要請は続き，自衛隊は世界有数の軍隊となるのである．

　このような政府解釈の変遷は，アメリカからの軍事力増強の要求に応えるために政府が既成事実の積み重ねをおこない，その正当化のためになし崩し的に憲法に無理な解釈をほどこしてきたことをあらわしている．つまり憲法9条をめぐるリアリティーとは，アメリカによる軍事力の押しつけと，政府の憲法軽視だったのである．ちなみに，押しつけ憲法論を主張してきた者が軍事力の押しつけ論を展開しないのは，押しつけ論が単なる方便であることを示している．

集団的自衛権

　ただし9条はこれらの憲法逸脱に対し無力であったわけではなく，一定の歯止めとして機能してきた．1972年の「自衛権に関する政府見解」によると，「自国と密接な関係にある外国に対する武力攻撃を，自国が直接攻撃をされていないにもかかわらず，実力をもって阻止すること」である集団的自衛権については，わが国は自衛権を有するが「平和主義をその基本原則とする憲法が，右にいう自衛のための措置を無制限に認めているとは解されない」のであり，「わが憲法の下で武力行使を行うことが許されるのは，わが国に対する急迫，不正の侵害に対処する場合に限られるのであって，したがって，他国に加えられた武力攻撃を阻止することをその内容とするいわゆる**集団的自衛権の行使は，憲法上許されない**」との憲法解釈が示され，これが長年にわたって確認されてきたのである．

　ところが，すでに見たように，2012年末の総選挙で圧勝した自民党が与党に復帰し，「アベノミクス」で国民の支持をえた安倍首相は，当初は憲法の改正手続きを定めた憲法96条の改正を目論んだが，国民の支持をえられないと見るや，憲法の改正の必要のない集団的自衛権についての政府解釈の変更を優先課題とした．そして，2014年7月1日には従来の憲法解釈が閣議決定により変更され，集団的自衛権の行使が容認されるに至ったのである．さらに2015年に集団的自衛権の実施法として，いわゆる**安全保障関連法**（武力攻撃事態及び存立危機事態安全確保法や重要影響事態安全確保法など11本の法律）が成立し

ている．

　閣議による憲法解釈の変更は，具体的には自衛権行使の要件を変更するという形でおこなわれている．従来の自衛権行使3要件は，① わが国に対する急迫不正の侵害（武力攻撃）が存在すること，② この攻撃を排除するため，他の適当な手段がないこと，③ 自衛権行使の方法が，必要最小限度の実力行使にとどまること，であった．これが①従来の「我が国に対する武力攻撃」という要件につけ加えて，「我が国と密接な関係にある他国に対する武力攻撃が発生し，これにより我が国の存立が脅かされ，国民の生命，自由および幸福追求の権利が根底から覆される明白な危険があること」という要件が付け加わったのである．②は「我が国の存立を全うし，国民を守るために」他に適当な手段がないこと，③は従来と同じ，必要最小限度の実力行使にとどまるべきこと，とされている．

　これまではわが国に対する武力攻撃があった場合には，個別的な自衛権を行使するとし，本質的に他国防衛である集団的自衛権は憲法の制約があり，行使できないとしていた．しかし，この要件の変更により，アメリカが戦争をおこなっており，その戦争によって「我が国の存立が脅かされ，国民の生命，自由および幸福追求の権利が根底から覆される明白な危険がある」場合，（これは後の安全保障関連法では**存立危機事態**と名づけられている）には自衛権（もちろんこの自衛権は集団的自衛権に当たる）を行使して，戦争に加わることが可能になったのである．

集団的自衛権についての憲法解釈変更の問題点
　この憲法解釈の変更・安全保障関連法に対しては，憲法学者，内閣法制局の歴代長官，メディアや学生・市民による抗議行動がおこなわれたのは記憶に新しいところである．さらに憲法の解釈論としても，許されない解釈改憲であるとして容認できるものではない．ちなみに，上で見た安全保障関連法の国会審議に際しておこなわれた朝日新聞によるアンケートによると，閣議決定の実施法である武力攻撃事態及び存立危機事態安全確保法が憲法違反に当たる，もしくは憲法違反の可能性があると考える憲法学者が119人であるのに対して，憲法違反にあたらないと考えるのは2人に過ぎなかった．

　ここでは最も重要であると思われる点について説明するが，これは憲法解釈

変更の閣議決定に際して出された，元内閣法制局長官や学者による「集団的自衛権行使を容認する閣議決定の撤回を求める」という声明（2014年9月29日）に明瞭に表れている．それは「7月1日閣議決定は，憲法9条の存在意義をほとんど無に帰すばかりでなく，憲法によって政治権力を制約するという立憲主義を覆すものでもある」と評価し，政府の権限を縛るべき憲法の意味を，ある特定時点で政権の座にある人々の判断で変更してしまうという前例を残した，として批判する（レファレンス：立憲主義についてはプロローグ4（1），第1章1（1）参照）．

もちろん内閣は法の執行に当たり，当該の法について解釈をおこなうことは当然に許されるが，権力を縛ることを目的とする憲法の解釈に当たっては，とくに権力の拡大をもたらす解釈の採用に当たっては，緊急の必要性が認められない限り，謙抑的であらねばならない．それが公務員に対して課されている**憲法擁護・尊重義務**（99条）の趣旨であろう．多くの専門家や国民の間で多くの反対がある場合にはなおさらである．行政府の長として，憲法の改正が必要であると考えるのであれば，無理な解釈の変更ではなく，憲法の改正を国民に提案し，改正手続きに従って改正をおこなうのが筋であろう．

安倍首相は，立憲主義について「憲法というのは，言わば権力者の手を縛るという……側面もある……が，……自由民主主義，基本的な人権が定着している今日，王制時代とは違う」のであるから，このような憲法観は古いのだと言うが，権力の濫用がおこなわれるのは王制時代に限ったことではない．また，安倍首相は，自分たちは「国民から審判」を受け信任されたのだというが，選挙で選ばれたことによって無制限に権力を行使できるわけではない．権力の行使にあたって法に従うということ，**法の支配**が近代法の基本原則であり，今回のような憲法解釈の変更が許されるとすれば，法の支配どころか，法に従わない恣意的な権力行使をおこなう「人の支配」を認めることにもなるだろう．

今回の解釈変更と安全保障関連法の成立により，9条の歯止めがさらに1つ外されたことになる．自衛隊は，存立危機事態（存立危機事態であるか否かの認定は行政府によるかなり恣意的な判断となるだろうが）には，海外で戦争に加わることが可能になった．こうなると，現行の9条の下で唯一できないことは，存立危機事態に至らない段階での，海外での戦闘行為だけになる．それを可能に

するのが，自民党の「憲法改正草案」である．

（3） 自由民主党「憲法改正草案」── 9条 ──

すでに見たように安倍総理は独自の9条改正案を提案しているが，その具体的な中身は明らかでなく，今後党内ですでにまとめられた「憲法改正草案」を下敷きに議論が進むと思われる．ここでは自民党の「憲法改正草案」について見ることにする．この案では，現行憲法の第2章「戦争の放棄」が第2章「安全保障」と変更されている．また，現行憲法の9条1項は（平和主義）として，自衛戦争が許される旨を示唆する文言の変更をおこない残すが，2項は削除することとなっている．それに代わって新たに9条の2（国防軍）として，国防軍の保持など5つの項を設けるという形になっている．さらに9条の3（領土等の保全等）として，国に「国民と協力して」領土，領海及び領空を保全し，その資源を確保する義務が課される．

さて自衛軍の任務は9条の2第1項で定められた「我が国の平和と独立並びに国及び国民の安全を確保する」こと，及び3項で定められた「国際社会の平和と安全を確保するために国際的に協調して行われる活動及び及び公の秩序を維持し，又は国民の生命若しくは自由を守るための活動」である．これに関して「国際的に協調して行われる活動」，つまり国連の枠組みに縛られることのない活動に自衛隊が従事することが可能だということに注意が必要である．国際法上違法であったという見方をされることが多い，アメリカ主導のイラク侵攻の一員として自衛隊が参加することも可能になるのである．

つまり日本国憲法9条の下で唯一可能でなかった海外での自衛隊による戦闘が容認されることになる．さらに，草案における「日本国民は，国と郷土を誇りと気概を持って自ら守り……国家を形成する」するという前文と新たな9条の2及び9条の3を合わせれば，新たな法律をつくることによって憲法上，徴兵制の導入を阻むものはないことに注意すべきである．

それでも自衛隊を正式に軍隊として位置づけるべきだという意見があるかもしれない．この主張の根拠となるのは，「もし武力攻撃を受けたらどうするのか」といういわゆる戸締り論と，国際貢献の必要性を説く国際貢献論がある．

戸締り論に対しては，「もし武力攻撃を受けたらどうするのか」という，そ

れこそリアリティーを欠く抽象的な議論をするのではなく，国際社会の正確な分析を踏まえた議論が必要だろう．中国・北朝鮮やテロの脅威を唱えるならば，中国・北朝鮮が日本を侵略する現実的可能性について検討してみることが必要であろう．また，武力の行使によってテロの根絶が可能なのかという問いを再考する必要があるだろう．

　国際貢献論に対しては，国際貢献とは軍隊を用いた貢献だけなのかを問う必要があるだろう．これは，これまでの憲法改正の動きの中で一貫して政府によっては提起されてこなかった論点である．わが国の国際貢献のあり方として，果たして我々は軍隊と武力の行使による貢献を選択すべきなのか，それとも，たとえば平和構想の提示やその実現のための継続的で一貫した外交努力，「人間の安全保障」という考え方にもとづいて平和構築や環境や貧困問題に対して国際社会をリードすること，非核化や大量破壊兵器の拡散防止，小型火器含む兵器製造・輸出制限，環境に留意した開発援助などの貢献を選択するべきなのだろうか．「われらは，平和を維持し，専制と隷従，圧迫と偏狭を地上から永遠に除去しようと努めている国際社会において，名誉ある地位を占めたいと思う」と宣言する現行憲法前文からは，選ぶべき選択肢は明白であるように思える．

（4）　自由民主党「憲法改正草案」——人権——

個人主義・公共の福祉

　日本国憲法における人権の総論規定の1つである日本国憲法13条は，まず「すべて国民は個人として尊重される」と規定し，国民の人間としての尊重と個人としての人格の尊重を表している．後者は**個人主義**を表しているが，個人主義は利己主義・放縦とは全く異なる概念であり，個人主義と対立するのは，社会や国家のために個人に犠牲を強いる集団主義や全体主義である．

　自民党憲法改正草案13条は「すべて国民は，人として尊重される」とする．「個」の一文字が抜けているだけだが，これは個人主義を容認しない趣旨であることは明らかであろう．

　さらに日本国憲法の13条は続いて「生命，自由及び幸福追求に対する国民の権利については，**公共の福祉**に反しない限り，立法その他の国政の上で，最大の尊重を必要とする」と規定する．日本国憲法では，人権は「侵すことので

きない永久の権利」（11・97条）として保障されているが，たとえばプライバシーを侵害する場合の表現など，人権を制限することが必要となる場合が生じる．そこで憲法は「公共の福祉」という概念を用いる．公共の福祉とは，単なる公益や全体の利益ではなく，権利を各人に等しく保障するための相互調整の原理（及び福祉国家的な観点からの弱者保護の原理）である．

「公共の福祉」という概念を狭く解釈してきたのは，権力による人権の恣意的な制限を抑えるためである．ところが自民党憲法改正草案では，この「公共の福祉」という文言は「公益及び公の秩序」に変えることが提案されている．この文言の変更は「公益及び公の秩序」という名目があれば人権の制限ができるということを意味し，恣意的な権利の制限や，少なくともこれまでよりもより容易な人権の制限を可能にすることを意味する．この公共の福祉概念の見直し＝人権制限は戦後の改憲論において一貫して主張されてきた論点であり，その意味では，この見直しは9条と並んだ憲法改正の焦点であるといえる．

人権・立憲主義

90年代の改憲論は，憲法に「新しい人権」と呼ばれる新たな人権規定を設けることを憲法改正の目玉としていた．しかし，プライバシー権・知る権利・名誉権などはすでに13条及びその他の条文によって裁判所に対して救済を求めることのできる具体的な権利であると承認されているから，このような権利を新設する意義はほとんどない．また，個人情報の保護を受ける権利や犯罪被害者の権利，さらには情報開示請求権や環境権については，これらの権利を具体化する立法がなければ，憲法に規定を置くだけでは全く意味がない．さらに個人情報の保護を受ける権利と犯罪被害者の権利については，それぞれ情報公開法と犯罪被害者基本法などの立法があるから，単にすでにある権利が憲法によって追認されるという効果しか期待できない．

したがって，憲法に新たな人権規定を設けるとの主張は本当の目的を釣り上げるエサに過ぎなかったものだが，そのことは2017年総選挙に当たって出された自民党の公約からも明らかである．そこで主張された4項目は，自衛隊の明記，教育の無償化・充実強化，緊急事態対応，参議院の合区解消であり，新たな人権規定を設けるという提案は霧消し，新たな教育の無償化（民主党政権下で当時野党であった自民党は無償化に強く反対していた）というエサに切り替わっ

ている.

　さらに，人権を保障するためには権力の濫用がおこなわれないように，その行使を制限する必要があるが，権力を憲法で制限しようという考え方を**立憲主義**ということは本章ですでに何度か言及されている．自民党の憲法改正草案には，立憲主義という考え方は希薄である．安倍首相が立憲主義を古い憲法のとらえ方であると主張したことは上で触れているが，自民党としても同様のとらえ方をしているようである．憲法は「権力制限規範にとどまるものではなく，『国民の利益ひいては国益を守り，増進させるために公私の役割分担を定め，国家と国民とが協力し合いながら共生社会をつくることを定めたルール』の側面を持つものであることをアピールしていくことが重要」（自民党憲法改正プロジェクトチーム「論点整理（案）」）だとされているのである．したがって，現行の日本国憲法は99条で「天皇又は摂政及び国務大臣，国会議員，裁判官その他の公務員は，この憲法を尊重し擁護する義務を負う」として，権力を有しない国民に対しては，憲法は尊重擁護義務を課していないのに対して，自民党憲法改正草案では国民は国民としての義務をを果たすことを求められ（草案3条2項，9条の3，19条の2，24条1項，25条の2，92条2項，99条3項），「全て国民は，この憲法を尊重しなければならない」（102条）と規定するのである.

コラム　国民投票の結果が示すもの

　国民審査は最高裁判所の裁判官に対する罷免投票であり，非民主的な機関である裁判所に対する国民による統制の手段である．しかし，2017年の第24回国民投票までに罷免された裁判官の数は0名であり，機能している仕組みであるとは言い難い．したがって，審査の対象となる裁判官についてさらに国民への周知をおこない，さらに投票の方法を変えるなどの改革が必要とされている．下に示したのは第23回の国民審査の結果である．結果からは，国民の大多数が白紙で投票したことが分かる．

　しかし，この結果から面白いことが読み取れる．内閣法制局局長であった山本庸幸裁判官に対しては，国民が意図的にバツをつけるのを回避したことが読み取れるのである．これについて理解するためには次の事情を知る必要がある．まず，内閣法制局は法律案を国会への提出前に審査することなどを業務とする，法律の専門家からなる内閣を補佐する機関であり，これまでの政府の，集団的自衛権の行使は憲法上許されない，との憲法解釈を練り上げてきたのは内閣法制局であった．そして安倍首相は2013年に，当時内閣法制局の山本庸幸長官が集団的自衛権の政府解釈の見直しに難色を示したために，長

官を退任させ，後任に政府解釈見直しに前向きな外務省から小松一郎駐仏大使を充て，山本長官を退官した竹内行夫判事の後任として最高裁判事に任命するという人事をおこなったのであった．

通常は，内閣法制局長官は内部から内閣法制次長が昇任するのが通例であり，さらに最高裁判所の裁判官には通常外務省出身者が一名入るのが通例であるから，外務事務次官にあった竹内行夫判事の後任に内閣法制局出身の山本氏が入ったことにより，二重に異例の人事となった．国民の多くはこの事情を知った上で，言わば，逆向きの同情票として，山本庸幸裁判官にはあえてバツを投じなかったのだと思われる．

第 23 回国民審査の結果

	出身	×の数	投票数に占める×の割合
鬼丸かおる	弁護士	4,678,087	9.57%
木内道祥	弁護士	4,861,993	9.21%
池上政幸	検察官	4,855,670	9.56%
山本庸幸	行政官（内閣法制局局長）	4,280,353	8.42%
山﨑敏充	裁判官	4,786,184	9.42%

●●● さらなる学習の手引き

文庫・新書レベルの文献として，① 日本国憲法について法的・歴史的知識を与えてくれる，竹前栄治監修「シリーズ日本国憲法・検証 1945-2000 資料と論点」全 7 巻（小学館文庫），その中でもとくに ② 竹前栄治・岡部史信『憲法制定史』，③ 古関彰一『9 条と安全保障』，④ 竹前栄治・岡部史信『護憲・改憲史論』．また，⑤ 古関彰一『日本国憲法の誕生』（岩波新書，2009 年），NHK のドキュメンタリーとして ⑥『NHK スペシャル 日本国憲法 誕生』（NHK エンタープライズ，2007 年）．さらに憲法についての新書として，⑦ 青井未帆『憲法を守るのは誰か』（幻冬舎ルネッサンス新書，2013 年），⑧ 長谷部恭男『憲法とは何か』（岩波書店，2006 年）．憲法改正について，⑨ 法学館憲法研究所編『日本国憲法の多角的検証——憲法改正の動向を踏まえて』（日本評論社，2006 年），⑩ 渡辺治『憲法「改正」は何をめざすか』（岩波ブックレット，2001 年）．集団的自衛権，安全保障関連法について，⑪ 森英樹編著『集団的自衛権行使容認とその先にあるもの』（別冊法学セミナー 新・総合特集シリーズ 6）（日本評論社，2015 年），⑫ 森英樹編著『安保関連法総批判——憲法学からの「平和安全」法制分析』（別冊法学セミナー 新・総合特集シリーズ 7）（日本評論社，2015 年），⑬ 青井未帆『憲法と政治』（岩波新書，2016 年）⑭ 奥平康弘・愛敬浩二・青井未帆編『改憲の何が問題か』（岩波書店，2016 年），⑭ 奥平康弘・山口二郎編『集団的自衛権の何が問題か——解釈改憲批判』（岩波書店，2014 年）．

第3章 民事法へのアプローチ
―― 私たちの暮らしと法 ――

　現代社会に暮らす私たちは，自らの判断に基づき，さまざまな取引行為（例：物の売買，サービスの利用）や身分行為（例：結婚）をおこなっている．そして，日本をはじめとする現代社会に存在する国家の多くは，この「自由な意思」に基づく取引・身分行為への介入を控えている．この国家が介入を控える社会領域を**市民社会**といい，そこにおける活動主体である私たちを**市民**という．

　「控える」という言葉を強調したのには理由がある．市民間での「自由な意思」に基づく取引・身分行為を保障するために，あえて国家による介入が求められる場合がある．すなわち，「自由な意思」に基づく取引・身分行為の結果，市民間に紛争が生じた場面である．たとえば，Aが自宅に飾っておいた絵画がBに盗まれ，その絵画をCがBから購入したという状況を想定してみよう．この場合，AはCに対して絵画はBに盗まれたものであるから返してほしいと要求するが，Cはこの絵画はBから購入したものであるとしてAの要求を拒絶する．これにより絵画の所有をめぐりAC間に紛争が生じる．この時，かりに国家がこの紛争を放置するならば，窮極的には当事者の実力（≒暴力）による解決が図られる．しかし，これでは「自由な意思」に基づく取引・身分行為など絵に描いた餅にすぎない．

　そこで，このような要請を受けた国家は，市民間に生じた紛争を解決するために必要なルールを体系化し，法律として編纂してきた．これらの法律，および，その周囲に存在する不文法を**民事法**と総称する（市民社会の法であることから，**市民法**ともいわれる）．なお，法の大まかな分類として，市民相互の関係を定める法を**私法**と呼び，国家と市民（国民）との関係および国家の機関や組織などを定める法を**公法**と呼ぶ．しかし，法の中には私法と公法のいずれか一方に分類することが困難な場合も多く，分類の実益はそれほど多くはない．

民事法の中核をなすのが，民法，（会社法を中心とする）商法，および，民事訴訟法という3つの法律である．このうち，市民間での取引や身分行為に関する紛争の解決基準を規定しているのが民法および商法であるのに対し（このような法を実体法という），民事訴訟法は，訴訟（裁判）により紛争を解決する際の手順を規定している（このような法を手続法という）．また，民法は市民間での取引・身分行為に一般的に適用される法律であるのに対し（そのため**「私法の一般法」**といわれる），商法は市民の中でも企業といわれる特別な主体が取引行為をおこなう場合に，民法を修正する形で適用される法律である（そのため**「私法の特別法」**といわれる）．ここでは市民社会の最も基本的な法である民法に着目してみたい．

コラム　新たな紛争解決手段

訴訟による紛争の解決に対しては，かねてより2つの問題点が提起されてきた．

第1点は，訴訟による紛争の解決には時間がかかるという点である．訴訟は慎重を期しておこなわれるため，必然的に時間をかけざるを得ない．とりわけ，事実関係について当事者の主張が食い違う場合，当事者双方が提出した証拠などをもとに裁判官が事実関係を確定せざるを得ないため，多くの時間が必要となる．なお，しばしばアメリカの訴訟は早期に決着するといわれているが，実際には日本と大きくは変わらない．

第2点は，訴訟による紛争の解決では民法や商法をはじめとする実体法を判断基準として用いなければならないという点である．原則として，実体法は紛争当事者の「どちらか一方を」勝者とする，という解決しか想定していない．そのため，両者が望んだとしても，実情に即した判断基準を用い，「痛み分け」のような解決をとることは困難である．

そこで，これらの問題点を解決するため，平成16年に裁判外紛争解決手続の利用の促進に関する法律（ADR法）が制定され，訴訟によらずに紛争を解決する手続きが規定された．なお，ADRとは，Alternative Dispute Resolutionの略語である．

訴訟と比較するとADRには以下のような特徴が認められる．①ADRでも訴訟と同様に第三者が解決に関与するが，訴訟とは異なり，そのような第三者は裁判官に限られない．弁護士や業界団体であってもADRに関与することが認められている．なお，最も普及している民事調停と呼ばれるADRは，裁判所において，裁判官と民事調停委員（一般人）からなる調停委員会が解決に関与する．また，②訴訟とは異なり，関与する第三者は法律にとらわれず，実情に即した判断基準に従った解決を提示することができる．さらに，③訴訟では裁判官（第三者）が示した判断は強制力を伴う．この点，ADRには，訴訟と同様に第三者の判断が強制力を伴う「仲裁型」と，第三者の判断に

強制力はなく，当事者がこれに合意した場合に強制力が生れる「調停型」とがある．したがって，調停型の ADR は終局的な紛争の解決に至らず，訴訟や，（同一の第三者による）仲裁型の ADR に移行する場合がある（あらかじめ，仲裁型の ADR への移行を想定した ADR を「調仲型」という）．しかし，紛争終了後も当事者が社会的関係を継続する場合，当事者が合意の上で紛争を解決することが望ましい．調停型の ADR の意義はここにあり，民事調停が広く用いられていることからも，社会における有用性が認められる．

1 民法の全体像

　民法は 1044 条から構成されている．膨大な数の規定があると思うかもしれないが，そうとも言えない．実際に私たちがおこなう取引・身分行為は多種多様であり（「借りる」という行為 1 つをとっても，その対象は多岐にわたる），かりに各種の行為について個別の規定を置いていたならば，規定の数は 10 倍，100 倍（あるいはそれ以上？）に上るはずである．とくに取引行為に関しては経済の発展に応じて次々と新しい取引形態が生み出されるため（世界中で多くの人が利用しているインターネット通販の Amazon.com の創業は，わずか二十数年前である），個別の規定を置くことは不可能に近い．

　そこで民法は，取引・身分行為において発生が想定される紛争を類型化し，それぞれの紛争類型を解決するための基準となる規定を置くにとどめた．そして，実際に紛争が生じた場合，個別の事情を一定の範囲で捨象し（たとえば，銀座や梅田に建つ建物を売り買いする場合において，売買の対象が建物（不動産）であることは考慮されるが，その建物が銀座や梅田に建っているという点は考慮されない），民法が想定する紛争類型のいずれかに分類したうえで，その類型ごとに定められた規定を適用し，紛争を解決することとした．

　これらの規定につき，民法は，①取引行為と身分行為のいずれにおいても発生しうる紛争類型を解決するための規定を冒頭に置いた（これらの規定を身分行為に関する紛争に適用してよいかという点について大きな争いがあるが，形式的には適用が認められる）．これに続けて，②取引行為において発生しうる紛争類型を，(1)物の所有に関する紛争，(2)契約に関する紛争，および，(3)それ以外の紛争

図3-1 民法の構成

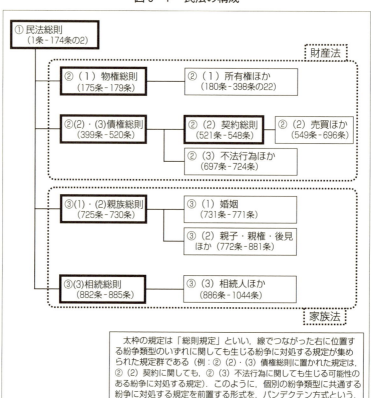

の3つに分類し，これらを解決するための規定を置いた．そして同様に，③身分行為において発生しうる紛争類型を，(1)婚姻に関する紛争，(2)私的保護（たとえば，親子関係）に関する紛争，および，(3)相続に関する紛争の紛争の3つに分類したうえで，これらを解決するための規定を置いた．講学上（正式な名称ではないが，学習を進めるうえで使用される名称），②に属する規定群を**財産法**，③に属する規定群を**家族法**と総称する．

　以下においては財産法に関する紛争類型・規定を中心に，もう少し詳しく学習を進めてみたい．

コラム　債権法改正

わが国の民法は明治29年に公布，同31年に施行されて以降，財産法に関しては100年以上にわたり大規模な改正がなされてこなかった．しかし，制定当時と現在では社会・経済環境が大きく異なる．そのため，とくに契約に関する規定を中心に，実社会における取引慣行と民法との規定との乖離が著しくなってきた．この問題はかなり以前から指摘されていたが，私法の一般法である民法を改正するとなると他の法制度にも大きな影響を及ぼすことになる．そこで，これまでは判例による（既存の）規定の解釈を通じて問題に対処してきた．もっとも，このような対処には限界がある．そのため，平成21年に法務大臣の指示により，民法の大改正が始まった．

その後，改正は紆余曲折を経て，一時は暗礁に乗りかけそうになったが，平成29年6月22日に民法改正法が公布され，8年余りの月日をかけて結実した．本書においても若干ではあるがその内容を反映している．なお，同改正法は，公布の日から3年以内に施行されることとされている（なお，2020年4月1日施行との閣議決定がなされた）．そのため，施行までに生じた紛争については，改正前の民法の規定が適用される．

2　契約に関する紛争類型と規定

(1)　契約の成立とその内容

契約の成立

取引行為は**契約**を介しておこなわれる．契約とは，日常的に結ばれる約束のうち，これに関する紛争が生じた際に民事法に従った解決がなされるものである（したがって，父親が子どもとの間で結んだ遊園地に連れて行くという約束は契約ではない）．一部の特殊な例（例：保証契約，消費貸借契約）を除くと，契約は**合意**により，すなわち，二人の市民がお互いに対して表示した意思（**意思表示**）の内容が合致することにより，成立する（AはBに対して車を購入する旨の意思を表示し，他方，Bがこれを承諾する（Aに対して車を売却する）旨の意思を表示することで，車の売買を内容とする契約が成立する）．

契約の前提となる意思表示をおこなうためには意思を「表示する能力」が必要なことは言うまでもないが（これを**意思能力**という），自ら集めた情報や自身の経験をもとに，どのような意思を表示するべきかを「判断する能力」も必要となる（これを**行為能力**という）．したがって，一般的に行為能力が未発達であ

る未成年者(とくに小児)や,成人であっても何らかの理由により判断能力を十分に有しない者(未成年者と併せて**制限行為能力者**という)が意思表示をおこなう場合,他の市民が制限行為能力者を助けることができる制度が必要となる.

契約が締結されると当事者は契約内容を実現する義務を負う.この義務を**債務**といい,その義務者を**債務者**という(債務者Aは,Bに対し,購入代金を支払う債務を負う).また,同時に,契約当事者は債務者に対し,債務を履行する(義務を果たす)よう要求する権利を持つ.この権利を**債権**といい,その権利者を**債権者**という(債権者Bは,債務者Aに対し,代金の支払いを請求する債権を持つ).多くの契約においては契約当事者双方がそれぞれ債務を負担するが(このような契約を**双務契約**という),主として一方当事者のみが債務を負担する契約(**片務契約**)も存在する.

契約の内容

契約(債務)の内容は合意により定まる(AB間で車の代金を150万円とする合意があれば,Aの債務の内容は150万円の支払いとなるし,BがAの自宅で車を引き渡すという合意があれば,車をA宅に届けることがBの債務の内容となる).したがって,契約にとって重要な要素について合意が成立していない場合(AがBから車を購入することは決まったが,購入代金が決まっていない),そもそも契約は成立しない.これに対し,それ以外の要素について合意が成立していない場合(どこで車を引き渡すかが決まっていない),契約自体は成立するとしたうえで,足りない要素を事後的に補うことになる.その際には取引行為の具体的な状況や(BがAに対し,いつであれば自宅にいるかを尋ねていた),当該取引行為に関する慣習が考慮され(自動車の販売においては通常購入者が販売店で車を受け取る),それでも補えない場合には法律がこれを補う(これを**任意規定**という).このことからもわかるように,契約への介入に民法は消極的であり,基本的には契約当事者の交渉に委ねている(**契約自由の原則**).

しかし,契約当事者間で明らかに交渉力の格差が認められる場合,「自由な意思」に基づく取引行為を保障するために,法律があえて契約内容に介入する場合がある(これを**強行規定**という).とりわけ,近年では「**事業者**」といわれる特殊な市民が取引行為をおこなう場面が問題とされる.事業者は同種の取引行為を継続的に繰り返すことで膨大な情報や経験を獲得するため,当該取引行

為に関し，一般の市民（事業者との対比で**消費者**といわれる）と比較して高い交渉力を持つ．このため，事業者と一般の市民とが取引行為をおこなうとき，交渉力に勝る事業者が自らに有利なように交渉を進め，その結果，消費者が望まない契約や，消費者に不利な内容の契約が締結される場合がある．このような事業者と消費者との間の「情報・経験・交渉力の格差」を是正するために，**消費者契約法**は事後的に契約を解消する権利を消費者に認め，また，消費者の利益を不当に害する契約内容を無効とすることにした．

（2） 契約成立の前後

契約の成立後──債務不履行──

　契約が成立しても，取引行為が完了するわけではない．契約成立後，債務者がその債務を履行することにより（AはBに対して購入代金を支払い，BはAに対して車を引き渡す），はじめて取引行為の目的が達成される．

　そのため契約成立後に生じる主要な紛争類型は，債務者が債務を適切に履行しないことにある（いわゆる契約違反）．これを「**債務の不履行**」という（後述する「債務不履行」とは異なるので注意）．債務の不履行は大別すると，①履行遅滞：契約などにより定められた履行期（履行の期限）までに債務者が履行をしなかった場合（Bは4月10日までに納車を済まさなければならなかったが，これに遅れた），②履行不能：債務の履行が不可能となってしまった場合（BがAのもとに車を運んでいく際に，ガードレールに衝突して車が大破した），および，③不完全履行：一見すると債務は適切に履行されているが，その内容に問題がある場合（Bは履行期までに車を届けたが，助手席のシートベルトが正しく機能していなかった），の3つの状況が考えられる．

　債務の不履行があった場合，民法は債権者に対し，あくまでも債務の履行を求める（**履行の強制**：民法414条1項），不履行により債権者に生じた損害（不利益）につき，金銭による賠償を求める（**債務不履行を理由とする損害賠償**：民法415条1項・2項），契約関係を解消し，契約締結前の状況に戻す（**契約の解除**：民法541条・543条など）ことなどを認めている．

　債権者が履行の強制を求める場合でも，債権者による**自力救済**は認められない（Bが車を引き渡そうとしないので，Aが自らBの下に訪れて勝手に車をもって行っ

てしまう)．これを認めると，債権者が債務者に無用の損害を与える可能性があるからである(車を持ち出そうとしたAを止めようとして，Bが怪我を負ってしまう)．したがって，履行の強制は法律が定めた手続きに従い，国家がおこなう．なお，債務の履行が不可能となってしまった場合，履行の強制も当然不可能となる．また，債務の内容がサービスの提供である場合にも，これが履行の強制になじまないことから，履行の強制は認められない．

　債務の不履行により債権者に損害が生じた場合に，債務者は原則としてその損害を賠償する責任を負う(415条1項本文)．契約当事者はその「相手方に」損害を与えることのないように行動する一般的な義務を負っていると考えられるためである．もっとも，契約その他の債務の発生原因および取引上の社会通念に照らし，債務者の責めに帰すことのできない事由(これを**免責事由**という．たとえば，不可抗力や債務者の支配が及ばない第三者の行為による場合である)により債務の不履行が発生したときには，損害賠償は認められない(415条1項但書)．債務の不履行につき，このような免責事由が認められない状況を「**債務不履行**」という．なお，売買契約のような双務契約において，発生した債務の一方が履行不能となったが，これにつき免責事由が認められる場合，その債務が消滅するだけでなく(Bの店舗に隣接する工場の火災により車が焼失した場合，BはもはやAに車を引き渡さなくてよい)，原則として，他方の債務も消滅する(AはBに代金を支払わなくてよい．危険負担：536条1項)．

　契約当事者の一方が債務不履行に陥った場合，他方当事者は契約自体を解消することもできる．これを「契約の解除」という．契約が解除されると，契約当事者の関係は契約成立前の状況に戻される．その結果，いまだ履行されていない債務は消滅し，債務の履行として債権者に支払われた金銭や引き渡された物は，債務者に返還されなければならない(**原状回復義務**)．これに対し，すでに債権者に提供されたサービスをそのままの形で債務者に返還することは通常不可能である(提供されたサービスに要した費用を損害賠償として請求する)．また，一定期間の継続を前提とする契約(**継続的契約**)が解除された場合，契約成立前の状況に戻すことは妥当ではない．そのため，継続的契約の解除の効果は将来に向かってのみ生じる(このような解除を「解約告知」という．たとえば，民法620条)．

契約の成立前——交渉過程——

取引行為は契約の締結を待って開始されるわけではない．契約が締結される前であっても締結に向けた当事者間で交渉が進められており，この交渉過程も取引行為の一部である．とりわけ，土地や建物などの高額な財産の取引においては，しばしば交渉過程が長期にわたる．この交渉過程において，当事者の一方が相手方に契約の締結を期待させる行為をとったため，それを信頼した相手方が費用を支出したが，結局その当事者が契約を締結しなかった場合（Aが購入する車につき特別な色に車を塗装するよう求めたため，Bがこの注文に応じたところ，結局Aが契約の締結を拒絶した），その当事者は相手方が支出した費用を賠償しなければならない（これを**契約締結上の過失**という）．

また，比較的高額な商品やサービスの売買を内容とする契約において，一方当事者だけがその商品等に関する情報を保有している場合（例：不動産取引，金融商品取引，フランチャイズ契約），契約の交渉過程において相手方に情報を提供し，商品等の説明をおこなう義務が課される場合がある（これを**情報提供・説明義務**という）．この義務に違反したために相手方が損害を被った場合（金融商品取引の経験に乏しいAがB証券会社から金融商品を購入したが，取引経験に乏しい者が扱うには極めてリスクの高い商品であることの説明をBが怠ったため，Aが多大な損害を被った場合），その損害を賠償する責任を負う（意図的に虚偽の情報を提供した場合には，契約を解消することもできる）．なお，前述した消費者契約法は，例示した取引行為に限らず，事業者と消費者との間でおこなわれる取引行為全般において，事業者に情報提供・説明義務を課しているが，これは**努力義務**（これに

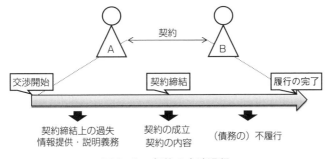

図3-2 契約の交渉過程

違反しても事業者は損害賠償責任を負わない）と理解されている．

（3） 契約外における紛争
不法行為による損害賠償

以上のように，契約当事者間ではさまざまな紛争が生じるが，そのような関係のない市民間にも紛争が生じる場合がある．たとえば，Aが運転するタクシーが客Bを乗せて運行中に，不注意により横断歩道を渡っていたCをはねたために，BおよびCが怪我を負ったとする．この場合BとCのいずれもが治療にかかった費用の支払いをAに求めるであろう．この点，AはBとの契約にもとづいて，Bを目的地まで安全に届けるという債務を負っているから，BはAに対し，債務不履行を理由とする損害賠償として，怪我の治療費を請求できる．これに対し，AC間にはそもそも契約が存在しないから，CはBと同様の理由にもとづいて怪我の治療費を請求することはできない．しかし，ともにAの不注意な運転の被害者であるBとCとの間で紛争の解決が大きく異なるというのは妥当ではない．そこで民法は，契約関係の存否にかかわらず，ある人（加害者）が他人に（被害者）に損害を与えた場合，加害者は被害者に生じた損害を金銭で賠償する責任を負担する場合がある旨を定めた（民法709条．これを**不法行為**という）．

前述したように，契約違反（債務の不履行）により損害が発生した場合，免責事由がない限り，債務者は損害賠償責任を負う．これに対し，不法行為における加害者が損害賠償責任を負うのは，加害者に責任を負わせるに足る十分な事由（これを**「帰責事由」**という）が存在する場合のみとされる．具体的には，加害者が意図的に損害を発生させた場合か（**故意**），加害者が置かれている状況からして損害発生を回避するためにとるべき行動をとらなかったために損害を発生させた場合（**過失**）にのみ責任を負うとされる．このような考えを**過失責任の原則**という．契約違反の場合と異なり，不法行為の場合には，誰が損害を被るかは（誰が被害者となるかは）実際に損害が発生するまでわからない．そのような潜在的被害者（論理的にはすべての市民がこれに該当する）に損害を与えることのないように行動する一般的な義務を加害者に課すならば，加害者の行動の自由は大きく制限されることになるが，これではかえって市民による「自

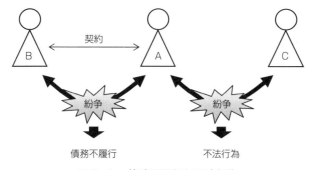

図3-3　債務不履行と不法行為

由な意思」に基づく取引・身分行為を阻害することになりかねない．それゆえ，契約違反の場合と不法行為の場合とで，損害賠償に関する原則と例外が逆になっているのである．

事務管理・不当利得

　契約関係にない市民間に生じる紛争は不法行為の場合に限られない．たとえば，隣の家に住むBが海外旅行に行っている間にB宅の窓ガラスが割れているのを発見したAが，数日後に大雨が降ることが予測されていたため，親切心から業者に窓ガラスの修理を頼んだとする．このAのように，義務なく他人のために一定の行為をおこなうことを**事務管理**といい，事務管理をおこなった者（管理者）は，利益を受けた本人に対し，それに要した費用の償還を求めることができる（民法702条）．したがって，かりにAがその修理代を業者に支払った場合，後日その費用の支払いをBに求めることができる．もっとも，Bが窓を修理してもらう意思を示していたわけではないから，「自由な意思」に基づく取引行為を保障するという観点からすると，事務管理により債権・債務が生じる範囲は一定の範囲に制限されなければならない．そのため，管理者が本人の意思に反することを知りながら，あえてその行為をおこなった場合，事務管理は成立せず，費用の償還を求めることはできない．

　また，前述したように，契約の解除により原状回復義務が生じる場合があるが，解除により契約は消滅している以上，この義務を契約に基づく債務と理解することは難しい．そこで民法は，契約の解除により契約関係が解消された当事者間に原状回復義務が生じることを定める旨の規定を置いている（民法545

条1項・703条).これを**不当利得**という.この不当利得は,許可なく他人の所有物を使用した人に対し,所有者がその費用の償還を求めることができる根拠としても用いられる(Aが所有する車を許可なくBが乗り回した場合,AはBに対し車の使用料を請求することができる).

(4) 契約に関する現代的課題の一例
典型契約と現代的契約

民法は,実際の取引行為において締結されるさまざまな契約を13種類の基本的な契約類型のいずれかに分類し,紛争の解決に役立てようとしている.この契約類型を**典型契約**という(具体的には,贈与,売買,交換,消費貸借,使用貸借,賃貸借,雇用,請負,委任,寄託,組合,終身定期金,和解の13種類).もっとも,この典型契約は必ずしも現実に存在するさまざまな契約を念頭において作られたものではない(たとえば,終身定期金に該当する契約は,実際にはほとんど存在しない).そのため実際の契約の中には,複数の典型契約の要素を併せ持つ契約も存在する(**混合契約**という).

このような混合契約の一例が,客の注文を受けて物の制作をおこなう場合に用いられる制作物供給契約である(Aが靴屋Bに対し,自分の足にあった靴を注文する).この契約は,物の制作を仕事として請け負ってその完成を目指すという点では請負契約としての要素を持つが,完成した物を注文者に売却するという点では売買契約としての要素を持つ.そのため制作物共給契約に関して紛争が生じた場合に,請負に関する規定に従って紛争を解決するか,売買に関する規定に従って紛争を解決するかという問題が生じる.

また,現代の契約の中にはいずれの典型契約にも分類しえないような特殊な契約も存在する(新しい取引形態が次々に生み出される金融商品取引に関する契約にしばしばみられる).その一例が,もはや私たちの生活に不可欠ともいえるコンビニエンスストアやファーストフード店の経営に用いられる**フランチャイズ契約**である.フランチャイズ契約とは,フランチャイズチェーンの本部機能を有する事業者が(フランチャイザー),他の事業者に(フランチャイジー)に,一定の地域内で,自己の商標,サービス・マーク,トレード・ネームその他の営業の象徴となる標識,および経営のノウハウを用いて事業をおこなう権利を付与

し，他方，フランチャイジーはフランチャイザーに対し，それらの付与された権利に対する対価を支払うことを内容とする契約である（以上の定義は，京都地裁が示した判決の内容を参照した）．この定義を見てもわかるように，フランチャイズ契約にはさまざまな要素が混在しており，典型契約に分類することは極めて難しい．

3 物の所有に関する紛争類型と規定

(1)「人」・「物」・「所有」

物の支配構造

　市民社会においては，すべての**自然人**と（生物学上の人間），企業をはじめとする各種の**法人**（団体や財産のうち，法律が活動主体として認めた存在．自然人と法人とを併せて「**人**」という）にのみ，取引・身分行為をおこなうことが許されている．この法的な意味での「人」以外の存在は，取引・身分行為の対象として，人の支配に服する（もちろん，たとえば実際には人が自然を支配できるわけではない．あくまでも法律上の想定である）．この支配の対象となる存在を「**物**」という．したがって，土地や建物（これらを併せて**不動産**という），自動車，衣服，食品等（不動産以外の物を**動産**という）が「物」に含まれることになる．なお，民法は**有体物**のみを「物」として認め（民法85条），ノウハウや著作，自然力（電気・光・熱）といった**無体物**を「物」に含めていない．しかし，無体物を対象とする取引・身分行為に関して生じた紛争に民法の適用が排除されているわけではない（ただし，民法の規定は有体物を対象とする取引・身分行為を想定しているため，有体物と無体物との性質の違いにより，一部の規定の適用が排除されることはある）．

　この支配関係に関し，市民社会では「一つの物に対する一人の人による全面的支配」という構造が採用された（**所有権絶対の原則**）．この物に対する全面的な支配を所有といい，この所有を権利（**所有権**）として保障することが，近代国家には強く求められている（たとえば，日本国憲法29条1項）．このような構造が採用されたのは，封建制社会に存在した「一筆の土地に対する複数の人による階層的支配」という構造に対する反省に基づく．階層的支配構造により，生活の基盤を土地に置く農民などが，土地の利用に留まらない生活全般につい

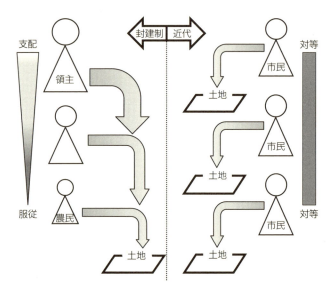

図3-4　封建制社会における土地所有と近代の土地所有

て，支配構造における上位者の支配を受けるという結果を招いたのである．

物権法定主義

　所有者は公共の福祉に反しない限り，その物を利用し（その物を自ら直接使用する），あるいはその物を処分する（その物を他人に譲渡して収益を得る）権能を有するが，私たちの生活を見ればわかるように，これらの権能の一部が所有者の下を離れ，他人に帰属する状況も考えられる（AがBの所有する土地を借りてその上に自宅を建てた場合，土地の所有者はBであるが，土地を直接使用する権能はAに移転する）．このような物に関する権能の一部の移転は実社会において不可避といえるが，これを無制限に認めれば前述した階層的支配に行きつくとも限らない．そこで民法は，権能の一部移転が認められるのは法律の規定がこれを認める場合のみとした（当該権能を内容とする権利が他人に発生する．これらの権利と所有権を併せて**物権**という）．これを**物権法定主義**といい（民法175条），契約の内容が当事者の合意に委ねられていることと対照的である．

　もっとも物権法定主義には問題点もある．社会・経済の発展とともに権能の一部移転に関する新たな需要が生まれた際にも，法律の制定・改正を待たなけ

ればならない点である．そこで，そのような需要に応じた物権の創設が社会において広く承認されているような場合，これに関する紛争の中で裁判所が権能の一部移転を前提とする解決を繰り返し，立法的な解決を待つという方法がとられてきた（例：根抵当権，仮登記担保，譲渡担保．根抵当権は，すでに民法により物権として承認されている）．

（2） 物権の移転

物権の変動原因――契約――

　物権が変動する（以下，所有権の移転を念頭において話を進める）主要な原因は契約である．市民社会の根幹を形成する取引行為である売買においては，契約により売主の目的物の所有権が買主に移転し，買主はその代わりに代金を支払う．したがって，ある物が誰の所有物であるかは，その物に関する契約の内容を調べればよいとも思える（AがBから甲土地を購入しようとするとき，甲土地に関する契約の内容を調査し，Bが前主になっていることを確認すればよい）．しかし，民法はそのように考えていない．

　たとえば，契約関係を調べた結果，（B以前に甲土地を所有していた）Cが甲土地を売却する旨の契約をBと締結したことを知り，AがこれをれをまたBとの間で甲土地を購入する旨の契約を締結したとする．ところが，CはBとの契約を締結した後，同じく甲土地を売却する旨の契約をDとも締結していたとする．この場合，CはBとの契約を先に締結している以上，その段階で甲土地の所有権はBに移転していると思えるかもしれないが，民法はDとの契約も有効に成立するとしている（CがDとの間でもあえて契約を締結する理由としては，DがBよりも高い購入代金を提示したことが考えられる．この場合，経済学的観点からすると，土地の価値をより高く評価したDが甲土地を所有すべきである）．もちろん，1つしかない甲土地をBにもDにも引き渡すことは不可能であるから，最終的にはいずれか一方しか甲土地の所有者になることはできない（その結果，他方に対する債務は不履行となる）．それでは甲土地の所有者はBとDのいずれであるか．物の所有に関する紛争の典型例の1つが，いずれも有効に物権を取得したと主張する二当事者の間での紛争である．これを講学上**対抗問題**という（例示したCによる**二重譲渡**が対抗問題の典型である）．

民法は対抗問題を決する要素を契約以外に求めた（これを**対抗要件**という）。なぜならば、契約当事者以外の者は、契約の内容を正確に知ることが難しいからである。前述したように、原則として契約は合意により成立するから、契約内容を記録した書面（契約書）が必ずしも作成されるわけではない。もちろん、土地のような重要な財産の取引には契約書が作成されることが通常であるが、契約当事者以外の者が契約書の開示を求めても当事者にはこれに応じる義務はないし、かりに応じたとしても、その契約書の真正が担保されているわけではない。したがって、すべての人が容易に認識しうる要素（**公示**された要素）が対抗要件として選ばれることが望ましい（もっとも、実際には、公示されていない対抗要件も存在する）。

この対抗要件に関して民法は、物権の対象が動産である場合には「**引渡し**」を対抗要件とした（民法178条）。したがって、たとえば動産が二重に譲渡された場合、先にその動産を受け取った者（または受け取ったと同視しうる状況が生じた者）が所有権を取得する。これは端的に言えば、動産を実際に所持・使用している人の多くはその物の所有者であるという経験則に基づく。したがって、動産の中でも比較的高額であり、かつ、所持・使用と所有とが一致しない例が多くみられる動産に関しては、異なる対抗要件が設定されている（例：自動車、船舶、建設機械）。また、このような観点からすると、物権の対象が不動産である場合には引渡しを対抗要件とすることはできない。なぜならば、土地・建物の賃貸は極めて頻繁におこなわれており、所持・使用と所有との不一致が頻繁

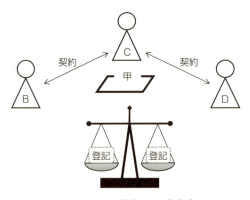

図3-5　不動産の二重譲渡

| 表題部 (土地の表示) | 調製 | 余白 | 不動産番号 | 0000000000000 |

| 地図番号 | 余白 | 筆界特定 | 余白 |
| 所 在 | 特別区南都町一丁目 | | 余白 |

① 地 番	② 地 目	③ 地 積 ㎡	原因及びその日付〔登記の日付〕
101番	宅地	300:00	不詳〔平成20年10月14日〕

| 所有者 | 特別区南都町一丁目1番1号 甲野太郎 |

権利部（甲区）（所有権に関する事項）

順位番号	登記の目的	受付年月日・受付番号	権利者その他の事項
1	所有権保存	平成20年10月15日 第637号	所有者 特別区南都町一丁目1番1号 甲野太郎
2	所有権移転	平成20年10月27日 第718号	原因 平成20年10月26日売買 所有者 特別区南都町一丁目5番5号 法務五郎

権利部（乙区）（所有権以外の権利に関する事項）

順位番号	登記の目的	受付年月日・受付番号	権利者その他の事項
1	抵当権設定	平成20年11月12日 第807号	原因 平成20年11月4日金銭消費貸借同日設定 債権額 金4,000万円 利息 年2・60%（年365日日割計算） 損害金 年14・5%（年365日日割計算） 債務者 特別区南都町一丁目5番5号 法務五郎 抵当権者 特別区北都町三丁目3番3号 株式会社南北銀行 （取扱店 南都支店） 共同担保 目録(あ)第2340号

共同担保目録

| 記号及び番号 | (あ)第2340号 | | 調製 | 平成20年11月12日 |

番号	担保の目的である権利の表示	順位番号	予 備
1	特別区南都町一丁目 101番の土地	1	余白
2	特別区南都町一丁目 101番地 家屋番号 101番の建物	1	余白

これは登記記録に記録されている事項の全部を証明した書面である。

平成21年3月27日
関東法務局特別出張所　　　登記官　　　法務八郎

＊ 下線のあるものは抹消事項であることを示す。

整理番号 D23992 （1/1） 1/1

図3-6　登記事項証明書

(出典) http://www.moj.go.jp/content/000001918.pdf

にみられるからである.

そこで民法は，不動産に関しては「**登記**」を対抗要件とすることにした（民法177条）．登記とは，不動産の権利関係などを記録した公的記録（**不動産登記簿**）に，契約などにより生じた物権の変動を記録することを意味する（実際に登記簿に登録するのは登記簿を管理する法務局や地方法務局（これらを**登記所**と総称する）の登記官である）．その結果，不動産に関して対抗問題が生じた場合，登記の先後により紛争の解決が図られることになる．なお，かつて不動産登記簿は紙を綴じたバインダー式の帳簿であったが，平成16年以降は磁気ディスク上での記録に変更された．

> **コラム** 抵当権と保証人
>
> 　不動産登記に記録される権利関係としては，所有権のほかに，その不動産に設定された抵当権が重要である．抵当権とは，債務を担保するため，つまり，債務者が債務を履行しなかった場合に，不動産を用いて弁済を確保するために設定される権利である．具体的には，競売を通じて不動産を売却した代金や，不動産から得られる収益（賃料など）を債務の弁済に充てる．実務においては，銀行をはじめとする金融機関から融資を受けるときに抵当権が用いられる．一般的に，抵当権は債務者が自ら所有する不動産に設定するが，債務者以外の者がその所有する不動産に設定する場合もある．この者を**物上保証人**という．物上保証人は自ら債務を負うわけではないが，債務者が債務を履行できないと，自らの不動産を債務の弁済に充てなければならない．
> 　この物上保証人と区別しなければならないのが，契約にもとづいて保証債務を負った**保証人**である．保証人も物上保証人と同様に，他の者（主たる債務者）が負った債務を担保する．しかし，物上保証人とは異なり，補充的であるとはいえ，保証人は主たる債務者と同内容の債務を債権者に対して負う．その結果，主たる債務者が債務を履行できなかった場合，保証人は生活に必要な最低限のものを除く自らの財産のすべてを債務の履行に供しなければならない．物上保証人のように特定の不動産のみを供すればよいわけではない．
> 　このように，保証人は場合によっては極めて重大な責任を負う可能性があるため，保証契約の締結には慎重を期さなければならない．書面によらなければ保証契約が成立しないとしているのも（民法446条2項），民法が締結者に対して慎重な態度を求めることの表れである．近年，貸与型の奨学金の返済に関する保証人の責任が問題とされている．奨学金を得て大学を卒業しても安定した収入を得られる職業に就けないために奨学金の返済が滞り，その保証人となった（えてして高齢の）保護者に対して高額の支払が求められるというケースである．奨学金に関しては国家による対応が必要と思われる問

> 題であるが，市民としても自衛策をとる必要がある．貸与型の奨学金を利用する際には，近親者などに保証人の引き受けを依頼するのではなく，信用保証協会をはじめとする保証業務をおこなう機関に保証人の引き受けを依頼することも一考に値する．

物権の変動原因 —— 相続 ——

契約とならぶ重要な物権の変動原因が「**相続**」である．相続とは，死者（**被相続人**）の財産（**遺産**）を，死亡を契機として他者（**相続人**）に帰属させる制度である．被相続人の一身に専属する権利・義務（例：扶養請求権，労務提供債務）を別とすれば，所有権をはじめとする物権，債権，債務，その他の権利・義務などのすべてが相続の対象となるため，相続によりさまざまな物権や債権が，被相続人から相続人に移転することになる．

大日本帝国憲法の下では，「家」の主としての戸主の地位を承継させるために，相続（**家督相続**）は必要不可欠とされる制度であった．これに対し，「家」制度を廃止した現在の憲法の下においても，（具体的な内容は異なるが）相続制度は維持されている．その理由を一元的に説明することは難しいが，さしあたり被相続人の死亡により生活が困難となる者を助けるためとするのが最も説得的である（交通事故により父母が死亡した場合に，残された未成年の子どもが生活に困窮しないように，両親の財産を子どもに引き継がせる．もっとも，子どもがすでに成人となり，生活に困らない財産を自ら有する場合にも相続人となり得る）．

相続には被相続人の相続に関する意思（**遺言**）にもとづいておこなわれる相続（**遺言相続**）と，遺言が存在しない場合に法律の規定に従っておこなわれる相続（**法定相続**）とがある．法定相続においては一部の血族（子，父母，兄弟姉妹等）および配偶者のみが相続人となり，また相続人が複数存在する場合には法律が定めた割合（**法定相続分**）に従って遺産を分割する．これに対し，遺言相続においては血族・配偶者に限らず被相続人に指定した者が相続人となり，遺産の分割方法も被相続人の指示に従う（ただし，兄弟姉妹を除く法定相続人は，遺言相続の場合にも，一定割合の遺産を法定相続人に残すよう請求することができる．これを**遺留分制度**という）．

現在の相続制度の下では，多くの場合に複数の相続人が遺産を相続する．このことは，相続の開始により1つの物を複数の人が共同で所有するという状況

がしばしば発生することを意味する（甲土地を所有するAが死亡し，配偶者Bおよび子C・Dがこれを相続した場合，B・C・Dの3人が甲土地の所有者となる）．このような物の共同所有は遺産相続において多くみられるが，契約により共同所有が開始される場合もある．しかし，共同所有は「一つの物に対する一人の人による全面的支配」という市民社会における原則に対する例外となる．そこで民法は，共同所有時特有の紛争に対処するとともに（例：共同所有物の利用・処分方法），この共同所有を暫定的なものとするべく，共同所有を解消するための制度を設けている（例：共有物分割請求，**遺産分割**）．

（3） 物の所有に関する現代的課題の一例
「物」から「人」へ？

前述したように，民法は取引・身分行為の対象とされる存在を十把一絡げに「物」と理解してきたが，そのような理解自体に疑問が呈されている．その一例が「ペット」である．日本ではかなりの数のペットが飼育されており（平成24年度の調査によれば，犬は約1150万頭，猫は約970万頭が飼育されている（一般社団法人 ペットフード協会の調査による）），ペットを対象とする取引行為も極めて盛んである．この点に着目すれば，ペットは間違いなく「物」である．

ところが昨今ペットを家族同然に可愛がる飼い主の中に，愛するペットに遺産を残したいという声が聞かれるようになった．高齢化が進む日本において高齢者がペットを飼うことも珍しいことではなくなったため，このような希望が存在することは特段不思議なことではない．しかし民法の観点からするとこれには難しい問題が存在する．なぜならばペットはあくまでも「物」であり，「物」であるペットが「物」である遺産を受け継いで所有することを，民法は全く想定していないからである．この点1つの考えとして，ペットを法人として認めることが考えられる．しかし，自然人以外の存在が法人となり得るのは法律の規定が認める場合のみであり（民法33条1項），現在のところペットを法人として認める法律は世界中を見回しても存在しない．飼い主にとってペットは家族同然の「人」であるとしても，民法がペットを「人」として認めるにはまだまだ時間がかかるようである．

科学技術の進歩と「物」

　民法が制定された明治時代から現在に至るまでに科学技術は大きな進歩を遂げた．これにより，従来は対象とされてこなかった存在が取引・身分行為の対象とされるようになった．その一例が「臓器・体液・身体組織等」である．移植医療や生殖医療の発展により，ある人の臓器等を他の人が受け取ることが可能となった．これらの臓器等も肉体から分離された段階で「人」の一部ではなくなるが，通常の「物」との性質の違いを意識しなければならない．たとえば，民法は「自由な意思」に基づく取引・身分行為を保障するための法律であるが，かりに市民が望むとしても臓器等を売却することは許されない．これを認めてしまうと，生活に困窮する者が自らの臓器等を売却するといった事態が生じかねないためである（オー・ヘンリーの著作である『賢者の贈り物』において，妻のデラは夫のジムにクリスマスプレゼントを買うために，自らの美しい髪を商人に売却したが……）．しかし，臓器等の売買は禁止するとしても，そもそも分離された臓器等の所有者は誰かという問題が残る．この問題は，臓器等の移植相手（レシピエント）を決定する権限を有するのは誰か，という形で顕在化する（レファレンス：第7章1　いのちと法参照）．

　「大深度地下」といわれる地下40メートル以深の部分も，科学技術の進歩により「物」として理解されるようになった．国土の狭い日本において土地は貴重であり，最も重要な「物」の1つといってよい．土地というと表層部分を想像するが，その土地の上空，および，地下も，一定の範囲まで土地の一部とされる（民法207条）．ところが，大都市圏においては，表層部分はおろか，（土地の一部とされる）比較的浅い地下部分の利用すら混雑している状況にある（例：地下鉄の建設，集合管の埋設）．そこで，目を付けられたのが，これまで利用されてこなかった大深度地下である．たとえば東京の地下の比較的浅い部分にはすでに地下鉄網が張り巡らされている．そこで，平成12年に開通した都営大江戸線はこの網を避けて，より地下の深い部分に建設された．このため同線の飯田橋駅は地下49メートルに位置している（ちなみに，東京の地下鉄で最初に開通した銀座線は，最も深い場所でも地下18メートルである）．

　このような大深度地下の利用には慎重を期す必要がある（実際のところ，大深度地下を利用できる人は一部の大企業等に限られるであろうから，地表部分の利用者の

安全性に対する配慮を欠く，利益優先の利用がなされないとも限らない）．そのため，平成12年に「大深度地下の公共的使用に関する特別措置法」が制定され，大深度地下の利用を公共の利益となる事業（例：公共交通機関，送水管トンネル，ガストンネル）に限定するとともに，十分な安全性が確保されているかを国家がチェックすることとされた．

●●● さらなる学習の手引き

　初学者が最初に選ぶべき民法の教科書は，民法の授業で指定された教科書である．授業中におこなわれる先生の解説の手助けを受けずに，初学者が独力で教科書の内容を理解することは，極めて困難である．確かに「入門書」と銘打たれている教科書は数多く存在するが，初学者がいきなり1人でそれらを読んでも労多くして実りは少ない．民法の授業を半年間受講して，初学者はやっと民法学習の入門者になることができると思う．

　初学者が入門者になる頃には，民法に関する漠然とした関心や疑問を持ち始めるだろう．もちろん，関心や疑問はそれぞれ異なるから，自分の関心・疑問に答えてくれる教科書を探せばよい．たとえば，民法の全体像を理解したいならば，① 滝沢昌彦『民法がわかる民法総則〔第3版〕』（弘文堂，2015年）や，② 野村豊弘『民事法入門〔第6版〕』（有斐閣，2014年）がその希望に答えてくれる．また，民法と実生活の関わりに興味があるならば，③ 潮見佳男＝中田邦弘＝松岡久和編『18歳からはじめる民法〔第3版〕』（法律文化社，2017年）や，④ 大村敦志『生活民法入門』（東京大学出版会，2003年）が学習の羅針盤となるに違いない．個別の規定に関してより深い疑問を抱いた時に，その解決の手助けとなる教科書はそれこそ無数に存在する．それらの中には，1人の著者が民法全体について説明した教科書（⑤ 内田貴『民法Ⅰ～Ⅳ』（東京大学出版会），⑥ 近江幸治『民法講義(1)～(7)』（成文堂）），複数の著者が民法全体について説明した教科書（⑦『プリメール民法1～5』（法律文化社）），および，民法の一部について説明した教科書（⑧ 山本敬三『民法総則〔第3版〕』（有斐閣，2011年），⑨ 中田康博『債権総論〔第3版〕』（岩波書店，2013年））がある．

　ただ，いずれにしても，「これを読めば民法が理解できる」などという魔法の教科書は存在しない．月並みな言葉で申し訳ないが，一歩一歩地道に理解を深めていくしかない．

第4章 刑事法へのアプローチ
――〈罪と罰と人権〉をめぐる最新の動向をふまえて――

1 刑事法の総論
――憲法が規定する刑事人権と刑法総論のいくつかの主要な制度――

(1) 刑事人権――憲法の規定を中心にして――
戦前の暗黒時代＝人権無視への大いなる反省

憲法による**被疑者**あるいは容疑者，すなわち犯罪の疑いを受けて警察が捜査対象としている者――いわゆる「犯人」ではないことに注意．犯人とは有罪が確定した者のことで，刑事裁判とは被告人が真犯人か否かを確定する手続である：無罪の推定――や**刑事被告人**，受刑者の人権＝刑事人権（刑事手続き上の人権）の規定（31条-40条）は，日本国憲法全体の約1割，人権規定全体（第3章「国民の権利及び義務」）のほぼ3分の1を占めている．これには，戦前の明治憲法下での刑事人権のあり方に対する大いなる反省という歴史的理由が存在する．

明治憲法も西洋の近代憲法にならった憲法として，当然刑事人権を規定していたが，その具体的内容は**法律の留保**として法律に委ねられていた（例, 23条「日本臣民ハ法律ニ依ルニ非スシテ逮捕監禁審問処罰ヲ受クルコトナシ」）．その結果，たとえば，〈稀代の悪法〉といわれた1925年の**治安維持法**は，明治憲法3条「天皇ハ神聖ニシテ侵スヘカラス」が規定する神権天皇を中核に据えた「国体（體）」を変革することや，私有財産制度の否認を目的とする結社，個人の共産主義的活動という名目の下で，人々の人身の自由をほぼ完全に踏みにじってしまったのである．

以下では，(1)適正手続の保障と(2)被疑者の人権，および(3)刑事被告人の人権に分節して，それぞれの内容を憲法と刑事訴訟法（以下, 刑訴法と略記）に

依拠して概観しておこう．

適正手続の保障──罪刑法定主義の中核規定──

日本国憲法31条は，法律が定める手続によることなく生命や自由を奪われ，また刑罰を科されないと規定している．すなわち英米法の最大の特徴の1つたる**法定手続の重視**であって，それはイギリスのマグナカルタ39条「同輩の合法的裁判か国法によらなければ逮捕，監禁，差押を受けない」という規定に歴史的起源を有している．さらにこの原則は独立後のアメリカに引き継がれ，アメリカの人権を規定する合衆国憲法修正条項の5条・14条において，**適正な法の手続条項**（due process of law：デュー・プロセス条項）＝「正当な法の手続きによらないで，生命，自由または財産を奪われることはない」として明確に宣言されている．

また解釈上，手続的要件のみならず実体法上の要件として，**正義に合致した正当な法**によらなければ生命，自由，財産などを奪われない，と理解されている．つまり刑罰法規の内容が明確であること，罪と罰が均衡していることなどが要請されているのである．さらに憲法31条は，近代刑法の大原則たる**罪刑法定主義**，すなわち「法律なければ刑罰なし」（*nulla poena sine lege*: no crime without law）の根拠規定でもある．

被疑者の権利保障──弁護人依頼権，「代用監獄」，令状主義など──

被疑者の権利としては**弁護人依頼権**，逮捕や捜索での**令状主義**，**黙秘権**（38条「何人も，自己に不利益な供述を強要されない」），**拷問の禁止**などがある．憲法は被告人の弁護人依頼権を規定し，また適正手続の要請からも被疑者にも当然依頼権が存在する．ところが従来，憲法37条3項が「刑事被告人は，いかなる場合にも，資格を有する弁護人を依頼することができる．被告人が自らこれを依頼することができないときは，国でこれを附する」として，資力がない場合には**国選弁護人**を付する権利を規定していたが，被疑者には国選弁護人を付することが認められていなかった．

この点は，従来から国際的な批判にもさらされてきた警察の留置場，いわゆる「**代用監獄**」への被疑者の留置とともに，日本弁護士連合会（http://www.nichibenren.or.jp；以下，日弁連と略記）などがきびしく批判してきている（レファレンス：代用監獄に対する国際的批判については195頁参照）．**冤罪事件**の最大の原因

たる**自白強要**はこの代用監獄に留置される間になされたもので，代用監獄は文字どおり〈冤罪の温床〉となりうる重大な危険性をはらんでいる．というのは，法律について無知な被疑者が弁護士のサポートを一切受けることなく無防備な状態で警察官，検察官の事情聴取に応じることで，自らの権利を守ることもできないままに不利な陳述をしたり，長期にわたって留置されている間に不安や恐怖から，無実の罪をしたがって虚偽の「自白」をさせられてしまうということも生じているのである．2003年4月に発生した鹿児島県議会選挙をめぐる汚職事件たる志布志事件は，鹿児島県警察と検察による数カ月から1年にわたる長期かつ過酷な取調べによる自白強要の近年の典型的事例で，日本の刑事司法の病理が集約された事件として日本社会に大きな衝撃を与えた．

この事件を契機にして，密室での警察の取調べに対する強力な批判と録画による**取調べの可視化**の論議が高まり，その後の取調べのあり方に大きな影響を与えている．しかしながらその後も，検察による証拠の改ざん事件（2009年に起きた厚生労働省の村木厚子・元局長，他に関する「郵便法違反事件」）や虚偽自白による冤罪事件が多発した．そしてこのような状況を踏まえて，2011年に法制審議会での「新たな刑事司法制度」に向けた議論がはじまり，その後，2016年の刑訴法改正により，部分的な取調べの可視化が実現することになった．この改正により，裁判員裁判対象の全事件および検察官独自捜査事件については，取調べの全過程の録画が義務化された．

取調べのための被疑者の拘留に関する現行刑訴法上の制度としては，203条（警察の下に2日間），205条（検察の下に1日），208条（裁判所の許可を得て検察の下に10日）・208の2（さらに10日間の延長）の規定により，警察，検察の下で逮捕後から起訴するまでに，1つの事件につき被疑者の身柄を最大23日間にわたって代用監獄で取調べることが可能なのである．その意味でも，イギリスをモデルに1990年に日弁連主導で導入された**当番弁護士制度**はきわめて重要である．この制度のもとでは，捜査機関から連絡があり次第当番弁護士が留置場にかけつけ，被疑者に刑事手続きや刑事人権などについて説明し，種々の相談に応じるのである．この制度においては，最初の接見費用は弁護士会が負担し，その後の費用は被疑者が無資力の場合には法律扶助協会が立て替えている（詳細については日弁連か「法テラス」（「日本司法支援センター」）のホームページ

(http://www.houterasu.or.jp/）参照).

　そしてようやく，被疑者段階から国選弁護人を選任できる制度が 2006 年から導入された．この**被疑者国選弁護制度**の対象となる事件は，当初は死刑または無期懲役・禁錮，あるいは，最も短い刑期が 1 年以上と定められている事件（法定合議事件）に限定されていた．しかしその後，段階を追って徐々に拡大され，2018 年までには勾留された全事件についてこの制度を利用することが可能となる．この制度によって，弁護士を雇う資力がなくても，希望すれば被疑者の段階から起訴後の裁判まで国選弁護人による一貫した弁護を受けることが可能となった．

　また憲法 33 条は，逮捕に際して理由となる犯罪事実を明示した裁判官が発する個別の**令状**がなければ逮捕されない，と規定している．ただし，例外として憲法自らが規定する**現行犯逮捕**は令状なしでも逮捕が可能である．すなわち**現行犯**とは「現に罪を行い，又は現に罪を行い終わった者」（刑訴法 212 条）で，「現行犯人は，何人でも，逮捕状なくしてこれを逮捕することができる」（同 213 条）．さらに 210 条は，令状を要しない**緊急逮捕**をつぎのように規定している．検察官，検察事務官，警察官は犯罪を犯したと「疑うに足りる充分な理由がある場合で，急速を要し，裁判官の逮捕状を求めることができないときは，その理由を告げて被疑者を逮捕することができる」．

　刑事被告人の権利――裁判を受ける権利，黙秘権，遡及処罰の禁止など――

　刑事被告人は公平な裁判所による**迅速な公開裁判**をうける権利を有している．「公平な裁判所」とは，「構成其他において偏頗のおそれなき裁判所」（最判昭 23・5・5 刑集 2・12・1565）を意味し，刑訴法 20 条と 21 条はその保障のために裁判官の除斥と被告人か検察官の申立による忌避の制度，たとえば裁判官自身や親族が被害者であったり証人になった場合にその事件の担当をはずす制度が設けられている．したがってたとえば，〈お奉行のサクラ吹雪〉を「物証」として，その証言を唯一の目撃証言とする〈金さんの遠山さばき〉は現行刑訴法上あり得ない！

　憲法 38 条 1 項は**黙秘権**を規定し，また 2 項では強要や不当に長く拘留された後の自白の**証拠能力**（刑事裁判における厳格な証明の資料としての適格性）を否定している．また同条 3 項（「何人も，自己に不利益な唯一の証拠が本人の自白であ

る場合には，有罪とされ，又は刑罰を科せられない」）は，自白以外に不利な証拠がない場合には有罪とされないとすることで，戦前の暗黒時代に横行した拷問による自白強要や自白偏重を防ごうとしている．さらに罪刑法定主義の一環として憲法39条は，「何人も，実行の時に適法であった行為又は既に無罪とされた行為については，刑事上の責任を問われない」として，いわゆる**遡及処罰の禁止**を規定している．その結果，実行の時点で適法であった行為を後になって処罰する法や，実行時の刑罰を事後的に重くする法は許されない．

誤判と冤罪──「疑わしきは被告人の利益に」の徹底の必要性──

犯罪がらみの人権侵害で絶対にあってはならない侵害形態は，誤判と冤罪，とくに誤判にもとづく死刑の執行である．にもかかわらず1980年代以降，免田・財田川・島田・松山の「四大死刑冤罪事件」において，死刑囚に対する再審・逆転無罪判決により，危機一髪で〈死刑台からの生還〉を果たしたケースが相次いだ．そして最近のケースとしては袴田事件がある．この事件では袴田巌氏が，1966年に強盗殺人犯として逮捕されて1980年に死刑が確定し，その後確定死刑囚として収監され，2014年にようやく再審開始が決定された（ただし，2017年12月現在再審無罪判決は出ていない）．2011年に袴田氏は「世界で最も長く収監されている死刑囚」としてギネス世界記録で認定されている．

個々の誤判，冤罪事件では，誤判にいたったそれぞれ固有の理由を指摘することができるが，**証拠**に関してはつぎのような共通点が存在している．まず，誤判，冤罪のキーワードをなす**自白の証拠能力**に関してである．すなわち**自白の任意性**について，取調官により強要や誘導によって引き出されたかもしれない自白に関しても，裁判官が警察，検察に有利な判断，すなわち有罪であるとの判断をくだすこと．さらに**自白の信用性**についても，裁判官が有罪であるとの予断を有することで，具体的事実によって詳細に検討しないままに，直感的に被告人有罪の判決をくだすこと．

そのゆえに，司法制度改革の「目玉」の1つで2009年5月に導入された**裁判員制度**（レファレンス：裁判員制度については第5章3参照）は，この誤判と冤罪の問題とも直結している．それはまさに，一般市民＝「民」間の視点や意見をも加えて裁判をおこなうことにより，裁判官および検察官という「官」主導の裁判ゆえに生じ得る，上で言及したような誤判の可能性を緩和することをも

目的としているのである．また，〈素人〉たる裁判員による自白の任意性，信用性の認定というところから，先に言及したように，取調べの密室性を排除するための取調べの可視化が従来にも増して重要となり，全事件の録画が義務づけられた．

また証拠物に関しても，証言＝人証や物証，鑑定結果などを合理的に判断すれば被告人の有罪を確信し得ない場合——その場合は**〈疑わしきは被告人の利益に〉〈疑わしきは罰せず〉の原則**により無罪である——にもかかわらず，検察官の主張を受け入れ，被告人や弁護人の反論を斥けること（わが国の刑事事件の**有罪率は平均して99.9%**である．ただし被疑事件のうち起訴率（刑訴法248条「起訴便宜主義」：検察官が被疑者の性格，年齢，犯罪に軽重，情状を考慮の上で起訴するか否かの判断をおこなう）は，たとえば2015年で39.1%である）．そして上でのべたように，まさに警察の代用監獄において，このような誤判と冤罪のいわば発端となる自白強要がなされる大きな危険性が存在するのである．

冤罪に関して近年とくに問題となっている事件の1つが痴漢にからむ事件である．なかでも，2006年に東京・小田急線の成城学園前駅から下北沢駅間の車内で女子高校生に痴漢をおこなったとして，強制わいせつの罪で起訴された男性（当時63歳の防衛医科大学校教授）の事件はとくに注目に値する．この事件では，被告人が全面否認するなかで，東京地裁が懲役1年10月の有罪判決を下し，それに対する控訴審においても東京高裁は控訴を棄却した．そしてそれに対する上告審判決（強制わいせつ被告事件・最高裁判所第3小法廷判決）が2009年4月14日に下されたが，5名の裁判官からなる最高裁第3小法廷は**被害者の供述に疑いあり**として，**破棄自判**——すなわち，高裁判決を取り消し（破棄），最高裁自らが判決を下す（自判）——のかたちで無罪判決を言い渡した．この判決は最高裁としては初めての痴漢事件への逆転無罪判決で，今後の痴漢事件の裁判に対して最高裁判例として大きな影響をもたらすことは間違いない．

（2）　刑法総論——刑罰の種類や正当防衛，精神障害者の犯罪——
刑罰の種類——生命刑，自由刑，財産刑など——

1907年制定の刑法は，日本社会の近年の犯罪傾向を踏まえて，2004年12月1日に重罰化にむけた全面的改正がおこなわれた．以下ではこの改正刑法にそ

って，刑法総論および次項において刑法各論を概観しておく．

　刑法9条は犯罪者に科すことができる刑罰として，**生命刑**たる死刑と**自由刑**たる懲役，禁錮，拘留，そして**財産刑**たる罰金，科料を独立して科しうる**主刑**とし，それら主刑に付随してのみ科しうる**附加刑**として没収を規定している．また，前近代的な刑罰としてはむち刑やいれずみなどの**身体刑**も存在するが，わが国では1882年施行の旧刑法以来廃止されている．

　懲役は無期または1月以上20年以下（有期）の期間刑務所に収容されるとともに，**刑務作業**が強制的に科される（12条）．ただし刑の加減の規定（14条），たとえば**再犯加重**により上限は30年，下限は1月未満とすることが可能である．また，無期懲役も10年経過すれば**仮釈放**が許される（刑法28条「懲役又は禁錮に処せられた者に改悛の状があるとき」．有期懲役は刑期の3分の1服役後）ゆえにいわゆる**終身拘禁刑**（life imprisonment）ではない．しかし近年の実情は，無期懲役囚はいずれも20年以上服役し，仮釈放許可人員の平均服役期間は30年近くに及んでいる．これは，凶悪犯罪に対して厳罰を求める世論と仮釈放者の再犯に対する社会的不安を反映している．また死刑にかわる極刑として提示されている，仮釈放を認めない文字通りの終身刑に関する議論にも影響を及ぼし，無期懲役も事実上の終身刑に近づいてきている．

　政治犯や交通事犯を典型とする**過失犯**などの非破廉恥罪に科される**禁錮**には刑務作業は科されない．また拘禁期間が30日未満で軽微な犯罪に科されるのが**拘留**で，罰金は1万円以上（千円以上で1万円未満は**科料**）で，完納できない場合1日以上2年以下の期間で労役場留置が科される．

死刑に対する賛否両論

　1989年の国連総会で，「死刑の廃止が，人間の尊厳の向上及び人権の漸進的発達に寄与することを確信」ということばではじまる，いわゆる**死刑廃止条約**が採択されたが，わが国は2017年現在なお批准していない．現在，世界中で200弱の国ぐにが国連に加盟しているが，その過半数を超える国がこの廃止条約を採択するなか，「先進国」あるいは「大国」としてはアメリカ（ただし州によって異なるが近年死刑廃止の方向に動いている）と中国，そして日本のみが採択を拒否し続ける死刑存置国である，としばしば国際的にも——たとえば，国際人権団体たるアムネスティ・インターナショナル——厳しく批判されてい

る．ただしわが国の死刑に対する裁判所の基本的な考えは，「いかなる裁判所がその衝にあっても死刑を選択したであろう程度の情状がある場合に限定されるべき」(東京高判昭和56・8・21) と判決がのべているように，誰が見ても死刑しかありえない事件にのみ適用するというのがわが国の現状である．

　このような現状において，また，1995年の地下鉄サリン事件以降「安全神話」が崩れつつあるとはいえ，また，街のあちこちに防犯カメラが設置されているとはいえ，先進国中でも最も安全な国の1つに数えられているわが国において，はたして死刑を存置する必要があるのだろうか？（死刑の是非をめぐる主要な論点としては，(1)そもそも，残虐非道な犯罪に対する刑罰としてであれ，国家が人間の尊厳の究極の価値たる生命を剥奪する権限を有しうるのか，また(2)人道主義の観点（その残虐性，その他）からみて死刑は許されないのではないか，さらには現実問題として(3)死刑に犯罪を抑制する威嚇力があるのか，(4)誤判による死刑の可能性をどのように考えるのか，さらには憲法解釈上の観点から(5)死刑は合憲か否か，などの問題が存在する）．

　わが国の死刑廃止論のオピニオンリーダーの1人は，東京大学の刑法教授を定年退官後に最高裁判事になった故・団藤重光である（団藤重光『死刑廃止論』（第六版・2000年）参照）．彼の死刑廃止論は誤判による死刑は絶対に許されてはならない，ということを大前提とする．団藤は最高裁判所の裁判官としての実務経験にもとづき，裁判には誤判の可能性が不可避的に存在する以上は死刑は絶対に容認されない，とするのである（自ら担当した著名な毒殺事件たる「名張毒ぶどう酒事件」．1961年に三重県名張市で発生した毒入りぶどう酒による殺人事件で5名死亡．1972年に死刑確定するが，2005年に名古屋高裁にて再審開始決定，その後の検察側の異議申し立てによって翌2006年に再審開始の取消が決定した．そして，最終的には2015年に奥西勝氏は死刑囚として89歳で獄死した）．

　また死刑存置論の代表的な論者としては，元検察官で刑法教授をも務めた土本武司をあげることができる．土本はつぎのように問題提起している．「そもそも，死刑問題については，死刑の存否という一般命題を掲げ，その人道性とか抑止効果とかを抽象的に論ずるだけでは，方法論的に誤りであり，個々の死刑適用事件の具体的な内容を検討したうえで議論しなければならない．[その検討において]死刑囚の苦痛とともに，被害者の恐怖・無念の思いをも忖度し

たとき，廃止論はなお説得力を保持しうるであろうか」，と．そしてつぎのように結論づける．「なるほど，わが国においては，先進国の中でも，その治安状況は良好である．しかし，それでもなお，われわれの周辺には，死をもって償わせる以外方法のない凶悪事件が少数ながら現に発生しているのである」，と（土本武司「実証的死刑論」『法学セミナー』，1996年2月号）．ちなみに，わが国の2012年から2016年の過去5年間の死刑確定と執行の平均数は，確定・6件，執行・5件，また，2016年現在，拘置所に収監されている確定者総数は129名である．

執行猶予 ── 有罪だが刑務所に収容せず ──

つぎに刑の**執行猶予**について概観しておこう．執行猶予とは，**有罪判決**による刑の宣告──刑務所に収容される**実刑判決**ではないが無罪ではない──で，**情状**により一定期間執行を猶予し，その期間が満了した場合刑の言い渡しの効力を失わせる制度である．禁錮以上の刑に処せられたことがない者などが**3年以下の懲役**，**禁錮**，50万円以下の罰金の判決を受けたときに，「情状により（中略）一年以上五年以下の期間」執行を猶予できる，と規定している（25条）．また，懲役刑や禁錮刑を一定期間受刑させたのち，残りの刑期（1年以上5年以下）の一部の執行を猶予する，「刑の一部執行猶予」制度が創設された．これは，受刑者の社会復帰促進や，保護観察による再犯防止などを目的とするもので，2013年の改正刑法27条の2と「薬物使用等の罪を犯した者に対する刑の一部の執行猶予に関する法律」によって定められ，2016年6月から施行されている．

執行猶予判決は条件付の有罪判決であるので，条件が満たされない場合，すなわち猶予期間中に再度犯罪を犯して刑（罰金刑を含む）が確定した場合，一旦言い渡された執行猶予が取り消される．また執行猶予期間中は，更正を援助するため一定の遵守事項を定め就業援助などの指導監督を受ける**保護観察**に付される．

正当行為，正当防衛と緊急避難 ── 犯罪の不成立 ──

つぎに正当防衛などについて概観しておこう．ある行為が犯罪となるためには，〈**構成要件**（法定の犯罪行為の類型）に該当し**違法**かつ**有責**な行為〉，という3要件が満たされていなければならない．正当行為，正当防衛，緊急避難など

はこのうちの違法性にかかわる概念＝**違法性阻却事由**（違法性が存在しない）であり，また**故意・過失，心神喪失・心神耗弱，責任年齢**は責任性（違法な行為であるが法的に非難しえない，もしくは減ずる）に関する概念である．

刑法35条の**正当行為**は，「法令または正当業務による行為は，罰しない」，と規定している．まず法令による行為には，親権者などによる懲戒行為や職務行為，たとえば死刑執行などが該当する．また法令に直接規定はないが，正当と認められる業務上の行為は正当行為として違法性が排除される．たとえば，医者の手術や格闘技などのスポーツにおける身体への「傷害」行為などである．

また刑法36条の**正当防衛**は，**急迫不正**の侵害に対し，自己又は他人の権利を防衛するため，**やむを得ずにした行為**は罰しない，と規定している．つまり，差し迫った不正な侵害から**法益**＝〈法によって保護された利益〉を守るために侵害者の法益を害する行為が正当防衛である．ただし36条2項は「防衛の程度を越えた行為は，情状により，その刑を軽減し，又は免除することができる」として，いわゆる**過剰防衛**を規定している．そして，自己または他人の生命，身体などの法益に危難が迫ったときに，他人の法益を犠牲にして危難を避けることが**緊急避難**である．刑法37条は，自己または他人の生命，身体，自由，財産に対する**現在の危難**を避けるため，**やむを得ずにした行為**は，これによって生じた害が避けようとした害の程度を越えなかった場合に限り罰しない，と規定している．

精神障害者の犯罪と刑事責任

刑事上の責任を追求しうる根拠は，違法な行為であるにもかかわらず**自由な意思**によりその行為をおこなった，ということにある．したがって，自由な意思決定ができない者には責任は問えない．刑法39条1項は，**心神喪失者**の行為は罰しない，2項は，**心神耗弱者**（こうじゃく）の行為は刑を減軽すると規定し，精神障害により責任能力を欠く場合＝心神喪失と，責任能力が限定される場合＝心神耗弱について規定している．ここでいう責任能力の内容は，自らの行為の**是非を弁別**（すなわちものごとの善し悪しの判断）しその弁別にしたがって行為する能力，と理解されている．

責任能力をめぐって争われた事件のうち，近年でもっとも大きな衝撃をあたえた事件の1つは，幼女4名を誘拐し，殺害した連続幼女誘拐殺人事件

(1988-1989年)の宮崎勤被告のケースである．2001年6月28日に下された東京高裁判決では，「極端な性格的偏り（**人格障害**）はあったが，**精神病**の状態にはなかった」，とする精神鑑定が採用された．そして，「理非善悪を識別し，それに従って行動する能力を持っていた」として**完全責任能力**を肯定し，一審の死刑判決を支持した．さらに最高裁では，多重人格と責任能力の有無との関係が最大の争点であったが，最高裁は2006年1月17日に宮崎被告の上告を斥けて死刑が確定し，2008年6月17日に死刑執行された（判決後に宮崎は面会人に対して「何かの間違いです」と話したという）．

2 刑事法の各論
―― 罪と罰に関する新たな動向をも踏まえて ――

(1) 罪と罰の全体像 ―― 刑法各論「第二編 罪」のおもな規定 ――
法益を柱とする刑法各論の全体像

さまざまな〈罪と罰〉を規定する「第二編 罪」は1947年に削除された「皇室に対する罪」（**不敬罪**等）からはじまって全264条から構成され，3つの法益すなわち**国家的法益**，**社会的法益**，**個人的法益**を柱として構成されている．

国家的法益に関して，国の存立に対する罪として**内乱罪**と**外患罪**（81条「外患誘致」「外国と通謀して日本国に対して武力を行使させた者は，死刑に処する」），国際社会に対する罪として国交に関する罪（たとえば，92条「外国国章損壊等」「外国に対して侮辱を加える目的で，その国の国旗その他の国章を損壊し，除去し，又は汚損した者は，二年以下の懲役又は二十万円以下の罰金に処する．」），さらに国家・地方公共団体に対する罪として**公務執行妨害罪**（95条「公務員が職務を執行するに当たり，これに対して暴行又は脅迫を加えた者は，三年以下の懲役若しくは禁錮又は五十万円以下の罰金に処する．」），逃走罪その他が規定されている．以下，社会的法益と個人的法益について，われわれの身近な〈罪と罰と人権〉に関して概観しておこう．

社会的法益に対する罪 ―― 放火罪，通貨偽造罪，風俗に関する罪 ――

社会秩序に対する罪としては騒乱罪や放火罪，往来を妨害する罪（たとえば，線路への置き石はこの罪）などが規定されている．**放火罪**は公共の危険を生じさ

せる犯罪＝**公共危険罪**で，保護法益は公衆の生命，身体，財産であり，刑法108条の**現住建造物放火罪**は死刑，無期または5年以上の懲役という厳罰で放火の罪に対処している．この罪はいわゆる**抽象的危険犯**で，延焼や生命などへの現実の侵害がない場合でも，放火により抽象的危険が発生したものと見なされる．

また経済秩序に対する罪の典型は**通貨偽造罪**である．刑法148条は，「行使の目的」をもって紙幣などを偽造，変造した者は無期または3年以上の懲役に処す，と規定している．死刑が科せられないことを除いては殺人罪とほぼ同じ法定刑（殺人罪では懲役が5年以上）であり，通貨偽造が〈割に合わない重罪〉であることを明示している．通貨偽造罪の法益は通貨に対する公共の信用と取引の安全である．

風俗に対する罪の典型的事例はわいせつ，強姦，重婚の罪と，賭博，富くじに関する罪である．ちなみに183条の姦通罪は47年に削除されている．まずわいせつ罪における「**わいせつ**」とは，いたずらに性欲を刺激または興奮させ，普通人の正常な性的羞恥心を害し，善良な性的道義観念に反するものと定義されている（最判昭26・5・10刑集5・6・1026）．また刑法174条の**公然わいせつ罪**（「公然とわいせつな行為をした者」は6月以下の懲役または30万円以下の罰金）および175条のわいせつ物頒布（「わいせつな文書，図画（を）……頒布し，又は公然と陳列した者」は2年以下の懲役または250万円以下の罰金）の規定で言う「公然」とは，不特定または多数の者が認識できる状態と理解されている．

性犯罪に関して，2017年に明治時代の制定（明治40（1907）年）以来110年ぶりに大きな改正がなされた．すなわち，(1)改正前の177条の強姦罪と178条2項の準強姦罪を，「**強制性交等罪**」，「**準強制性交等罪**」と名称を変更し，(2)従来被害者は女性のみであったものを男女とし，(3)従来の「姦淫」を「性交」に改めるとともに，「肛門性交又は口腔性交」をもあわせて「性交等」に含め，(4)法定刑を3年以上から5年以上の懲役とした．また，従来の親告罪から非親告罪になった．ただし，強制わいせつ罪については従来より「十三歳以上の男女」を保護対象としている（176条前段：6月以上10年以下）．

185条の**賭博罪**は50万円以下の罰金または科料であるが，その但し書きとして「一時の娯楽に供する物を賭けたにとどまるときは，この限りではない」

と規定する．ここでいう「一時の娯楽に供する物」とは，勝負の結果そのものに関心がありかつ金銭的価値も低い場合，たとえば「昼飯をおごる」などといった場合，とされている．これに対して186条の常習賭博，賭博場開帳等図利(とり)に対しては3年以下の懲役，開帳等に対しては3月以上5年以下の懲役を規定している．

個人的法益に対する罪——殺人罪，傷害罪，誘拐罪，名誉毀損，窃盗・強盗——

個人的法益に対する罪として，まず生命，身体，自由に対する罪の典型は**殺人罪，傷害罪，逮捕及び監禁の罪，略取及び誘拐の罪**などである．刑法199条は，「人を殺した者は，死刑又は無期若しくは五年以上の懲役に処する」と規定する．自殺自身は犯罪ではないが**自殺関与**，すなわち教唆＝自殺を決意させるか，または幇助＝自殺の決意の強化や実行の補助，さらには**同意殺人罪**——嘱託，承諾により他者が殺す場合で**安楽死**はその典型——は6月以上7年以下の懲役，禁錮に処せられる．

傷害については204条が「人の身体を傷害した者は，十五年以下の懲役又は五十万円以下の罰金に処する」と規定し，傷害の結果人を死亡させた場合，すなわち**傷害致死**は3年以上の有期懲役に処する，と規定している．また傷害にいたらない**暴行**——人の身体に向けた有形力の行使，たとえば相手を突き倒す，毛髪を切断する，その他——は2年以下の懲役か30万円以下の罰金，または拘留もしくは科料に処する，と規定している．

略取誘拐の罪（略取は暴行，脅迫，誘拐は欺もう＝だますことにより他人を自己の支配下におくこと．以下，誘拐とする）では，未成年者誘拐と「営利，わいせつ，結婚又は生命若しくは身体に対する加害の目的の誘拐」，「身代金目的の誘拐」，「国外移送目的の誘拐」を規定している．身代金目的について従来規定がなく225条の営利誘拐の規定を適用していたが，身代金目的の犯罪の多発を契機に1964年に225条の2を新設し，他の誘拐罪よりも重く処罰している．すなわち営利等目的誘拐は1年以上10年以下であるのに対し，身代金誘拐は「無期又は3年以上の懲役」である．とくに被害者が幼児などの場合で殺人がらみのケースでは多くの場合死刑が科せられている．

名誉，信用，業務などに対する罪としては，まずは**名誉毀損罪**がある．230条は「**公然と事実を摘示**し，人の名誉を毀損した者は，その**事実の有無にかか**

わらず」3年以下の懲役，禁錮，又は50万円以下の罰金と規定している．ただし報道等の「公共の利害に関する場合」——たとえば，私的行為（不倫！）であってもそれが政治家や公務員の場合——には「真実であることの証明があった」場合不処罰である．また財産に対する罪の典型としては**窃盗**及び**強盗**の罪がある（235条・窃盗「他人の財物を**窃取**した者」——侵入盗，車上狙い，すり，万引き，置き引き，その他——10年以下の懲役又は50万円以下の罰金．236条・強盗「暴行又は脅迫を用いて他人の財物を**強取**した者」5年以上の懲役）．生活の平穏を害する罪としては，たとえば住居侵入罪などがある（130条「正当な理由がないのに，人の住居……に侵入」した者は3年以下の懲役又は10万円以下の罰金）．

（2） さまざまな特別法をめぐるあらたな立法と法改正
——交通事犯，少年犯罪，ストーカー行為——

　本項では，グローバル化の流れをも踏まえた日本社会の動向に応じて，新たに立法されたり改正された興味深いいくつかの特別法を概観することで，日本社会の〈罪と罰と人権〉をめぐる最新の動向の一端を探ってみよう．

① **交通事犯の厳罰化**——危険運転致死傷罪と自動車運転死傷行為等処罰法——

　交通事犯に関する刑罰法規の改正がはじまった2001年以前は，自動車によるすべての死傷事故には，刑法211条「業務上過失致死傷罪」（いわゆる「業過」事件：「業務上必要な注意を怠り，よって人を死傷させた者は，五年以下の懲役若しくは禁錮又は百万円以下の罰金に処する」）が適用されていた．「脇見運転」や「前方不注意」といったことが「業務上必要な注意を怠」って事故にいたった典型的要因である．しかし交通事故のなかには，飲酒や暴走行為，無免許といったたんなる過失による事故とは質的に異なる要因による悲惨な事故も含まれていた．にもかかわらず，それらの悪質事犯も「業過」事件としてしか処罰することができず，そのような悪質事犯に対する厳罰化の世論が高まっていた．

　このような社会的背景の下で，2001年に刑法改正により**危険運転致死傷罪**が新設された．刑法208条の2「アルコール又は薬物の影響により**正常な運転が困難**な状態で自動車を走行させ，よって，人を負傷させた者は十年以下の懲役に処し，人を死亡させた者は一年以上の有期懲役に処する．」，またさらに，過度のスピード違反や未熟な運転技術による事故に関しても，「その**進行を制**

御することが困難**な速度で，又はその進行を制御する**技能を有しないで**自動車を走行させ，よって人を死傷させた者も，同様とする」と規定していた．

　しかしながら，危険運転致死傷罪の適用条件が厳しすぎたために，実際に適用することが非常に困難であった．すなわち同条では，技能上の要件と合わせて，正常運転の可能性要件（アルコール，薬物の影響により正常運転が困難な状態）または，スピード上の要件（進行を制御することが困難な高速度）を規定していた．たとえば，無免許運転をくりかえすことで一定の技能を取得している場合――2012年に京都府亀岡市で起こった「亀岡市登校中の児童ら交通事故死」事件（3人死亡，7名が重軽傷）のように――「進行を制御する技能を有しないで自動車を走行」することという要件には該当しないのである．

　そこで，危険運転致死傷罪を刑法から削除し，同罪を含む6箇条からなる新たな特別法「自動車運転死傷行為等処罰法」（2014年施行）が制定された．同法では，2条の危険運転致死傷罪に加えて，新たな犯罪類型として，3条**準危険運転致死傷罪**」，4条「過失運転致死傷アルコール等影響発覚免脱」，また，6条「無免許運転による加重」が規定されている．

　準危険運転致死傷罪では，上で言及した危険運転致死傷罪の適用条件が緩和され，適用が容易になっている．すなわち準危険運転致死傷罪は，「アルコール又は薬物の影響により，その走行中に正常な運転に**支障が生じる恐れ**がある状態で，自動車を運転し」と規定し，「支障が生じる恐れ」とすることによって「正常な運転が困難」という条件を大幅に緩和したのである．また，2項では，政令で定めた「病気」――統合失調症や意識障害をもたらす発作を再発するおそれのある「てんかん」，その他――に関しても，1項と同様に規定している．さらに，4条の「過失運転致死傷アルコール等影響発覚免脱罪」では，アルコールまたは薬物の影響によって事故を起こしたのちに，飲酒，薬物摂取の発覚を免れるために逃亡したり，事故後にアルコールや薬物を摂取した場合に適用される．この新たな犯罪類型によって，いわゆる「逃げ得」の防止の効果が期待されている．また6条の「無免許による加重」では，犯罪類型に応じて，3年ないし5年が加重される．

表4-1　2007年9月施行の道交法での罰則強化一覧

	改 正 前	改 正 後
(1) 飲酒運転，酒気帯び運転	(1) 3年以下の懲役又は50万円以下の罰金 (2) 1年以下の懲役又は30万円以下の罰金	5年以下の懲役又は100万円以下の罰金（117条の2，第1号） 3年以下の懲役又は50万円以下の罰金（117条の2の2，第1号）
(2) ひき逃げ	5年以下の懲役又は50万円以下の罰金	10年以下の懲役又は100万円以下の罰金（117条2項）
(3) 飲酒検知拒否	30万円以下の罰金	3月以下の懲役又は50万円以下の罰金（118条の2）
(4) 酒気帯びまたは飲酒運転者に車両提供（65条2項） (a)提供された運転者が酒酔い運転した場合 (b)酒気帯び運転した場合		5年以下の懲役又は100万円以下の罰金（117条の2，第2号） 3年以下の懲役又は50万円以下の罰金（117条の2の2，第2号）
(5) 運転者に酒類を提供した場合 (a)提供された運転者が酒酔い運転した場合 (b)酒気帯び運転した場合		3年以下の懲役又は50万円以下の罰金（117条の2の2，第3号） 2年以下の懲役又は30万円以下の罰金（117条の3の2，第1号）
(6) 酒気帯びまたは飲酒運転者に同乗したもの：運転者が酒酔い運転の場合（同乗者が酒酔い状態であることを認識）		3年以下の懲役又は50万円以下の罰金（117条の2の2，第4号）

② 少年法改正 ── 世論の盛り上がりと厳罰化のポイント ──

少年法改正にむけた世論の盛り上がり

　日本社会を震撼させ，2000年の少年法改正の引き金となった1997年のいわゆる「酒鬼薔薇聖斗」事件直後の同年12月に，「少年犯罪被害当事者の会」（以下，当事者の会と略記：http://hanzaihigaisha.jimdo.com/：2017年9月12日現在）が結成され，活発な活動を展開しつつ現在にいたっている．そして当事者の会結成の翌年には，世論の強力なバックアップを受けつつ法務大臣に対して「少

年法改正を求める要望書」(http://www005.upp.so-net.ne.jp/hanzaihigaisha/youbousyo.htm)(以下,要望書と略記)を提出し,その要望内容をも踏まえて2000年に厳罰化にむけた少年法改正がおこなわれている.そこで改正少年法のポイントを概観する前に,まずは要望書の内容をおさえておこう.

　当事者の会は結成当初から,上の要望書提出に端的にあらわれているように,被害者の視点をも踏まえた少年法改正を目的として活動している.すなわち,要望書が掲げる少年法改正の5つの視点を,被害者の立場に立って若干補って表現するならばつぎのようになるだろう.(i)加害少年の処遇に関する被害者側の知る権利の実現;(ii)被害者側の意見をも取り入れた,家庭裁判所の少年審判での公平・公正な事実の認定;(iii)犯罪＝被害内容に応じた適正な加害者の処遇;(iv)加害者の親その他の保護者の責任の明確化;(v)加害者の年齢を考慮した上での,被害内容に応じた処遇のあり方.このような改正の視点を踏まえて作成された要望書は「実際に我が子を少年たちによって殺された体験から,現行の**少年法には重大な欠陥**があると痛感し,以下のように少年法を改正することを,切に要望いたします」ということばではじまっている.

　そしてそれに続けて,少年法改正に関する基本的な認識をつぎのようにのべている.「私たちは,『少年法』が第一条で〈この法律の目的〉として掲げている『少年の健全な育成』[[この法律は,少年の健全な育成を期し,非行のある少年に対して性格の矯正及び環境の調整に関する**保護処分**を行う［こと］……を目的とする]]を否定しているわけではありませんし,厳罰を求めているわけでもありません.私たちが少年法の改正を求めるのは,真の意味での『少年の健全な育成』を具体化し,私たちの子供が味わったような悲劇をくり返さないようにするためです.つまり私たちは,少年に**罪の意識**をしっかり認識させ,自分の罪の深さを正しく認めて**反省**することによって,初めて少年の健全な育成はスタートすると思っています.」

　そして被害者の観点から要望書でもっとも強く批判されているのは,上記の5つの視点の第(iii)の犯罪＝被害内容に応じた加害少年の処遇に他ならない.「現行少年法の精神は,その処遇においても,犯罪の軽重を重視してきませんでした.しかし,こうしたなかで凶悪・重大な犯罪が頻発し,さらに低年齢化してきている事実は否定できません.」そしてこのような事態を前提にして,

「少なくとも，他人の命を奪うような犯罪は万引きや窃盗などと同列に扱うべきではないし，それは十四歳未満のいわゆる『触法少年』［刑法41条「十四歳に満たない者の行為は，罰しない」］についても当てはまることではないかと考えています」とのべている．

厳罰化にむけた改正のポイント

少年たる加害者によって肉親や近しい人を無惨に殺された遺族——しかも，多くの場合被害者も未成年である——にとっては，たとえ未成年者であったとしても，また単に未成年者であるというだけで，加害者にそれ相応の刑罰が科せられないことは「やり場のない怒り，哀しみ，苦しみ，恨み」（要望書）の感情を与えることは明らかである．しかも殺人が万引きなどの軽微な犯罪と同様に扱われるならば，その感情が一層強まることは当然のことであろう．

このような被害者の視点をも考慮して改正少年法は，少年法20条（検察官への送致）（「家庭裁判所は，死刑，懲役又は禁錮に当たる罪の事件について，調査の結果，その罪質及び情状に照らして刑事処分を相当と認めるときは，決定をもって，これを管轄地方裁判所に対応する検察庁の**検察官に送致**しなければならない．」）において，いわゆる**厳罰化改正**がなされたのである．すなわち，

（ⅰ）旧少年法20条の**但し書きの削除**による処罰年齢の16歳から14歳への引き下げ：旧少年法20条に付されていた但し書きは，「……検察官に送致しなければならない．但し，［検察官への］送致のとき十六歳に満たない少年の事件については，これを検察官に送致することはできない」と規定していた．したがって，16歳未満の少年は——検察官に送致できず，したがって起訴できないゆえに——刑事裁判にかけて刑事責任を問うことができないのである．逮捕時14歳だった「酒鬼薔薇聖斗」を処罰できなかったのは，まさにこの但し書きの故に他ならない（しかしもちろん，民事＝賠償責任を問われることは当然である）．ただし，上の触法少年に関して言及したように，刑法上の刑事責任年齢は従来から14歳である（〈特別法（＝少年法）は一般法（＝刑法）を破る（特別法優先の原則）〉）．

（ⅱ）20条への2項追加による，16歳以上の少年で**故意の犯罪行為**により**被害者を死亡**させた場合［すなわち殺人のみならず，傷害致死や①で取り上げた危険運転致死などを含む］，**原則として刑事責任を問う**：20条2項「家庭裁判所

は，故意の犯罪行為により被害者を死亡させた罪の事件であって，その罪を犯すとき十六歳以上の少年に係わるものについては，同項［すなわち検察官送致］の決定をしなければならない」(例外として送致しないことも可能である. 2項の但し書き「ただし, 調査の結果, 犯行の動機及び態様, 犯行後の情況, 少年の性格, 年齢, 行状及び環境その他の事情を考慮し, 刑事処分以外の措置を相当と認めるときは, この限りでない.」).

　最後に, ショッキングな少年犯罪がおこると必ず問題となる報道のあり方に言及しておく. 少年法61条は犯罪少年者に関して氏名, 年齢, 職業, 住居, 容貌などにより, 本人のアイデンティティを推測し得るような「記事又は写真を新聞その他の出版物に掲載してはならない」と規定している. この問題に関しては, 19才の少年がシンナーを吸って3名を殺傷した1998年の堺市女児等殺傷事件の大阪高等裁判所判決 (2000年2月29日) がきわめて重要である. すなわち, 同条違反に対して「罰則を規定していないことにかんがみると, 同条が表現の自由に当然に優先すると解することもできない. 罰則規定のないことは, このような規定の順守をできる限り社会の自主規制にゆだねたものであり, 新聞紙や出版物, 発行者に対して厳しい批判が求められているというべきである」とのべている.

③ **ストーカー規制法**——さらなる被害者救済にむけて——
ストーカーの動向
　近年のいわゆるストーカー行為に関する警察への相談件数の急増と, ストーカーがらみの残虐な殺人事件, とりわけ, 埼玉県桶川市で1999年10月に発生したストーカーがらみの女子大生惨殺事件の発生により, **つきまとい行為**などのストーカー問題が2000年ごろから大きな社会問題となっていた. このような社会状況を背景に成立したのが**ストーカー規制法**である. 制定から2010年あたりまでは検察庁が新たに受理した事件は200件程度であったが, その後増加の一途をたどり, 2016年には相談件数約2万3000件, 検挙件数はストーカー規制法違反769件で過去最多であった.

　また, 2007年には日本社会に大きな衝撃を与えたストーカー殺人事件があいついで2件発生した. 1件は2007年8月に警視庁立川署の現職警察官が, 好意を寄せる飲食店の女性従業員につきまとい行為を繰りかえし, 交際を拒否

する女性を拳銃で射殺して自らもその拳銃で自殺する，というきわめてショッキングな事件であった．またもう1件は，同年11月に北海道函館市で発生した事件で，一方的に好意をつのらせた同じ大学の卒業生の女性につきまとい行為を繰り返し，交際を拒否されたことを恨んで女性の自宅前で刺殺するという事件である．これらいずれの事件でも，事件発生以前から親族や知人，友人などにその不安を相談しており，函館のケースでは被害者の大学時代の指導教授にも，加害者が被害者の職場に訪れたために，不安や身の危険を感じる旨相談したことが新聞などで報じられている．

ストーカー規制法のポイント

ストーカー規制法のポイントはつぎの通りである．同法2条1項は，まず「つきまとい等」とは，「特定の者に対する恋愛感情その他の**好意の感情**又はそれが満たされなかったことに対する**怨恨の感情**を充足する目的で，当該特定の者又はその配偶者……に対し，次の各号のいずれかに掲げる行為をすることをいう」とし，1号から8号にかけて以下の事項を列挙している．すなわち，待ち伏せ；監視，面会・交際などの強要；著しく粗野・乱暴な言動；無言電話・ファックス・電子メールの反復送信；不快感・嫌悪の情を催すもの（6号「汚物，動物の死体その他」）の送付；性的羞恥心を害する事項の告知，もしくは文書・図画・電磁的（＝コンピュータによる）記録に係る記録媒体の送信．また2条2項において，近年のさまざまなSNS（Social Networking Service）の普及を踏まえて，2条5号の「電子メールの送信」について——まずは2号の一で通常の電子メールを挙げた上で——二においてつぎのように規定している．「前号に掲げるもののほか，特定の個人がその入力する情報を電気通信を利用して第三者に閲覧させることに付随して，その第三者が当該個人に対し情報を伝達することができる機能が提供されるものの当該機能を利用する行為をすること．」つまり，SNSを通じた被害者個人へのメッセージの送信，および，ブログや個人のSNSのページにコメントなどを反復して送信することが罰則対象として規定されている．

そして以上の規定内容を受けて3項で，「ストーカー行為」とは「同一の者に対し，つきまとい等（1項1号から4号まで及び5号（電子メールの送信等に係る部分に限る．）に掲げる行為については，身体の安全，住居等の平穏若しくは名誉が害さ

れ，又は行動の自由が著しく害される不安を覚えさせるような方法により行われる場合に限る．）を**反復**してすることをいう．」

つまり，1項規定の「つきまとい等」を反復しておこなうことが，ストーカー行為なのである．

ストーカー被害を受けた場合には警察への申し出に応じて，「つきまとい等」を繰りかえす相手方に対して警察署長等から「ストーカー行為をやめよ」と「**警告**」することができる．それでも中止しない場合，もしくは，重大な危害を受ける危険がある場合には警告なしに，被害者の申し出を受けて，もしくは申し出がない場合にも職権で，各地方の公安委員会が「**禁止命令**」を出すことができる（有効期間は原則1年で，延長可）．禁止命令に違反してさらに「ストーカー行為」をおこなうと2年以下の懲役又は200万円以下の罰金が科される（このような処罰の方式は暴力団対策法の処罰方式に類似している）．また，「ストーカー行為」の被害にあっている場合，上記の警告を求めずに，**直接に処罰**を求めることができる（3条（「つきまとい等をして不安を覚えさせることの禁止」）「何人も，つきまとい等をして，その相手方に身体の安全，住居等の平穏若しくは名誉が害され，又は行動の自由が著しく害される不安を覚えさせてはならない．」）．この場合の罰則は，1年以下の懲役又は100万円以下の罰金である．

さらに現行法において，被害者のみならず加害者の居住地の警察も警告を発することが可能である；被害の申し出をしたにもかかわらず警告を発しない場合，その理由を被害者に書面にて通知することが義務づけられている；ストーカー行為をするおそれがある者に対し，被害者となる相手方の個人情報等を提供する行為の禁止；警察，司法関係者への被害者の安全確保，秘密保持義務の明記；国や自治体による被害者に対する民間滞在（民泊など）の支援，公的賃貸住宅への入居に関する支援に務めること，等々が規定されている．

●●● さらなる学習の手引き

各論的な話題になるが，死刑に関して，廃止論者はもちろんのこと存置論者も必読の文献として森達也『死刑　人は人を殺せる．でも人は，人を救いたいとも思う』（朝日出版社，2008年），および漫画ながら読み応えのある郷田マモラ『モリのアサガオ　新人刑務官と或る死刑囚の物語』第1-7巻（双葉社，2005-07年）がある．さらに，犯罪対策の動

向や受刑者問題，その他の動向については前野育三他著『刑事政策のすすめ　法学的犯罪学』（法律文化社，2003 年）が非常にわかりやすい．もう一点，受刑者の人権問題を考える手がかりとして，菊田幸一編『検証・プリズナーの世界　ニッポンの監獄を受刑者が語る』（明石書店，1997 年）は受刑者の生々しい声が満載されている．さらにもう一点，元受刑者が漫画で自分自身の受刑生活を描いた花輪和一『刑務所の中』（青林工藝舎，2000 年）は非常に興味深い．

　以下，基本的な教科書の書名のみ掲げる．

横田耕一・高見勝利編『ブリッジブック憲法』（信山社，2003 年）．
町野朔・丸山雅夫・山本輝之著『ブリッジブック刑法の基礎知識』（信山社，2011 年）．
高橋則夫編『ブリッジブック刑法の考え方［第 2 版］』（信山社，2014 年）．

第5章
刑事裁判へのアプローチ

1 裁判と裁判所制度

(1) 民事事件と刑事事件

　我々が社会生活において直面するさまざまな事件や事故，あるいは多種多様なもめごとを，権威ある第三者に裁定してもらい，その裁定に従わせることでこれらの問題を解決する手段が「裁判」である．近代立憲主義に基づく民主主義国家は，こうした権限を司法権の名のもとに，裁判所という国家機関が行使することで，国家全体における法秩序の維持と貫徹を可能にしている（レファレンス：近代立憲主義についてはプロローグと第1章を参照）．

　司法権を行使する裁判所が判断の対象とする問題とは，「一切の法律上の争訟」（裁判所法3条1項）とされている．すなわち，当該問題の当事者の具体的な権利義務の紛争や，法律上の関係の存否にかかわる紛争をめぐる問題で，かつ法規範を適用することで最終的に解決可能な問題である．裁判所は，具体的な紛争なしに法令の解釈だけをすることもなければ，学問・宗教などの論争や試験の合否判定などの決着をつけることもない．

　法律上の争訟は，その性質により，民事事件，行政事件，刑事事件の3種類に分類できる．**民事事件**とは，個人や民間団体が抱えた紛争を，裁判所が公正中立の立場から，法的権利義務の存否や法律関係について判断して解決するものである．民事事件で扱われる紛争は，借金の返済，代金の支払いや商品の引渡しの請求，事故で生じた損害の賠償，不動産の権利をめぐる争い，家族のトラブル，雇用や賃金の問題，会社の組織運営に関する争いなど多岐にわたる．これらは裁判以外での解決も可能である（裁判外紛争解決手続，Alternative

Dispute Resolution：略して ADR）が，裁判による解決を望む紛争当事者は，自らが原告となって裁判所に訴えを提起することになる．このとき，訴えられた側が被告となる．民事事件の裁判は民事訴訟法にもとづいておこなわれる．裁判所は，双方の主張に耳を傾け，これらにもとづき判決を下す．原告の主張が認められた場合，原告は被告に対して判決内容を実現するよう要求できる（たとえば，賠償金の支払，契約の履行など）．被告が任意に実現しないときは，原告は裁判所に対して強制執行の申立てをすることができる．強制執行が認められたならば，原告に代わって裁判所が判決内容を強制的に実現することになる．なお，民事事件の訴訟は，訴えの取り下げ，訴訟上の和解，請求の認諾や放棄など，当事者の意思で止めることが認められている．

　刑事事件とは，刑法に代表される刑事法が規定する罪について，それを犯した疑いのある者を訴追し，その者が有罪か否か，有罪の場合はどのような刑罰を科すべきかを，裁判によって判断するものである．

　行政事件とは，国や地方公共団体など行政官庁の公権力の行使に関する紛争である．行政事件の裁判は，公権力の行使により損害を受けた場合の国家賠償訴訟，行政処分を下した行政官庁やその上級官庁に対して処分の不当性や違法性を申し立てる行政不服審査，行政官庁の公権力行使の適法性を裁判所に訴えてその取消しや変更などを求める行政事件訴訟などがある．これらの裁判は，当事者の一方が行政官庁であることを除けば，法に定めのない限り民事訴訟の例によるとされている．

　裁判所の出す判断は，判決，決定，命令の3種類がある．判決は，裁判所が口頭弁論を経たのち，公開法廷で理由を付して言い渡される裁判形式である．決定と命令は，簡易な裁判形式であり，口頭弁論が不要で理由を付さずともよい．決定は裁判所がおこなうもので，命令は個別の裁判官がおこなうものである．

　後述する裁判員制度はもっぱら刑事事件を対象とした制度であるが，本書の読者も，いずれ裁判員に選出されることもあるかもしれない．そのことを考慮し，本章では刑事事件を中心に概説することにする．

(2) 裁判所制度
裁判所制度

日本の裁判所は，**最高裁判所**（最高裁）と**下級裁判所**に大別される（憲法76条1項）．下級裁判所は，**高等裁判所**（高裁），**地方裁判所**（地裁），**家庭裁判所**（家裁），**簡易裁判所**（簡裁）の4種類である（裁判所法2条1項）．高裁は，札幌・仙台・東京・名古屋・大阪・高松・広島・福岡の8カ所に本庁が設置されているほか，全国6カ所の支部と東京高裁の特別支部として，知的財産に関する係争を扱う知的財産高等裁判所が設置されている．地裁は各都道府県の県庁所在地と，北海道にさらに3カ所の計50カ所に設置されている．家裁は地裁所在地に併設されている．簡裁は全国に438カ所設置されている．

日本では，慎重な審理を重ねて妥当な法的判断をおこなうという目的で，原則として，異なる3つの**審級**の裁判所で，複数回の審議を受けることのできる**三審制**が採用されている．まず，裁判は第一審の裁判所でおこなわれる．当事者は，第一審の判決に不服がある場合，上訴をおこなうことができる．第一審の判決に不服がある場合の上訴を控訴といい，控訴を受けた第二審のことを控訴審と呼ぶ．控訴審の判決に不服がある場合の上訴を上告といい，上告を受けた第三審のことを上告審と呼ぶ（なお，審理中の審級の1つ手前の審級での裁判のことを原審と呼ぶことがある）．決定や命令に対する上訴はそれぞれ抗告，再抗告（その他特別抗告，許可抗告など）と呼ばれる．

裁判所に上下関係があるとはいえ，司法権の行使について，下級の裁判所が上級の裁判所の指揮監督を受けるわけではない．裁判官は「その良心に従ひ独立してその職権を行ひ，この憲法及び法律にのみ拘束される」（憲法76条3項）からである（レファレンス：司法権の独立は第1章2（4）参照）．ただし，上訴を受けた控訴審や上告審が，原審判決を不当として判決を取り消して，事件を下級の裁判所で審判し直させるべく差し戻す場合，例外的に上級の裁判所の判断が下級の裁判所を拘束することになる（裁判所法4条）．

裁判所の審級は大きく2種類に区別される．裁判で提示された主張や証拠にもとづいて事実関係の確定に関する問題（事実問題）を判断して，確定された事実に対して法令をどのように適用・解釈するのかという問題（法律問題）を判断する審級を**事実審**と呼ぶ．他方，事実問題は確定したものとして扱い，法

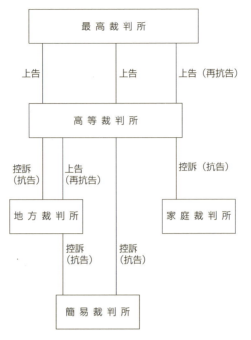

図 5-1　日本の三審制

律問題のみを審理し，原審の手続や判断に違法な点があるか否かだけを判断する審級を**法律審**と呼ぶ．刑事事件の場合，第一審は事実審であり，控訴審は事実誤認や量刑不当について審理する場合にのみ事実審となるが，原則は法律審である．上告審はつねに法律審である．

下級裁判所の管轄と構成

民事事件も刑事事件も，第一審は原則として地方裁判所の管轄である．地方裁判所で扱われる事件の多くは単独の裁判官により審理及び裁判される．ただし，合議体で審理及び裁判をする旨を決定した事件，死刑又は無期若しくは短期 1 年以上の懲役若しくは禁錮に当たる罪の事件，簡裁からの控訴事件などは，3 人の裁判官で構成される合議体で取り扱われる．

簡易裁判所は，民事事件では，訴訟の目的となる物の金銭的な価値が 140 万円を超えない訴えについて第一審である．また，刑事事件では，罰金以下の刑となる犯罪，刑の種類について裁判所の判断で罰金を選択できる犯罪，懲役刑

表5-1 各裁判所の審級関係

		第一審	控訴審（第二審）	上告審（第三審）
民事事件	原則	地方裁判所	高等裁判所	最高裁判所
	家事審判，人事訴訟	家庭裁判所		
	（公正取引委員会や特許庁の審決に対する取消訴訟）	高等裁判所		
	目的額が140万円を超えない請求	簡易裁判所	地方裁判所	高等裁判所
刑事事件	原則	地方裁判所	高等裁判所	最高裁判所
	少年審判	家庭裁判所		
	罰金以下の刑に当たる罪 窃盗，横領などの比較的軽い罪	簡易裁判所		
	内乱罪など	高等裁判所		

のみの犯罪のうち窃盗・窃盗未遂・横領など比較的軽い罪の犯罪について第一審である．簡易裁判所では，原則として禁錮以上の刑を科することはできないが，住居侵入や上記の懲役刑のみの犯罪については3年以下の懲役を科すことができる．しかし，これらの制限を超える刑を科するのを相当と認めるときは，事件を地方裁判所に移送しなければならない．簡易裁判所では，1人の簡易裁判所判事により審理及び裁判される．

家庭裁判所は家庭に関する紛争の審判と調停，離婚や子の認知などの裁判である人事訴訟について第一審である．また，罪を犯した少年の事件や，14歳未満で刑罰法令に触れる行為をした少年や，将来罪を犯すおそれのあるような少年の非行事件の審判について第一審である．家庭裁判所の審判は原則非公開である．家庭裁判所は通常単独の裁判官で審理及び裁判されるが，合議体で審理及び裁判をする旨を決定した事件や，法律によって合議事件と定められた事件は，3人の裁判官で構成される合議体で取り扱われる．

高等裁判所は一部の例外を除いて，原則として上訴を受けた事件を扱う．通常は3人の裁判官による合議体で審理するが，内乱罪などの事件の第一審や独占禁止法関係の事件などは，5人の合議体で取り扱われる．

最高裁判所

最高裁判所は終審裁判所であり（憲法81条），最高裁の判断を審査するさら

に上級の裁判所を有さない裁判所である．その構成は，内閣の指名にもとづき天皇が任命する最高裁判所長官1名と，内閣が任命し天皇が認証する最高裁判所判事14名からなる．最高裁判所の審理と裁判は，15名全員の合議体である**大法廷**（定足数9名）か，5名で構成される3つの**小法廷**（定足数3名）においておこなわれる．最高裁判所が受理した事件はまず小法廷で審理される．ただし，法律，命令，規則又は処分が憲法に適合するかしないかを判断する場合や，憲法その他の法令の解釈適用について原審判決が最高裁判所の判例と異なる場合は，大法廷で審理しなければならない（裁判所法10条）．

最高裁が取り扱う上告には制限がある．刑事事件の場合，憲法違反や憲法解釈の誤り，または最高裁判例と異なる判決があったことを上告理由とするか，判決に影響を及ぼすべき法令違反，量刑の著しい不当，判決に影響を及ぼすと考えられる重大な事実誤認があったなどの理由が必要である（民事事件の場合も，多少違いはあるが，ほぼ同様である）．

下級裁判所の判決は，合議体による判決の場合でも合議体一体の判断として示され，各裁判官の個別の意見は表示されない．一方，最高裁判所では，判決に裁判官全員の意見を表示しなければならない（裁判所法11条）．判決文には，全員一致の判断か，あるいは裁判官の過半数を制した「多数意見」が最高裁判所の判断（法廷意見）として示される．そのあとに各裁判官の少数意見が示される．これには多数意見に加わった裁判官が補足的に自分の意見を付け加える「補足意見」，多数意見の結論には賛成だが理由付けが異なるとする「意見」，多数意見の結論に反対する「反対意見」の3種類がある．

❷ 刑事裁判のながれ

刑事事件は，犯罪の発生→警察の捜査→検察官の事件処理→裁判→有罪なら刑の執行，という流れで進行する．犯人と疑われた人物であっても，必ずしも本当の犯人とは限らないので，逮捕・拘禁・捜索・押収・取調べなども慎重さが求められる．そして，刑罰が人の生命・自由・財産の剥奪を伴うものである以上，刑罰を科すための裁判手続も慎重かつ公正に進めなければならない．一歩間違えば，国民の基本的人権を不当に侵害する危険性がある．刑事訴訟法は，

憲法 31 条の**適正手続（デュー・プロセス）の保障**の要請にもとづき，刑事事件の過程全体を規律する法律である．また，刑事手続における人権保障については，憲法 31 条から 40 条まで詳細な規定が置かれている（レファレンス：刑事人権については第 1 章 2（2）および第 4 章 1（1）参照）．

（1） 犯罪の発生から公訴まで

警察の捜査

犯罪は，警察官や検察官などの捜査権限を有する機関が認知することにより，はじめて捜査が開始される．『犯罪白書』によると，2016 年度の刑法犯の認知件数は 147 万 8570 件（危険運転致死傷・過失運転致死傷等を含む）である．大半は被害者や被害関係者からの届出により認知される．また，捜査機関に対して犯罪を申告し処罰を求める意思表示である被害者からの告訴や，第三者からの告発が認められている．そのほか，第三者からの届出，職務質問，聞込みや取調べなどの警察活動，犯罪現場での現認，変死体の検視，犯人の自首が捜査の端緒となることもある．

捜査とは，犯罪が発生したと思われる場合に，罪を犯したと思われる犯人（刑事訴訟法上**「被疑者」**と呼ぶ）を探索して必要があれば身柄を拘束し，犯罪事実を立証して裁判で有罪判決を獲得するのに必要な証拠を集めることである．捜査は，人権保障の観点から，任意捜査が原則である．強制捜査を実施するには，裁判官の事前の審査により，それが許可された旨を示す**令状**が必要となる．被疑者の身柄を例に説明すると，出頭，同行，取調べは被疑者の同意を得て任意で可能であるが，被疑者の逮捕は強制捜査となるので令状（この場合は逮捕状）が必要になる．裁判官は捜査機関からの逮捕状請求に対し，被疑者が罪を犯したことを疑うに足る理由があり，かつ逮捕の必要性があると判断したときに逮捕状を発布する．逮捕状を被疑者に提示して逮捕するやり方が通常逮捕である．ただし，現行犯逮捕（私人も可）の場合，逮捕状は不要である．また，重大犯罪の被疑者を緊急に逮捕しなければならない場合は（緊急逮捕），身柄を押さえてから逮捕状を請求することになる．証拠収集についても同様に，任意提出の証拠物や遺留品を占有する領置，実況見分，被疑者や被疑者以外の者の取調べなどは任意捜査であるが，捜索や証拠物の差押え，身体検査や検証など

は強制捜査となるので令状が必要である．

　被疑者を逮捕したとき，警察官は被疑者に対して，逮捕の理由となった犯罪事実の要旨と弁護人選任権のあることを告知し，弁解の機会を与えなければならない．身柄拘束の必要があると判断されれば，被疑者を留置したのち検察官に送致するが，その必要がなければ直ちに被疑者を釈放しなければならない．なお，軽微な犯罪であれば検察官に送致しなくともよいとされている．これは微罪処分と呼ばれている．『犯罪白書』によると，2016年度に検挙された人員は72万1275人（このうち刑法犯の検挙率は33.8%）にのぼるが，このうち6万7346人が微罪処分で処理されている．

検察官の事件処理と被疑者

　送致されてきた事件を起訴するか否かを判断するのが検察官の主な役割である．検察官も捜査権限を持つが，独自に捜査するのは政治家の汚職，大型脱税，経済事件などの一部の事件のみである．なお，検察官は他の公務員とは異なり，一人ひとりが独自に検察権限を行使する独立の官庁として扱われる．

　警察は，逮捕の時から48時間以内に被疑者の身柄とともに事件を検察官に送致しなければならない．送致を受けた検察官は，被疑者を勾留して取調べをするか否かを決める．勾留とは，被疑者が住居不定とか証拠隠滅や逃亡のおそれがあるときに，被疑者を拘禁する手続である．検察官は，被疑者の身柄を引き受けてから24時間以内に裁判所に勾留を請求しなければならない．裁判官が被疑者の陳述を聴いた上で，勾留が必要と判断されれば勾留状が発付され，勾留が執行される．被疑者や被疑者の関係者が勾留理由の開示を請求した場合は，裁判官は公開の法廷で理由を告げなければならない．被疑者の勾留期間は，勾留請求の日から10日が限度で，一度だけもう10日間の延長が認められている．よって被疑者の身柄拘束期間は，逮捕されてから最長23日間ということになる．ただし，捜査機関が本当に起訴したい事件の被疑者について，その事件とは別の事件で先に逮捕・勾留して，勾留の期間を本当に起訴したい事件の取調べに利用する，いわゆる**別件逮捕・勾留**という手段が実際には用いられている．これは，相当の長期間にわたり被疑者の身柄を拘束することを可能にするため，**冤罪**の温床になりかねないとして問題視されている．

　検察官は，捜査の結果を受けて被疑者を起訴（「**公訴**」と呼ぶ）するか，不起

訴処分にするかを決める．日本では，公正な国家機関にのみ被疑者の訴追権限を認めるとする国家訴追主義の考え方に従い，公訴の提起は検察官にのみ認められている（起訴独占主義，刑事訴訟法247条）．犯罪の嫌疑が十分であり，法的な不都合がなければ，通常，検察官は公訴を提起する．しかし「犯人の性格，年齢及び境遇，犯罪の軽重及び情状並びに犯罪後の情況により訴追を必要としない」と検察官が判断すれば，公訴を提起しなくてもよいとされる（刑事訴訟法248条）．この場合の不起訴のことを起訴猶予と呼ぶ．このように，検察官に起訴・不起訴についての広範な裁量権を認める制度を，**起訴便宜主義**という．2016年度に検察官が新規に受理した人員は，道交法違反なども含めると111万6198人であるが，そのうち起訴猶予となった者は63万5593人にのぼる．一方で起訴された人員は35万2669人（うち公判手続は8万7735人）である．

　検察官の訴追裁量権は広範かつ強力であるため，不当な権限行使が生じないようにチェックする必要がある．そのための制度として，後述の検察審査会制度のほか，付審判請求手続がある．これは公務員の職権濫用などの罪について不起訴とされた場合，その罪を告訴又は告発した者は不服があれば裁判所に対して審判を求め，審判が認められれば，裁判所の指定する弁護士が検察官役となって公訴をおこなうという手続である．

　逮捕・勾留された被疑者は私選弁護人に依頼できる．また，死刑，無期懲役・禁錮，長期3年を超える懲役・禁錮の事件であれば国選弁護人を選任できる．また，弁護士会は被疑者保護のために当番弁護士制度を設けている．被疑者の弁護士は，被疑者と立会人なく面会し，書類や物の授受をすることができる接見交通権を有している．その他，被疑者には黙秘権が認められている．

取調べの録音・録画（可視化）と司法取引

　本来は無実の人間が犯罪者として扱われ，場合によっては有罪判決を受けてしまう，いわゆる冤罪の存在が，日本の刑事司法の問題点としてこれまで強く批判されてきた．その原因として，警察や検察の密室での取調べが自白偏重であり，被疑者が自白を強要されて精神的に追い込まれたあげく虚偽の自白をしてしまうことが指摘されてきた．こうした問題への反省から，警察や検察は，取調べ過程を後から検証することができるようにするため，**取調べの録音・録画（可視化）**に取り組むようになった．そして，2016年の刑事訴訟法改正では，

主に裁判員裁判で扱われる事件を対象に，取調べの全過程の録音・録画が警察や検察に義務づけられることとなった．現在，警察・検察は全面可視化の試行を進めている．ただし，対象となる事件が，刑事事件全体の3％未満にすぎないことから，対象事件を拡大すべきであるとの批判もある．

また，2016年の刑事訴訟法改正では，捜査段階での通信傍受対象を殺人や詐欺，児童買春・児童ポルノ禁止法違反などの事件にも拡大することが認められるとともに，**司法取引**（証拠収集等への協力及び訴追に関する合意制度）の導入（2018年実施予定）が決まった．これは，薬物・銃器犯罪，贈収賄や脱税などの経済犯罪を対象に，弁護士の同意を条件に，被疑者や被告人が他人の犯罪事実を明らかにするならば，検察官が被疑者・被告人を不起訴にしたり，求刑を軽くしたりすることを約束するという制度である．新たな捜査手法として期待が寄せられている一方で，自分の罪を軽くするために他人になすりつけるという，新たな冤罪の温床になるのではないかという懸念もあるため，適正な運用が必要となろう．

（2） 検察審査会

検察審査会制度は，検察官の公訴権実行に関し民意を反映させてその適正を図るための制度として，1948年より実施されている．検察審査会は，全国の地方裁判所とその支部に設置されており，不起訴処分に不服がある犯罪の被害者や遺族，告訴・告発した者からの申立てにより審査をおこなう．検察審査会の構成員は，各検察審査会管轄地域内の有権者の中から選出された11名の検察審査員であり，その任期は6カ月である．

検察審査会の議決は，①「不起訴相当」（不起訴は問題ない），②「不起訴不当」（さらに詳しく捜査すべき），③「起訴相当」（起訴すべき）の3種類である．通常は過半数で議決するが，起訴相当議決のみ8名以上の多数で議決する必要がある．②③の議決があった場合，検察官は議決を参考にして，公訴を提起すべきか否かを再検討しなければならない．かつては，その議決には拘束力がなかったが，2009年より強制起訴の制度が導入された．これは，起訴相当議決にもかかわらず検察官が公訴しなかった場合に，検察審査会は再度審査をおこない，8名以上の多数で**起訴議決**を出すことができるとする制度である．起訴議決が

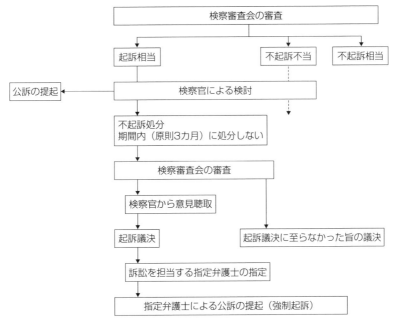

図5-2　検察審査会の審査過程

なされた場合，裁判所の指定する弁護士が検察官の職務をおこなう指定弁護士として公訴を提起し，訴訟を担当することになる．強制起訴の対象となった事件は2016年時で計14件あるが，有罪となった事件はわずか数件であるため，強制起訴制度に対する批判も存在する．

　検察審査会はこれまで約17万件の事件を審査し，審査の結果，公訴に至った事件は約1600件になる．これらの事件の中には，懲役10年など重い刑に処せられたものもある．

（3）　刑事裁判の流れ
公訴提起と事件の審理

　刑事事件の裁判は「事案の真相を明らかにし，刑罰法令を適正且つ迅速に適用する」ことが目的である（刑事訴訟法1条）．裁判官はまず犯罪の事実が実際にあったかどうかを証拠により認定し，それを法的観点から評価することにな

るので，この事実認定こそが審理の眼目になる．

　刑事裁判には，以下で詳述する公判手続のほか，略式手続と即決裁判手続がある．略式手続は，簡易裁判所で扱われる事件につき被疑者に異議がないときに，検察官が略式命令を請求して，書面審理のみで裁判をおこなう手続である．即決裁判手続は，事案が明白かつ軽微であり，証拠調べが速やかに終わることなどの事情を考慮して，被疑者の同意を条件として，検察官が公訴提起と同時に書面で申し立てることができる手続である．公判開始時に被告人が有罪である旨の陳述をしたとき，裁判官が即決裁判手続をおこなう決定を下し，即日に判決が言い渡される．この手続で懲役や禁錮の判決が下された場合は，必ず執行猶予が付くことが定められている．

　公訴の提起は，検察官が起訴状を裁判所に提出することによりおこなわれる．以降，被疑者は**被告人**と呼ばれることになる．起訴状には，① 被告人の氏名・年齢・職業・住居など，② 公訴事実，③ 罪名・罰条が記載される．公訴事実は，犯罪の日時，場所，方法，動機又は原因，犯行の状況，被害の状況及び犯罪後の情況などの構成要件に該当する事実，および情状に関する事実を特定して，訴因を明示することにより記載されなければならない．なお，裁判官に有罪の予断を与えるのを防止するために，被告人の前科・経歴・性格などの余事記載をしたり，証拠その他の書類などを添付したりすることは認められていない（起訴状一本主義）．

　裁判所は起訴状を受け取ると，ただちにこれを被告人に送達する．被告人には弁護人選任権がある．とくに，「死刑又は無期若しくは長期三年を超える懲役若しくは禁錮にあたる事件」や，即決裁判手続による事件，後述する公判前整理手続や期日間整理手続に付された事件は弁護人がいなければ開廷できない（必要的弁護事件）．貧困などの理由で私選弁護人を選任できない場合や，被告人が未成年者など保護を必要とする場合，国選弁護人が選任される．裁判官は被告人となった者を勾留することができる（未決勾留ともいわれ，その全部又は一部が懲役又は禁錮の日数に算入されることがある）．これには，公訴前に勾留されていた者を引き続き勾留する場合や，勾留されていなかった者を職権で勾留する場合がある．勾留期間は2カ月で，とくに継続の必要がある場合には1カ月ごとに更新できる．ただし，被告人や弁護人などの請求により，また裁判官の職

第5章 刑事裁判へのアプローチ　127

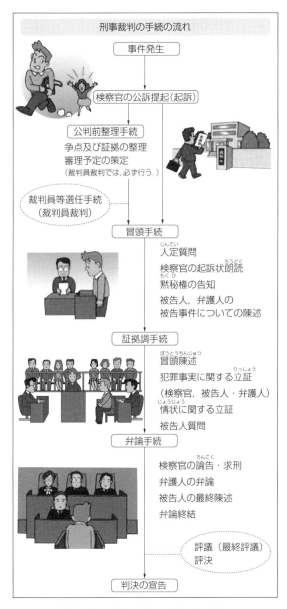

図5-3　刑事裁判の手続きの流れ

(出典)「裁判所ナビ」裁判所ホームページ.

権で，保証金納付により**保釈**することができる．もっとも，逃亡や罪証隠滅のおそれがある場合，被害者や証人に危害を加えるおそれがある場合，住居制限などの保釈条件に違反した場合，保釈は取り消される．

公判の前に**公判前整理手続**が実施されることがある．これは，充実した審理を継続的・計画的かつ迅速におこなうため，第一回公判期日前に裁判官，検察官，弁護人が参加して，事件の争点や証拠を絞り込んで審理計画を立てる手続である．後述する裁判員裁判では，必ずこの手続を実施しなければならない．ただし，裁判員はこの手続には参加しない．また，公判途中に同様の作業をする期日間整理手続が実施される場合もある．

公判手続は，冒頭手続，証拠調手続，弁論手続の3段階である．冒頭手続は，第一回公判期日におこなわれ，裁判官による人定質問の後，検察官が起訴状を朗読する（起訴状はすべて読み上げなければならない）．裁判官が，被告人の黙秘権について告知したのち，被告人と弁護人がそれぞれ公訴事実の認否をおこない（罪状認否），意見を述べる．

証拠調手続では，まず検察官が冒頭陳述をおこなう．冒頭陳述では，起訴状記載の公訴事実の全容が明らかにされ，そのことを証明する証拠が申請される．被告人の生い立ちや犯行動機などが明らかにされることもある．弁護人も同様に冒頭陳述をおこなう．つぎに，検察官が先に証拠調請求をおこない，被告人・弁護人の同意・不同意を聞いた上で，裁判官が証拠調べの範囲・順序・方法を定める．証拠は3種類に分類され，人証は証人尋問，書証は証拠書類の朗読，物証は証拠物の展示という方法で示される．検察官が取調時に作成した被疑者調書（供述調書）も証拠として審理対象となる．証人尋問は，宣誓した証人に対して，証人申請した側から尋問をおこない（主尋問），それに対して反対尋問をおこなうという順序で進められる（交互尋問）．そのあとの弁護側も同様である．最後に被告人本人に対する被告人質問がおこなわれる．

捜査段階で収集された証拠について，裁判の誤りを防ぐために，法的な規制が存在する．まず，自白について，強制や拷問などによる任意でない自白は証拠とすることが許されておらず，かつ任意の自白によって裁判官が被告人有罪の心証をもったとしても，その自白を補強する証拠がない限り有罪としてはならない（憲法38条2項，3項）．また，供述調書や，法廷外における証人等の証

言を内容とする供述証拠は，反対尋問を経ていないため，一部の例外を除き証拠とすることが禁じられている（伝聞証拠禁止の原則）．

　弁論手続では，まず検察官が論告・求刑をおこなう．論告とは，事実及び法律の適用についての検察官の意見の陳述であり，求刑とは，刑の量定についての検察官の意見である．求刑は検察官の意見にすぎないため，裁判官の判断を拘束することはないとされる．その後，弁護人が被告人に有利な角度からの意見を表明する弁論と，被告人本人の最終陳述がなされ，公判は結審する．

裁判官の判断と無罪推定の原則

　刑事裁判において，事実認定と証拠評価は，裁判官の自由な判断に委ねられている．これを**自由心証主義**という．この原則は，裁判官の理性にもとづく判断に委ねた方が真実発見には有効であるという考え方に由来している．ただし，裁判官の恣意的な判断が許されるわけではなく，経験則や論理法則に従いつつ，合理的判断を下すことが求められている．

　日本の裁判制度では，原則として，原告・被告双方が主張や立証を主導的におこなう当事者主義の考え方が採用されている．刑事裁判も当事者主義であるが，被告人側はかならずしも自らの無罪を証明しなくてもよい．刑事裁判で有罪が確定するまでは，被疑者・被告人は何ら罪を犯していない人として扱わなければならないとする，**無罪の推定**という原則があるためである．したがって，被告人無罪という地点を出発点として裁判が始まると考えるとわかりやすい．被告人の犯罪事実を立証する責任はすべて検察官が負っている．ゆえに，何らかの事実の存否が判然としない場合は，裁判官は検察側にとって不利に（被告人に対して有利に）事実認定をおこなう．検察官の負うこの負担のことを**挙証責任**という（民事裁判はこれと異なり，原告・被告双方が自らの主張について挙証責任を負う）．裁判官は自由に心証をなし，被告人が有罪との確信をえることができれば有罪を言い渡す．ただしそのためには，犯罪事実の立証が「**合理的な疑い**」を入れない程度にまで立証されなければならない．合理的な疑いとは，被告人が有罪であることについて合理的に考えて疑問点があるということであり，健全な社会常識から証拠にもとづいて考えたときに疑問が残るという状態を意味している．検察官は，合理的な疑いを裁判官に抱かせない程度まで立証しなければならない．もしその程度に達しなかった場合，裁判官は有罪の確信が得

られなかったということで,「**疑わしきは罰せず（疑わしきは被告人の利益に）**」の原則により,被告人の無罪を言い渡すことになる.

判決の宣告と刑の執行

判決は,法廷での宣告により被告人に告知される.無罪判決の場合は,単に「被告人は無罪」である.一方,有罪判決の場合は,たとえば「被告人を懲役〇年に処す」というように,刑の言渡しの文言が言い渡される.刑の言渡しがあっても,場合によっては刑の執行猶予や免除が付け加えられることもある.有罪判決の場合は,罪となるべき事実,証拠の標目および法令の適用の3項目を記した判決理由を付さなければならない.裁判官が判決を朗読するとき,通常は主文を先に言い渡すが,死刑判決の場合などで被告人に判決の理由をよく言い聞かせるために,判決理由を先に言い渡すときもある.判決言渡しのあと,裁判長は判決に不服がある場合は控訴を申し立てることができる旨を告知する.また,法律上定まっているわけではないが,被告人に対して説諭するのが通例である.これをもって,第一審は終了する.

日本の場合,刑事裁判の有罪率は99％以上である.『司法統計』によると,2015年度に地方裁判所が第一審として判断した7万3355名のうち,無罪判決を受けた者は103名である（この数字をどう評価するか.これまでの刑事裁判の流れ全体をみて,考えてみてほしい）.

控訴または上告が提起されずに14日が経過したとき,または上告審判決に対する訂正の申立てがなされず10日が経過したとき,判決は確定する.判決が確定した後,検察官の指揮により刑が執行される.判決が確定した場合は,同一事件について再び審理することは許されていない（**一事不再理**）.ただし,一定の要件を満たす重大な理由がある場合（証拠・証言・自白の虚偽や新たな証拠の発見など）に,有罪判決を受けた者は**再審**を請求できる.再審の結果,冤罪と判明し,無罪判決が下された事例は実際に複数存在している.

（4） 刑事裁判における犯罪被害者の保護

2000年以降,刑事裁判において,犯罪被害者の保護が重視されるようになった.被害者証人の精神的負担が軽減され（法廷での付添人,被告人・傍聴人との間の遮へい措置,ビデオリンク方式を使用した証人尋問など）,裁判傍聴において被

害者など関係者が優先されるようになった．また，心情その他事件に関して，公判内で被害者が意見陳述をすることが認められている．さらに，2008年より**被害者参加制度**が実施されている．人を死傷させた罪などの重大犯罪の事件で，犯罪被害者や遺族が刑事訴訟への参加を希望する場合に，裁判所の許可によって**被害者参加人**として検察官の隣に座って，訴訟に参加できるという制度である．被害者参加人には，一定の条件付きで証人尋問，被告人質問，検察官の権限行使に対する意見陳述や，事実関係や量刑についての意見陳述が認められている．被害者参加人が，これらの事柄や検察官とのやりとりを，弁護士に委託することも認められている（この弁護士を公費で選定することも可能）．

同年より，**損害賠償命令制度**も実施されている．実際に被った被害の賠償を求めるために，犯罪被害者自らが民事訴訟を提起するとなると，費用や証拠調べなど，相当の負担が必要となってしまう．本制度はこうした負担を軽減するために導入された．故意で人を死傷させた罪などの事件で，被害者などの申立てに応じて，訴訟内で損害賠償に関する審理を同時におこない，被告人が有罪の場合には，裁判官が有罪判決と同時に，被告人に対して損害賠償の命令を出すことができるという制度である．

コラム　裁判所へ行こう

　最近ではテレビドラマで法廷のシーンを見る機会も多いが，やはり一度は裁判所に行って，実際の裁判を傍聴することをお勧めする．裁判は公開の法廷でおこなうことになっているため，誰でも自由に傍聴できる．事前の連絡も不要である．ただし，傍聴希望者が多い事件の場合，決められた時間と場所に出向き，抽選や先着順で傍聴券を入手する必要がある．

　まずは，地方裁判所の刑事事件の傍聴をおすすめする．事前に裁判所ホームページの「見学・傍聴案内」(http://www.courts.go.jp/kengaku/saibansyo_joho/index.html) と「所在地・電話」(http://www.courts.go.jp/map_tel/index.html) をみて，行き方などを確認しておくとよいだろう．裁判所へは，平日の午前10時から午後4時くらいに行くとよい．

　裁判所の規模により多少異なるが，刑事事件だけでも1日に複数の裁判がおこなわれている．裁判所の玄関あるいは1階のロビーなど「開廷表」があるのでまずそれを探そう．開廷表に記載されている内容は，事件・法廷の場所・時間・手続の段階などである．刑事事件は犯罪名が記載されているので見分けやすいだろう．手続の段階に「新件」

「審理」「冒頭手続」「証拠調べ」の記載があるものがお勧めである.
　なお，常識の範囲内であれば，とくに服装に気をつける必要はない．法廷への出入りは自由だが，静かにおこなおう．法廷内での飲食は禁止されている．写真撮影や録音はできないので注意しよう．

③ 裁判における新たな動向
──司法制度改革と裁判員制度──

（1）　司法制度改革と国民の司法参加
司法制度改革

1980年代以降．司法制度に対し厳しい目が向けられるようになった．司法制度は敷居が高く，国民に開かれていない，わかりにくく，国民が利用しづらい，社会・経済の急速な変化に迅速性や専門性の点で対応しきれていない，行政に対するチェック機能を十分果たしていない，などである．そこで，社会の変化を視野に入れつつ，制度利用者である国民の視点に立った司法の制度改革を実施すべく，2000年代に司法制度改革が実施された．これまで利用しづらいと批判されてきた司法制度や法律専門職のサービスに国民のアクセスを容易にするための制度設計や，法科大学院制度を柱とする法曹養成制度の改革と並び，司法制度改革の重大な柱と扱われた論点が，司法への国民の参加推進であった．とくに，裁判過程に国民が参加することによって，裁判内容に国民の健全な社会常識をより反映させること，そしてそのことによって国民の司法に対する理解や支持が深まり，裁判に対する国民の信頼が高まることが期待された．この期待に応えるべく導入された制度が，**裁判員制度**であった．

陪審制度と参審制度

諸外国では，市民が司法に参加する制度がすでに定着している．こうした制度は，**陪審制度**と**参審制度**の2つに大別される．

陪審制度は，アメリカやイギリスなどのコモン・ロー諸国で古くから実施されてきた制度であり，州や国ごとに異なる点も多いが，基本的には次のような制度である（陪審制度は民事・刑事問わず用いられるが，ここでは刑事裁判に限定して説明する）．**陪審員**は事件ごとに一般市民から無作為で選ばれる．裁判官は訴

表5-2 日本の裁判員制度と各国の制度比較

	日本	アメリカ	ドイツ	フランス
制度	裁判員制度	陪審制度	参審制度	参審制度
市民の任期	事件ごと	事件ごと	5年	重罪院の開廷期（2-3週間）
対象事件	法定刑が死刑・無期刑を含む犯罪，1年以上の自由刑で被害者死亡の故意犯	被告人の選択による（州によっては軽微な犯罪を除く場合あり）	法定刑が1年以下の自由刑の犯罪を除くすべての犯罪	無期刑，10年以上の有期自由刑に該当する犯罪
評議の構成	裁判官3人	陪審員12人（6人，8人の州あり）	裁判官1人（地方裁判所大刑事部では3人）	裁判官3人
	裁判員6人		参審員2人	参審員9人
評決方式	過半数（裁判官1人・裁判員1人以上が参加）	全員一致（被告人に不利な判断をする場合2/3以上の過半数とする州もある）	過半数（被告人に不利な判断をする場合には2/3以上必要）	過半数（被告人に不利な判断をする場合には2/3以上必要）
量刑への市民関与	関与する	原則関与せず	関与する	関与する

訟指揮に専念し，審理終了後，陪審員に対して事件に関する法律事項について説示をおこなう．その後，陪審員だけで事実認定とその事実に対する法令の適用について評議をした上で，有罪か無罪かの評決を下す．評決は，原則として全員一致で成立する．有罪評決の場合，裁判官が量刑をおこない，陪審員は量刑には原則として関与しない．

参審制度は，ヨーロッパ諸国で利用されている制度である．**参審員**は任期制である国が多く，市民の中から選ばれた参審員が裁判官と一緒に審理をおこなう．審理終了後も，事実認定，法令の適用，量刑について評議をおこなう．評決については多くの国で過半数である．

日本では，実は1928年に陪審法が制定されていた．ただし，被告人が陪審利用を辞退する，裁判官が陪審員判断に拘束されないなど問題も多く，戦争の影響もあり，1943年に陪審法は施行停止となった．その後，国民の司法参加に関して，陪審制度と参審制度のどちらを導入するかで長年議論が紛糾していたが，司法制度改革審議会を経て，2004年に**裁判員の参加する刑事裁判に関**

する法律（裁判員法）が成立し，2009年5月21日に施行されたのである．

（2） 裁判員制度
制度の対象となる裁判

　裁判員の参加する刑事裁判は，第一審（地方裁判所）でおこなわれる刑事裁判においてのみ実施される．したがって，控訴審や上告審でおこなわれる刑事裁判については裁判官のみでおこなわれる．裁判員の参加する刑事裁判の対象となる事件は，① 死刑，または無期の懲役・禁錮にあたる罪にかんする事件（たとえば殺人罪，強盗致死傷罪，現住建造物等放火罪など）か，② 法定刑が1年以上の懲役・禁錮にあたる罪にかんする事件のうち，故意の犯罪行為により被害者を死亡させた事件（傷害致死罪，逮捕監禁致死罪，保護責任者遺棄等致死罪，危険運転致死罪など）である．ただし，裁判員などに危害が加えられるおそれや，生活の平穏が著しく侵害されるおそれがあるために，裁判員の確保が困難となってしまった事件は対象事件から除かれることになっている．また，2015年の裁判員法改正で，判決が出るまでに著しく長期に及ぶことが想定される事件についても，対象外となった．

裁判員の選出方法

　毎年9-10月にかけて，各地方裁判所が，翌年1年間の裁判員候補者となる者を選挙人名簿から無作為抽出で選ぶ．なお，選挙権は18歳以上であるが，裁判員については，当面の間20歳未満は対象外とされている．選ばれた裁判員候補者は，裁判員候補者名簿に登録され，本人にその旨が通知される．

　通知の際に，裁判員になれない者や，辞退を希望する者を調査するために，調査票が送付される．まず，以下の事由に該当する者は裁判員になることができない．① 欠格事由（義務教育を修了しない者，禁錮以上の刑に処せられた者など），② 就職禁止事由（一定の公務員，法曹など法律関係者，警察官など），③ 事件に関連する不適格事由（被告人・被害者の関係者，事件関与者など）である．つぎに，裁判員法の規定する辞退事由に該当する者は，裁判員となることを辞退することができる．たとえば，70歳以上，つねに通学する学生，過去5年以内に裁判員になったことのある者，介護・養育にあたっている者，非常に重要な用務にあたっていて，自ら処理しなければならない・日時を変更できない者，など

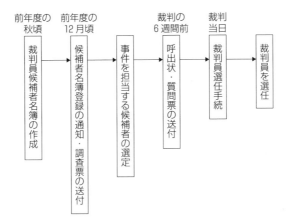

図 5-4　裁判員選任までの過程

の理由がある者が挙げられている．

　裁判所は，事件ごとに候補者名簿の中から，その事件を担当する裁判員候補者を選び，辞退希望があるかを問う質問票と併せて，呼出状を送付する．辞退を希望する場合，質問票に理由を記載して返送し，それが裁判所によって認められたならば，裁判所に出頭する必要はない．一方，辞退希望のない者や質問票の記載からでは辞退が認められなかった候補者は，呼出し日時に裁判所に出頭することになる．なお，病気などの正当な理由があるときや，大規模災害で被災したときなどを除き，呼出しに応じない場合には過料が課せられることになっている．

　裁判員候補者は，公判初日の午前中に裁判員選任手続に臨む．この手続では，事件を担当する裁判官，検察官，弁護人が出席し，裁判長が裁判員候補者に対して不公平な裁判をするおそれがないかを確認するための質問をおこなう．質問の答えを参考に，検察官，弁護人はそれぞれ4人を限度に不選任を申し立てることができ，その場合，その候補者は不選任となる．裁判開始後も，検察官・被告人・弁護人は裁判員の解任を請求することができる．この請求に対して，裁判所は解任するかどうかを決定することになる．

　また，裁判の審理日数が長引くおそれがある場合や，裁判員の病気などの突発的事情に備えて，あらかじめ補充裁判員を選任することができる．もし，裁

判員に欠員が生じた場合，決められた順序にしたがって，補充裁判員が裁判員に選出されることになる．

裁判員の参加する刑事裁判の構成と進行

　裁判員の参加する刑事裁判は，原則として裁判官3人と裁判員6人の合議体で構成される．ただし，被告人が事実関係を争わない事件で，裁判所が相当と認めた事件については裁判官1人，裁判員4人の合議体で取り扱うことも可能である．裁判員は，裁判官と一緒に，事実の認定，法令の適用，量刑をおこなう．ただし，法令の解釈についての判断は，裁判官のみでおこなう．

　裁判員に対しては，1日あたりの日当と交通費が支給される．また，遠方に在住する者に対しては宿泊費が支給される．

　裁判員の参加する刑事裁判の公判は，裁判員の日常生活に支障のないようにという観点から，連日開廷される．公判では，裁判員は裁判官とともに証拠調べをおこなうことになる．そのため，裁判員は，証人尋問，被告人に対する質問，被害者に対する質問をすることができる．証拠の評価については，裁判官と同様，裁判員も自由な心証によって判断してよい．

　公判終了後，裁判官と裁判員は別室に移って評議をおこなう（公判途中で中間評議を開き，論点整理などをおこなう場合もある）．評議は非公開である．評議の内容は，被告人が有罪か無罪か，もし有罪であれば量刑をどうするかについてである．裁判員は，評議において，裁判官と同じ立場で意見を述べることができる．評議の結果，全員の意見が一致すればその意見通りに判決が下される．しかし，意見が一致しなかった場合，基本的には多数決で判断することになる．ただし，被告人を有罪とするためには，少なくとも裁判官の1人以上および裁判員1人以上が賛成する意見によらなければならない．たとえば，裁判員5人が被告人を有罪とし，裁判員1人と裁判官3人が無罪とした場合，5対4で被告人有罪の意見が多数となるが，裁判員・裁判官双方の1人以上の意見を含んでいないため，被告人は無罪ということになる．

　被告人を有罪と判断した場合，今度は量刑について判断することになる．裁判員法上，量刑について意見が一致しなかった場合の判断は，次のようになる．まず，被告人にとって最も不利な判断をした者から最も有利な判断をした者までを順番に並べる．そして，最も不利な判断を唱えた者から上記の順番で1人

図5-5　裁判員裁判用法廷（釧路地方裁判所）

（出典）「裁判員制度ナビゲーション」最高裁判所，2008年．

ずつ足していき，過半数の人数となった時点で，最後に足した者が唱えた判断を量刑とするというやり方である．

　裁判員は裁判官とともに判決を宣告する．なお，裁判員は担当した事件について**守秘義務**が課せられ，違反すると六月以下の懲役又は五十万円以下の罰金に処せられる．

　なお，連続殺人のように被告人が複数の事件で起訴された場合に，裁判員の負担を軽減するために**部分判決制度**が導入されている．まず，事件ごとに裁判を区分し，この区分ごとに個別に裁判員を選任して**区分審理**をおこなって，事実認定と有罪・無罪の部分判決を出す．すべての区分審理終了後に，新たに裁判員を選任して，残りの事件の事実認定と有罪・無罪を判断した上で，これまでの部分判決とあわせて量刑を決定する手続である．なお，各区分審理の裁判員と異なり，裁判官はすべての事件の審理・裁判に関与する．

（3）　世論の動向や制度の評価など

　裁判員制度の実施状況について，裁判所のホームページに詳しく紹介されている（http://www.saibanin.courts.go.jp/topics/saibanin_jissi_jyoukyou.html）．2017年8月までの時点で，裁判員候補者に選定された人数は，99万7353人，そのうち実際に選任された裁判員の数は5万8357人（補充裁判員1万9855人）である．

毎年約8000人以上の国民が裁判員として選ばれていることになる．裁判員裁判の平均審理期間は9.0日であった．

2016年度の国民意識調査では，裁判員として刑事裁判に参加したいか問うたところ，8割以上の者が「あまり参加したくないが，義務であれば参加せざるを得ない」「義務でも参加したくない」と否定的な回答をしている．とくに女性や年長者は9割近くが否定的である．他方で，実際に裁判員を経験した者への意識調査（同年度）をみると，参加した感想として9割以上の者がよい経験であったと評価しており，審理の理解のしやすさに対しても「わかりにくかった」と答えた者が2％程度と，比較的良好な結果が出ている．

裁判員裁判が着実に浸透している一方で，いくつか課題も見え始めている．
1）負担の問題．2016年の段階で，裁判員の辞退者率が約64％，選任手続の欠席率が約35％となっている．これらの数字は制度開始時より増え続けており，やはり審理日数の増加が影響していることが最高裁の調査により明らかとなっている．裁判員の負担を減らすことは必要であるが，他方で，安易に審理日数を短縮することは事案の真相を明らかにするという刑事訴訟の本質を損なうことになりかねないため，非常に難しい問題であろう．

また，強盗殺人事件の裁判で裁判員となった女性が，殺害現場の写真を見たために急性ストレス障害になったとして，2013年に国に損害賠償を求める訴訟を提起し，認められたという例がある．証拠で陰惨な資料が出てくる事件の場合の裁判員の辞退や負担軽減策などを考慮する必要もあろう．この点で，現在では，遺体の写真をイラストで代用するなどの取り組みもおこなわれている．
2）判決内容の問題．裁判員制度では，量刑が犯罪被害者の心情や裁判員の個人的感情に左右され，量刑がばらついたり，重くなったりしているのではないかという懸念が存在する．2012年の最高裁の調査では，殺人・強盗などの主要8犯罪のうち，殺人未遂・性犯罪・傷害致死・強盗致傷の各罪で，裁判員裁判の方が，量刑が多少重くなる傾向がある，という結果が出ている．

裁判員裁判では，検察官の求刑を上回る判決が増えていることも指摘されている．実際に求刑の1.5倍の判決が出た事案において，最高裁は，過去の量刑傾向を前提に評議を進めるべきであり，求刑を上回るような量刑を出すのであればその具体的・説得的根拠を示すべきであるとして，刑を減軽している（最

一小判平成 26・7・24 刑集 68・6・925)．裁判の公平性と，市民感覚の反映という裁判員制度の趣旨とをどのように両立させるべきなのか，今後も検討が求められているといえる．

　これら以外にも，裁判員制度については多くの問題点が指摘されている．ただ，アメリカの陪審制が市民の公共心や民主主義の精神の涵養に役立っていると評されるように（A. トクヴィル『アメリカのデモクラシー第 1 巻（下）』182-91 ページ，岩波文庫，2005 年），裁判員制度は，「国民により身近な司法」という目的に近づくのみならず，どちらかといえばお上まかせの意識が強かった日本人に，公共精神と社会への積極的な参画を呼び覚ます契機を有している制度であることに留意すべきであろう．よって，関係者による問題点の改善の努力とともに，国民の側にも長期的な観点から裁判員制度を「育てていく」という意識が求められていると考えるべきであろう．

●●● さらなる学習の手引き

① 市川正人・酒巻匡・山本和彦『現代の裁判　第 7 版』（有斐閣，2017 年）．
② 長沼範良・田中開・寺崎嘉博『刑事訴訟法　第 5 版』（有斐閣，2017 年）．
③ 原田國男『裁判の非情と人情』（岩波新書，2017 年）．
④ 今村核『冤罪と裁判』（講談社現代新書，2012 年）．
⑤ 井上薫『はじめての裁判傍聴』（幻冬舎新書，2007 年）．
⑥ 映画『それでもボクはやってない』（周防正行監督・脚本，2007 年）．

第6章

社会法へのアプローチ

1 職業生活の法ルール

（1） 労働条件と憲法・労働法

　憲法25条は国民に「健康で文化的な最低限度の生活を営む権利」を保障しているが，この**生存権**を雇用生活の場（職場）において具体的に実現するために，同27条1項は国民に勤労の権利（労働権）を保障し，同条2項は賃金，就業時間，休息その他の勤労条件（労働条件）に関する基準は法律で定めることとして，労働基準法や最低賃金法，男女雇用機会均等法，育児・介護休業法等の労働条件内容を定める種々の法律（これらを総称して「**労働法**」と言う）が制定されている（レファレンス：生存権については第1章2(1)，(2)，(4)参照）．

　労働条件内容を規律する基本法である**労働基準法**は，法定基準に達しない労働条件を定める労働契約の当該部分を無効とし，無効となった部分を労基法基準で置き換える効力（強行的直律的効力）を有する．労働条件は契約内容であるから，市民法の基本原則の1つである**契約自由の原則**のもとで，労使当事者はその意思に基づいて自由にその内容を決定・変更することができるはずである．しかし，労使間において使用者が経済的優位にあることは明らかであり，契約交渉における非対等性は否定できない．このような非対等な関係において契約自由の原則を認めることは，経済的強者である使用者による労働条件の一方的決定と労働者に不利な労働条件決定を容認することにつながる．国は，このような労使の現実の力関係を直視して，労働者の生存権保障の観点から，法律で個別契約内容の最低基準を定め，この限度で契約自由の原則を修正したのである．労基法は，「労働者が人たるに値する生活を営むための必要をみたすべき

（1条）」労働条件を定めたものにほかならない．

　これに加えて，憲法28条は，勤労者（労働者）の「団結する権利及び団体交渉その他の団体行動をする権利」を保障した．契約内容である労働条件交渉における労使の交渉力の非対等性（交渉力格差）を踏まえて，労働条件交渉における対等性を確保するために，労働者に**労働基本権（団結権，団体交渉権，ならびに団体行動権）**が保障されたのである．団結権とは具体的には労働組合を結成する権利であるが，労働組合に労働条件交渉をおこなう権利（団体交渉権），労働組合としての諸活動やストライキをおこなう権利（団体行動権すなわち組合活動権・争議権）が保障されることによって，労働条件は集団的なレベルで自治的に決定できる仕組み（労使自治）が整えられた．これを具体化した法律が，**労働組合法**や労働関係調整法である．

　このように，国は，雇用生活の基本となる労働条件について労基法や育児・介護休業法等の多数の法律によってその最低ラインを定めて，その履行遵守を確保する措置を講じ，併せて労組法等によって労働組合という労働者の自治的組織によってこの最低ラインを上回る労働条件を自治的に獲得することを可能とする，労使自治による労働条件決定・変更のための法制度を用意しているのである．

（2）　労働条件と就業規則・労働協約

　労働条件は，個別的なレベルでは，労基法等の法律の定める労働条件基準の範囲内で，個々の労使の合意である労働契約によって決定・変更できるが，集団的なレベルでは，就業規則と労働協約によって決定・変更される法システムが採られている．

　わが国では，個々の労働契約によって労働条件を決定・変更するのではなく，採用時もしくは採用後に提示される当該企業の**就業規則**の内容が労働契約の内容として受け入れられている．就業規則は，歴史的には，明治時代の官営工場における工場規則（職工の雇用・就業管理のための規則）を始めとして，多くの企業で作成・運用されていたが，1926（大正15）年の改正工場法施行令によって法規制の対象とされ，現在は労基法において，労働者過半数代表から意見聴取して就業規則を作成し，これを行政官庁へ届出，従業員へ周知させることが使

用者に義務付けられており，就業規則基準に達しない労働契約に対する強行的直律的効力等が定められている（同法89条以下）．すなわち，労基法は，使用者に就業規則によって職場の基準的労働条件を設定することを要求し，それを通じて職場における労働条件が明確化されることを図っている．このような法制度のもとで，就業規則が，事実上労働条件を決定・変更する機能を果たしている．

　この就業規則の法的効力（法的性質）をどのように理解すべきかについては，学説・裁判例上，明治期・戦前から現在まで，きわめて多岐にわたる論争が繰り広げられてきており，共通理解が得られていない．そこで，2007年制定の労働契約法は，最高裁判例を成文化するとして，労働契約を締結するさいに，合理的な内容の労働条件を定めている就業規則を周知させていた場合には，その就業規則の労働条件が労働契約の内容となる（同法7条），また，就業規則を変更して労働条件を不利益に変更する場合であっても，それが周知されており，不利益の程度や変更の必要性等に照らして合理的なものであれば，それによって労働契約の内容が変更される（同法10条）と定めるに至った．この結果，裁判実務上は一応の決着をみることになったが，使用者の一方的決定・運用が可能な就業規則に，立法によって法的拘束力が与えられたために，学説上の議論はなお収束していない．

　労働協約は，労働組合と使用者との間の書面協定であるが，協約に定める労働条件基準に違反する労働契約の部分を無効にし，無効部分を協約基準で規律する規範的効力を有する（労組法16条）．すなわち，労働者は労働組合を通じて労働条件交渉を行い，達成した合意内容（労働協約）が，組合員それぞれの労働契約の内容となるのである．

　ただし，わが国の**労働組合**の現状は深刻である．労組の推定組織率は1949年（昭和24年）の55.8％をピークに，その後低落の一途をたどり，2013（平成25）年は17.7％にまで落ち込んでいる．労組の衰退の背景には，戦後から今日に至るまでの，産業構造の変化や就業形態の多様化，労働者の価値観の多様化等のさまざまな事情を認めることができるが，この結果，労働条件の決定・変更について労働協約の果たす役割は，決定的に縮減した．これは，労働組合による自治的な労働条件の交渉・設定を予定する，現行の法制度が機能不全に

陥っていることを示すもので，近年では，労働組合に代わる労働者利益を代表する組織の制度化（**従業員代表法制**）の是非をめぐる議論が活発化してきている．

コラム プロ野球選手のストライキ！

> 2004年9月18-19日，**労働組合日本プロ野球選手会**は，プロ野球史上初めてのストライキを決行した．近鉄とオリックスの球団合併問題やセ・パ2リーグ制から1リーグ制への移行問題等をめぐる選手会（日本プロ野球選手会）と球団側（日本プロフェッショナル野球組織：**日本野球機構**）との話し合いが決裂した末のストライキである．ストライキに至るまでの選手会と球団側との交渉の推移を，マス・メディアは連日のように大きく取り上げ高い社会的関心を集めたが，この間，球団関係者による発言（選手会を労働組合と認識していない，ストを実施すれば損害賠償を請求する等）が伝えられるに及んで，あっけにとられてしまった人も多い．すでに1985年に選手会は東京都地方労働委員会により，**労働組合法上の労働組合**として認定されており，その後，曲がりなりにも（団体交渉拒否を理由とする**不当労働行為**の申立等がなされたが）球団側との交渉を重ねてきていた．また，正当なストライキ（同盟罷業）は，憲法28条の保障する**争議権**の行使として，原則として損害賠償責任を課せられないのである（労組法8条）．
>
> ただ，プロ野球選手の「労働者」該当性については違和感があるかもしれない．プロ野球選手は，一般企業の従業員と異なり，税制面では給与所得者ではなく事業所得者として取扱われ，また年間数億円に上る高額の年俸報酬（大卒男子の生涯稼得賃金は企業規模間の格差はあるが約2.5億円から3億円程度）を得ているからである．しかし，前者は課税事務手続き上の措置に過ぎず，後者のような高額年俸の選手はプロ野球選手全体のなかのほんの一部でしかない．プロ野球選手は，所属球団から日程・場所等の指示を受けて興行（試合や各種イベント）をおこなう点で，その労働力として球団組織に組み入れられているので，年俸等の契約内容（労働条件）を団体交渉によって決定することが適切であるから，労組法上の「労働者」（同法3条）に該当する．なお，労基法上の「**労働者**」（同法9条）は，職業の種類を問わず事業に使用される者で賃金（労働の対償）を支払われる者であるが，プロ野球選手がこれに該当するかについては，一般に，否定的に解されている．

② 労働条件の法ルール

(1) 職業生活の開始：採用内定，試用

雇用関係は使用者による採用（労働者側からいえば就職）に始まるが，新規学卒者については，通常，在学中に採用内定手続きが採られている．**採用内定**は，

その文言に従えば，採用することを「内定」したものであり，正式の採用行為（労働契約の締結）とは異なる事実上の手続きにすぎない，といわれるかもしれない．しかし，最高裁（大日本印刷事件・最二小判昭54・7・20民集33・5・582）は，多様な内定実態に即した判断が必要であるとしたうえで，採用内定は使用者による内定通知によって**解約権が留保された労働契約**が成立する，との判断を示している．通常は在学中である内定者の法的利益の保護を図るためである．したがって，使用者の**内定取消**は，留保解約権の行使にあたり，この留保解約権の行使には，客観的合理的な理由が必要であり，社会通念上の相当性が要求される（解雇の適法性についてのルールが類推されている）．経営上の見込み違い等，使用者の勝手な事情で内定取消しはできないのである．近年では，企業間の申し合わせで10月1日が内定開始日とされているので，これ以前の内定は「内々定」と呼ばれており，内定とは異なる手続きであることが強調されることが多い．しかし，「内々定」についても，場合によっては，その取消について内定取消と同様の規制が及ぶ可能性がある．なお，内定者には退職の自由があるので，**内定辞退**は可能である．

また，採用（企業への入社）後，適格性判定のために試用期間が設けられることがある．最高裁（三菱樹脂事件・最大判昭48・12・12民集27・11・1536）は，**試用**を**解約権留保付労働契約**と解しており，試用期間中の解約や期間終了後の**本採用拒否**（留保解約権の行使）には，試用期間を設けている趣旨に即した，客観的合理的理由と社会通念上の相当性が必要であるとされている．

（2） 職業生活の展開――① 労働条件としての賃金，労働時間――

労働契約は労働者による労務の提供（労働）とこれに対する使用者による賃金支払いの約定である（諾成・不要式の双務契約）．すなわち**賃金**は労働契約の基本要素であり，労働者の経済的生活を支える基本的労働条件である．そこで，労基法24条は，その支払いを確実にするために賃金支払いの4原則を定めた．**通貨払いの原則**，**直接払いの原則**，**全額払いの原則**，**毎月1回以上・定期日払いの原則**である．賃金の額については，**最低賃金法**により，各都道府県の最低賃金審議会が定める最低賃金額に達しない賃金を定める労働契約部分を無効として，最低賃金額と同額の定めをしたものとみなされる（同法4条）．しかし，

賃金制度（賃金支払の仕組み）については，労働契約で自由に決定できるので，時間給でも日給でも月給でもよいし年俸制を採ってもよい．近年では，従来一般的であった年功主義的賃金制度から**成果・業績主義的賃金制度**への移行が進んでいるが，後者については，成果・業績評価の公正さをいかにして担保できるのかが，企業実務上の重要な課題となっている．

賃金とならぶ基本的労働条件が**労働時間**である．労基法 32 条は，労働時間の上限を **1 週 40 時間，1 日 8 時間（法定労働時間）** としている（ただし，零細な商業・サービス業については，特例として 1 週 44 時間）．労基法の規制対象となる労働時間は，明文の定義規定はないが，一般に，労働者が**使用者の指揮命令下に置かれている時間**と解されている．したがって，所定の始業時から終業時までの間に作業に従事している時間はもちろん，その前後の準備，後片付けに要する時間が使用者の指揮命令下に置かれた時間であるかぎり，労基法上の労働時間にあたり，実際に作業に従事していないが待機している時間（手待時間）も，使用者の支配下にあって自由を拘束されているので労働時間である．1 日の始業・就業時間帯のなかで，労働者が自由を拘束されていない労働から完全に解放されている時間が**休憩時間**である．

労基法は，労働者の自由に対する使用者の拘束を制限するために労働時間の上限を規制しているが，使用者側の業務上の必要性等に応じて，この規制の弾力的な運用を可能にする制度も設けている．第 1 に，法定労働時間を超える所定時間外労働（残業）が，一定の要件のもとに許容される．労働者の過半数代表（過半数労働組合，これがない場合には過半数代表者）との書面協定（労基法 36 条に基づくので**三六協定**と呼ばれる）による時間外労働の許可がその代表的なものである．この場合，時間外労働に対して割増賃金（25％増）の支払いを要する．最近，企業規模を問わず多くの企業で摘発されている**サービス残業**は，このような手続きを採らない賃金不払い残業のことである．第 2 に，業務の繁忙等に対応して，一定期間内（1 カ月以内，1 年以内，1 週間単位）の週平均労働時間が法定労働時間を超えないことを条件として，1 週あるいは 1 日の法定労働時間を超えることを許容する**変形労働時間制**を採用することができる．第 3 に，ホワイトカラーの仕事の進捗度合いは必ずしも労働時間量と比例するわけではないので，1 日 8 時間あるいは週 40 時間という規制時間数の算定をみなし計算

する**裁量労働制**を利用することもできる（**みなし労働時間制**）．実際に働いた時間ではなく，研究開発等の高度に専門的な業務（**専門業務型**）については労働者過半数代表との労使協定により，企業の中枢的な業務（**企画業務型**）については労使委員会の決議により，あらかじめ定めた時間数を働いたものとして取扱うことが許容される．この制度は，労働した時間ではなく労働による成果・業績にもとづいて評価・処遇する成果主義的な人事雇用管理に対応した制度として，肯定的に評価される．他方，この制度は，事実上，労働時間規制を受けない働き方を認めることにもなるので，働きすぎ，過労による健康障害をもたらす一因になる等の強い批判も受けている．

週休制は1週間単位で，年次有給休暇制度は1年単位で，労働時間を規制する制度ということもできる．労基法は，使用者に毎週1回の**休日**の付与（35条）と，一定要件を充足した労働者に最低10日の**年次有給休暇（年休）**の付与（39条）を義務付けている．

多くの企業では週休2日制を採用しているが，労基法は週休1日制のままである．**週1日の休日（法定休日）**についても，業務の繁忙時に前掲の三六協定により休日労働（休日出勤）が許容される（ただし割増率は35％）．

年休の権利は，労働者が6カ月間継続勤務し，全労働日の8割以上出勤した場合に発生し，継続勤務年数に応じて逓増する（最大20日）．労働者は取得日数分の年休の具体的期日を自由に指定することができる（**時季指定権**）．これに対して，使用者は「事業の正常な運営を妨げる場合」にはこれを拒否できる（**時季変更権**）こととして，労使の利益調整が図られている．年休制度は，労働者に仕事から解放されて自由に社会的，文化的な活動を行う時間を保障するものであるから，そもそも1日単位の年休は制度趣旨にそぐわないが，制度上は分割指定も可能であり，わが国では病気休暇の制度がない等のために実際にはコマ切れ年休取得が多く，その上，年休消化率は5割に満たない状態が続いている．このような状況に対応すべく，労働者過半数代表との書面協定により，あらかじめ年休期日を特定して年休の取得促進を図る**計画年休**制度（労基法39条5項）が設けられている．しかし，年休の取得は進んでおらず，労働者の休暇に対する権利意識の希薄さや年休を取得しにくい職場環境が改善されていない等，簡単には解決できない多くの問題がある．

近年,少子化・高齢化は急速に進行しているが,**育児休業・介護休業制度**は,育児や家族の介護の責任を負っている労働者に一時的に休業し,一定期間経過後に復職する制度として創設され,着実に普及してきた.育児や介護の負担のために職業生活の継続を断念しないように,職業生活と家庭生活との調和を図るための制度である.いずれの制度も,現在では立法化され(**育児・介護休業法**),共に家庭責任を負うべきであると考えられている男女労働者双方に,育児や家族介護を理由とする休業を取得する権利が保障されている.また,育児休業,介護休業の申出,取得を理由とする解雇その他の不利益取扱は禁じられている.ただし,性別役割分業意識が簡単には払拭されていない現状では,男性労働者の制度利用はきわめて低く,制度運用上の大きな課題となっている.

(3) 職業生活の展開──②**人事異動(配転,出向・転籍,人事考課)**──

日本では,企業内人事異動である配置転換(配転),企業間人事異動である出向・転籍は,多くの企業で日常的に行われている.**配転**には,勤務地が変更される場合(転勤)と仕事内容が変更される場合(異職種配転)とがあるが,いずれも重要な労働条件である労働の場所,労働の内容の変更にほかならない.したがって,配転(例えば遠隔地への転勤や単身赴任)により,労働者に大きな生活上,経済上の不利益等が生じる場合には労使間でトラブルが生じることになる.しかし,これまでの長期雇用慣行(いわゆる**終身雇用慣行**)のもとでは,配転を通じた人材の適正配置,職業能力の養成,昇進・昇格,雇用調整等,配転は人事雇用管理上きわめて多様な機能を果たしてきているので,この現実を前提として裁判所は次のようなルールを定立している.すなわち,配転命令は労働契約や就業規則等にその法的根拠がなければならず,また使用者に**配転命令権**が認められたとしても,配転に業務上の必要性がないとき,それが他の不当な動機・目的(組合差別や性差別等)によるものであるとき,あるいは,労働者に甘受しがたい重大な不利益を負わせるときには,**権利の濫用**として無効となる(東亜ペイント事件・最二小判昭61・7・14判時1198・149).使用者の業務上の必要性と労働者の被る不利益とを比較衡量して,労使の利益調整が図られるのである.

出向は,労働者が雇用された企業(使用者)の従業員としての地位を保持し

たまま，企業グループや系列関係にある別企業のもとで就労することであり（**在籍出向**），**転籍**は，従業員としての地位を別企業に移すことである（**移籍出向**）．出向・転籍は，企業グループ間等での人材育成，業務提携，雇用調整等，配転と同様に人事雇用管理上の有用性のゆえに広く活用されている．しかし，出向には，民法625条により当該労働者の同意が必要になる．労働契約上の労務を提供する相手方が変更されるからである．問題となるのは，この同意が個別的，具体的な同意でなければならないのか，一般的，抽象的な同意で足りるのかである．裁判例や学説の見解には対立があるが，最近の最高裁判例では，労働協約や就業規則等の定めにより出向による労働条件上の不利益が大きくないような措置が採られているときには個々の労働者の同意を不要とする判断が示されている．転籍は，元の企業との労働契約関係を解消して転籍先と新たな契約を結ぶのであるから，当然に労働者の個別の同意が必要である．

　多くの企業では，**人事考課**を通じて，**昇給・昇格・昇進**等の処遇が決定される．人事考課は企業（使用者）の専権的な人事権にもとづくといわれたりするが，現行法上は人事権という権利は存在せず，これは人事（採用，配置，賃金処遇等）に関する使用者の裁量権を指す用語である．したがって，昇給・昇格・昇進等の人事上の措置はこの裁量権の行使にあたり，恣意的な人事措置は**裁量権の濫用**として許されない（民法90条により，公序良俗に反する法律行為は無効）．また，当然のことながら，均等待遇原則（労基法3条）や男女同一賃金原則（労基法4条），労働組合活動を理由とする不利益取扱の禁止（労組法7条），男女雇用機会均等法等の強行法規に違反するものであってはならない．

（4）　職業生活の終了――**定年，解雇**――

　期間の定めのある雇用（**有期雇用**）については，期間満了により雇用関係は終了する（ただし，**反復更新されている有期雇用**については解雇権濫用法理の類推適用があるので，期間満了によりただちに終了するわけではない）．**期間の定めのない雇用**（いわゆる正社員の雇用）については，一般に，一定年齢に達したことにより契約が終了する制度（**定年制**）が設けられている．定年制については，高年齢者雇用安定法により定年年齢が60歳を下回ることは禁止されている（同法8条．なお，同9条は，近年の高齢化の急速な進行のもと，高齢労働者の雇用機会の確保を図

るために，企業に65歳までの雇用確保のための措置をとるべき義務を課している）．ただし，この制度は，労働者の意思や能力とは無関係に年齢のみによって一律に雇用関係を終了させるものであるから，不合理な差別（年齢差別）である，と批判されている点には注意する必要がある．

　使用者による解約権の行使が**解雇**である（労働者による解約権の行使は**辞職**という）．解雇は，労働者にその生活を支える経済的基盤を喪失させるだけでなく，社会生活上，さまざまな不利益をもたらす．そこで，労基法は，手続き的なルールとして，**解雇予告制度**（30日前の解雇予告またはこれに代わる予告手当の支払いを義務づける）を設けて，労働者が突然の解雇によって被るダメージを緩和し，解雇後の対応のための時間的余裕を確保する．

　また，実体的なルールとして，立法によって，一定の事由について解雇が禁止されている．たとえば，国籍，信条，社会的身分を理由とする解雇（労基法3条），組合活動を理由とする解雇（労組法7条），性差別的な解雇等（均等法6条）が禁止されている．しかし，これらは，特定事由についての断片的な解雇禁止であり，これまで，日本では解雇を禁止する一般的な立法はなく，解雇の適法性は，判例法としての**解雇権濫用法理**（解雇には**客観的に合理的な理由**が必要であり，解雇それ自体が**社会通念上相当**なものでなければならない）に委ねられてきた．ところが，判例法は裁判実務上の法ルールであり，社会一般の認知度は低いので，解雇法ルールの実効性が問題とされてきた．そこで，2003年の労基法の改正によって，この判例法としての解雇権濫用法理がそのまま明文化されるに至った（同法18条の2．現在は，2007年制定の**労働契約法16条**）．しかし，この条文からは禁止される解雇を具体的に知ることはできない．解雇の適法性判断は，個々のケースに応じて解雇の客観的合理的理由と社会的相当性が問われることになるので，解雇法ルールの明確性という点では，判例法の弱点はなお克服されていないのである．

　経済状況の変動による企業経営の悪化に対応するため，リストラ（事業の再構築）と称して人員整理（余剰人員整理解雇）が実施されることが珍しくない．しかし，日本には，**整理解雇**を規制する特別な立法はない．整理解雇も解雇の一種であるので，裁判所は解雇権濫用法理を適用してその有効性を判断してきたが，整理解雇は労働者側に帰責事由のない使用者側の経済的事由による解雇

であるので，通常の解雇とは異なる要件を確立してきた（いわゆる整理解雇の4要件）．すなわち，①人員整理を実施する経営上の必要性があるか否か，②解雇回避するための具体的措置を講じたか否か，③被解雇者選定（基準とその適用）について客観的合理性があるか否か，④労働組合等との協議，労働者への説明等を行ったか否か，を判断要素としている．これは，企業間競争が激化する社会経済状況のもとで，企業経営の状況を勘案しつつ労働者の利益を確保するためのルールである．

③ 多様な働き方と法ルール

（1） 雇用慣行と雇用形態の多様化——**正規雇用と非正規雇用**——

長期的な継続性を前提とした人事雇用管理が展開される雇用慣行（長期雇用慣行）における雇用モデルは，新規学卒者を対象とした採用内定・採用に始まり，一定の見習期間（試用），その後の一定部署への配属，さらに適宜の配置換え（配転，出向・転籍）と処遇の変更（昇進，昇格，降格）を伴う長期にわたる勤続の末に，一定年齢への到達によって終了する（定年制）．これが期間の定めのないいわゆる正社員の雇用モデル（**正規雇用モデル**）であり，新規学卒者を中心とした求職者の就職活動はこの正規雇用モデルを想定している．ところが，近年では，この雇用モデルとは異なる，主として期間の定めのある（有期雇用）パートタイム労働者や派遣労働者，契約社員等さまざまな雇用形態の，正規雇用に非ざる雇用すなわち**非正規雇用**が急激に増大して，雇用労働者の3分の1を超えるに至った．非正規雇用には，企業にとっては賃金その他の雇用コストの節減，雇用管理の簡易さにおいて，労働者にとっては雇用を得る機会の容易さ，雇用による生活拘束の自由さにおいて大きなメリットがあり，これが非正規雇用増大の一因となっている．この意味では，非正規雇用の増大は，その需要側と供給側の双方のニーズが合致した結果であるといえなくもない．しかし，非正規雇用でしか就労できない労働者の割合が急増したこともあって，正規雇用と比較して，雇用の安定を欠くこと（期間終了により雇用が終了する），就労実態とバランスを失する著しい賃金等の労働条件格差が，重大な問題として強く意識されるようになってきた．

(2) 非正規雇用――パートタイム労働者，派遣労働者――

パートタイム労働者は，近年では 1200 万人を超える（雇用労働者総数約 5400 万人の 2 割強）が，**労基法 9 条**にいう「**労働者**」（事業に使用される者で賃金を支払われる者）であるから，労基法その他の労働関係法規が適用され，さまざまな権利を享受できる（**アルバイト**も同様である）．しかし，簡便な採用手続きと不適切な雇用管理等によって労働条件内容等をめぐってトラブルが生じることが少なくない．そこで，1993 年に短時間労働者雇用管理改善法（いわゆる**パートタイム労働法**）が制定された．本法は，パートタイム労働者の適正な雇用管理を促す行政指導の根拠法規であるが，2007 年の法改正により，正社員との労働条件格差の問題への対応策として，正社員と同様の就労実態にあるパートタイム労働者（「**通常の労働者と同視すべき短時間労働者**」）の差別的取扱いの禁止を規定した．

派遣労働者は，**労働者派遣法（1985 年制定）**の定める特定業務について（ポジティブ・リスト），労働契約の相手方である使用者（派遣元企業）ではなく，使用者との間に労働者派遣契約を締結した企業（派遣先企業）の指揮命令下で就労する労働者である．労働者派遣法は，雇用と使用の法的分離（間接雇用）を許容するものであり，労働者の労働条件保護の点で重大な問題が生じるので，派遣元企業（労働契約の相手方）と派遣先企業の双方に労基法や労働安全衛生法等の使用者責任を共通にまたは分担して負わせることとした．しかし，1999 年法改正以降，雇用分野における規制緩和の一環として，法規制の原則が転換され，一定の業務以外は原則として派遣労働が可能となった（ネガティブ・リスト）．しかし，派遣先で指定業務以外の仕事に従事させられる等のトラブルも数多く発生し，また，近年はいわゆる日雇派遣が急増し，派遣労働がワーキング・プアの温床になっているとの社会的批判が強まり，民主党への政権交代後の 2012 年に派遣労働者の保護を強化するための法改正がおこなわれた（日雇い派遣の原則禁止，違法派遣の場合には，派遣先企業が労働者に直接雇用契約の申込みをしたものとみなす「みなし雇用制度」の創設等）．しかし，自民党が政権に復帰した 2013 年現在，使用者団体，業界等からの再度の規制緩和への強い要請を受けて，派遣労働の対象を拡大するための抜本的な法改正が企図されている．派遣労働の法規制の在り方をめぐる議論は混沌とした状況にあるが，派遣労働の

メリットを活かしつつ，そのデメリットをいかに抑えるか，建設的な議論を積み重ねる必要があろう．

　前述のパートタイム労働者，派遣労働者等の非正規雇用は，通常，有期雇用（有期労働契約）であるが，2012年の労働契約法の改正（18-20条）により，この**有期労働契約**について新たな法ルールが導入された．すなわち，(i)無期労働契約への転換（有期契約が反復更新されて通算5年を超えたときは，労働者の申込みにより無期契約に転換できる），(ii)「雇止め法理」の法定化（反復更新されている有期契約の雇止めが無期契約の解雇と社会通念上同視できる場合，また，期間更新に対する合理的な期待がある有期契約の場合には，雇止めに解雇権濫用法理を類推適用する判例法理を明文化する），(iii)不合理な労働条件の禁止（有期であることを理由とする不合理な労働条件の相違を禁止する）である．この法ルールは，パートや派遣等を含む，すべての有期雇用に適用されるので，その意義はきわめて大きい．しかし，2013年現在，(i)の修正を図る動きがみられるので，前述の労働者派遣法改正の動向と同様に，今後の推移に留意すべきであろう．

(3) ブラック企業と労働法ルール

　ブラック企業という用語が新聞紙上等で，しばしば取り上げられるようになった．もともとはネット上の若者用語のようであるが，労働者の権利や自由を侵害するだけでなく，その人格を否定・毀損する雇用管理をおこなっている，営利至上主義的な企業を指し，派手な拡大路線をとる飲食業界や流通業界等の著名な企業がその代表例として挙がっている．ここで語られる，過大・過重な業務負荷，恒常的な長時間労働，賃金不払いの違法な時間外労働（サービス残業），人間性を欠く雇用管理（ハラスメント）による苦痛と疲弊，自己都合退職の名のもとに余儀なくされる退職，そして精神的にボロボロな状態になったあげくの自死という痛ましいばかりの若者の雇用現場には呆然とするばかりである．ブラック企業は，拝金主義が蔓延する現代の病んだ雇用社会の現実を象徴するものであろう．本書で述べている労働法ルールが労使双方に正確に理解され適正に運用されていればありえないことが，常態化しているのである．ブラック企業にかかわるトラブルは，法的には裁判所による救済（司法救済）の対象であるが，現在では，より簡便に，行政的なサポート（各都道府県に設置され

ている労働相談所等の労働問題の相談・解決のための行政的な仕組み）によって，適切に労働者の利益を確保することができる．トラブルに直面したときに，これを解決・克服できるかどうかは，最終的には，労働者自身の自由・権利意識にかかっていることも忘れてはならない．

コラム　過労死・過労自殺と法的救済

　世は成果・業績主義の時代，仕事に追い立てられて病に倒れ死に至る**過労死**，あるいは精神に変調をきたして自らかけがえのない命を断つ**過労自殺**，いずれも今日の雇用社会が生み出した病理現象である．過労に起因した脳・心臓疾患（脳出血，くも膜下出血，脳梗塞，心筋梗塞，狭心症等）による死亡を**過労死**と呼んでいるが，動脈硬化等の本人の基礎疾患が悪化して死に至るので，使用者に労働災害補償責任のある「業務上」の疾病といえるのか（**業務起因性の有無**）が争われる．行政通達（平成13・12・12基発1063号）は，業務上の過重負荷のために労働者の基礎疾患がその自然経過を超えて著しく増悪して発症したことが必要であり，業務は相対的に有力な原因でなければならないとするが，時間外労働（残業）について，月45時間を超えて長くなるほど業務と発症との関連性が強まり，発症前の1月に100時間または2－6カ月に月80時間を超える場合はその関連性が強いとする数値的な基準を示している．

　自殺は故意によるので労災保険法上は原則として労災給付は行われない．しかし，**過労自殺**については，マス・メディアがこれを社会問題として大きく取上げ，自殺の業務起因性を認める裁判例も現れて，業務による心理的負荷によって精神障害を発症した者が自殺した場合には故意がなかったものと推定して業務上と認める行政通達（平成11・9・14基発544号・545号）が出されるに至った．

　このように，過労死，過労自殺については業務上災害に該当すると認定されれば労災保険法上の補償を受けることができるが，過労死，過労自殺に至るような状況をもたらしたことについて，使用者（企業）の法的責任（損害賠償責任）を追求する民事訴訟を起こすこともできる．この場合，労働者に安全な労働環境を提供しなかったことについて使用者の**注意義務違反（民法709条・715条の不法行為責任）**または**安全配慮義務違反（民法415条の債務不履行責任）**が問われる．しかし，これらはいずれも事後的救済でしかない．過労死，過労自殺を起こさせない快適な労働環境の整備こそが，使用者に求められているのである．

4　雇用生活・社会生活を支える社会保障の法制度

（1）　生存権と社会保障の法制度

　憲法25条は，すべて国民は「健康で文化的な最低限度の生活を営む権利」（**生存権**）を有し，国は「すべての生活部面について，社会福祉，社会保障及び公衆衛生の向上及び増進に努めなければならない」と定める．すなわち，国は，国民の基礎的な生活水準を保障すべき責任を課せられ，社会保障制度の整備を図るべきことを義務付けられており，その法的枠組みであるいわゆる**社会保障法**は，この憲法上の生存権保障に基礎づけられている．しかし，近年では，国が社会保障制度の設計・運用のイニシアチブをとる（国が，国民の生存権を保障するために国民に種々の便益を付与し，国民はこれを受益する．いわば，国民は保障・保護の客体である）のではなく，社会保障法の理念を，個人の尊厳・幸福追求権を保障する憲法13条に求める考え方が広がってきた．また，社会保障法における個人の主体性を強調し，個人が人格的に自立した存在として，主体的にその生き方を追求できるだけの条件整備が社会保障法の目的であるとの主張もなされている．このような憲法13条論は，国家の財政事情等による制度整備の不十分さ（憲法25条の生存権保障の限界）を容認する論調に対する批判的視点，さらには，社会保障制度の設計・運用，これを具体化する法の解釈・適用における基本的視点を提示するものとして重要な意義を有するといえよう．

　社会保障制度は，保障方式という点では，歴史的な生成過程に即してみると，生活困窮者に対する救済制度としての**公的扶助**の制度（生活保護法）と，生活上の困難をもたらす事故（疾病，負傷，障害，妊娠，出産，老齢，死亡，失業等）に備える**社会保険**の制度（健康保険法，厚生年金保険法等）を2本の柱とする．現代では，さらに，社会保険方式ではなく公費負担（税）による**社会手当**の制度（児童手当法）や各種のサービスを提供する**社会福祉**の制度（児童福祉法，身体障害者福祉法，老人福祉法等）も設けられている．

（2）　社会保障の給付内容──所得保障，医療保障，社会福祉サービス──

　社会保障制度は，給付内容の面からみると，所得保障と医療保障，社会福祉

サービス，介護保障とに分類できる．

　所得保障については，まず，生活不能を対象として**生活保護法**により生活保護費が支給される．生活保護（公的扶助）は，自分の力では生活を維持できない者に，その困窮の程度に応じて，国が，必要な保護を与えることにより，「健康で文化的な最低限度の生活」（憲法25条）を保障するための制度である．しかし，最低限度の生活を保障する具体的内容（保護費の給付水準等）は，「保護基準」（厚労省告示）により定められるので，その設定にかかる行政的裁量（厚生労働大臣の裁量権）の妥当性が問題となる（**朝日訴訟**が有名である）．また，「保護の補足性」（個人の自助努力のうえで最低生活不足分を補う）の基本原則のもと，換金可能なすべてのものの活用（保有資産の制限），稼働能力の活用，親族による扶養（私的扶養）の優先が求められており，資産調査（ミーンズテスト），収入認定手続きが行われるので，保護申請者のプライバシーの尊重についても十分な配慮が必要である．近年，経済状況の激変等により，被保護世帯数，受給者数は増加の一途をたどっており，暴力団員による不正受給等がマス・メディアで話題とされることもあって，保護受給のための申請手続きの厳格化等，申請抑制的な状況にある．しかし，生活保護制度は，国民の生存権保障のための最後のセーフティネットである．さまざまな問題への対処が必要であるにしても，この点を決して失念すべきではない．

　失業（離職し，労働の意思および能力を有するが，就労することができない状態）については**雇用保険法**により，一定期間の一定の収入（いわゆる失業手当）が保障される．雇用保険制度は，労使が拠出する保険料を財源として，政府を保険者，労働者を被保険者とする保険制度であるが，失業等給付として，求職者給付（いわゆる失業手当等），就職促進給付，教育訓練給付，雇用継続給付（育児休業給付，介護休業給付）が設けられている．

　職業生活からの引退や障害，生計維持者の死亡のための収入喪失については**年金制度**が対応する．年金制度には，**公的年金**と**私的年金**がある．20歳以上の国民全員に加入義務がある**国民年金（基礎年金）**，企業の被用者を対象とする**厚生年金**，公務員を対象とする**共済年金**が公的年金制度であり，大企業の被用者が加入している企業年金（厚生年金基金，確定拠出年金等）は私的年金制度である．国民年金制度（**国民年金法**による**老齢基礎年金**，**障害基礎年金**，**遺族基礎年**

金）を基礎として，被用者には厚生年金保険，公務員には共済組合の保険制度により，国民年金（基礎年金）に上積みする報酬比例年金が支給される（**厚生年金保険法**による老齢厚生年金，障害厚生年金，遺族厚生年金等）．保険制度は保険料拠出と保険給付の対価性をその特徴とするが，年金保険は保険料と国庫負担によって維持されており（国庫負担が基礎年金の2分の1を賄う），保険料の免除や納付猶予制度（若年者納付猶予制度，学生納付特例制度）が設けられているので，保険制度の特徴である「自助」だけではなく，「社会連帯」という社会的意義を併せ持っている．この意味で，2006年に明らかにされた年金記録問題（「宙に浮いた年金記録問題」と「消えた年金記録問題」）は，制度の根幹を揺るがす重大な問題なのである．

医療保障については，**医療保険**の適用対象を全国民とする（すべての国民が何らかの医療保険に加入する）**国民皆保険**によって確保されている．医療保険制度の特徴は，就労先によって加入する制度が異なる点であり，同一職業に従事する者が保険集団となる**職域保険**（被用者保険と自営業者保険に分類され，一般被用者を対象とする**健康保険**，国家公務員共済組合，地方公務員共済組合，私立学校教職員共済，船員保険が前者であり，医師等の特定の業種別に設立されている国民健康保険組合が後者である）と，地域内の住民が保険集団となる**地域保険**（職域保険に加入していない自営業者，農業従事者，無職者などが加入する市町村**国民健康保険**）に分けられる．

被保険者（国民）は，保険医療機関（厚生労働大臣の「指定」）の窓口で被保険者証を提示して，医師（「登録」された保険医）の診療を受けるが，個別具体的な診療内容は，法的には，保険医療機関と被保険者間の私法上の診療契約により定まる．ただし，診療契約の内容は法律で定める診療準則に沿った内容であることが必要であり，保険給付を前提とした診療契約を保険診療契約，保険適用のないものは自由診療契約と呼ばれる．

なお，負傷，疾病等が業務に起因する場合には，労災保険（**労災保険法**）が適用される．労災保険法は，業務上災害（労働災害）についての使用者の労基法上の補償責任（無過失責任）を担保する責任保険（使用者が保険料を拠出する）である．しかし，現在では，労災保険法の保険給付の内容は労基法の補償責任を上回るものに発展しており，労災保険制度は，国による被災労働者の生活

「保障」のための制度と位置付けることもできる.

社会福祉サービスは,成長や発達の過程で生じるさまざまな支障のために生活上の困難等を負う人に対応して,行政施策として展開されている.児童福祉,身体障害者福祉,知的障害者福祉,精神障害者福祉,老人福祉等,それぞれの対象者に応じた福祉サービスが提供されている(児童福祉法,身体障害者福祉法等).

介護保障は,介護保険制度によってカバーされる.介護保険制度は,急速な高齢化を背景として介護を要する高齢者が増加する社会状況にあって,要介護者および介護家族の身体的,精神的負担に対する社会的支援の必要性への対応措置として,1997年制定(2000年施行)の**介護保険法**によって導入された.介護保険の保険者は市町村・特別区であり,被保険者は市町村区域内に住所を有する65歳以上の者,40歳以上65歳未満の医療保険加入者(医療保険の被保険者とその被扶養者)である.介護給付を受けようとする場合には,市町村の要介護認定(要支援1から要介護5までの7段階)を受けなければならない.要支援・要介護認定された状態(要介護状態)に応じて,居宅介護サービス,施設介護サービス等を利用することができる.被保険者や事業主の拠出する保険料は,介護保険の給付に要する費用の50%であり,残り50%は公費負担(税金)であるので,介護保険制度は単なる保険制度ではなく,まさに社会連帯の考え方によって運営されていることに留意すべきである.

(3) 社会保障制度改革の課題と展望 ── 新たな社会保障制度に向けて ──

少子化,急激な高齢化による人口構成の変化を背景として,社会保障費が毎年約1兆円ずつ増加し,社会保障関係費が国の一般歳出の半分を超えるに至った現在,社会保障制度のあり方を見直すことが喫緊の政策課題となっている.2012年に社会保障・税一体改革関連法の1つとして成立した社会保障制度改革推進法にもとづき,内閣に設置された社会保障制度改革国民会議は,2013年8月6日,「確かな社会保障を将来世代に伝えるための道筋」を副題とする報告書を公表した.報告書は,まず,基本的な考え方として,① 日本の社会保障は,自助を基本としつつ,自助の共同化としての共助(社会保険制度)が自助を支え,自助・共助で対応できない場合に公的扶助等の公助が補完する仕

組みが基本（自助・共助・公助の最適な組合せ），②社会保障の機能の充実と給付の重点化・効率化，負担の増大の抑制，③社会保険方式が基本であるが，税と社会保険料の役割分担が必要，④給付と負担の両面にわたる世代間の公平を指摘する．そして，改革の方向性として，①高度経済成長期に確立した「1970年代モデル」の社会保障から，超高齢化の進行，家族・地域の変容，非正規労働者の増加など雇用環境の変化などに対応した「21世紀（2025年）日本モデル」の制度への改革，②すべての世代を給付やサービスの対象として，すべての世代が負担能力に応じて負担し相互に支えあう仕組み，③女性，若者，高齢者，障害者等働く意欲のあるすべての人々が働き続けられる社会，④すべての世代の夢や希望につながる子ども・子育て支援の充実，⑤低所得者・不安定雇用の労働者への対応，⑥地域づくりとしての医療・介護・福祉・子育て，⑦国と地方の協働等を挙げ，具体的課題として，少子化対策分野，医療・介護分野，年金分野の改革の骨格を論じている．報告書の突きつける課題は，きわめて重く簡単に解決策を見いだせるようなものではない．しかし，人口減少の時代に突入した現在，今後の社会保障制度の持続可能性をどのようにして確保できるのか，その具体的方策を案出しなければ，この国に未来はない．次世代の社会の行方は，まさに現在のわれわれ自身の責任であることを自覚したうえで，関係各方面における慎重かつ周到な議論を重ねることが必要なのである．

●●● さらなる学習の手引き

① 浜村彰・唐津博・青野覚・奥田香子『ベーシック労働法（第5版）』（有斐閣，2013年）．図表（MAP）を活用して労働法ルールの内容を，初学者にも理解しやすいように平易にかつ簡潔に解説する，入門書的なテキスト．

② 中窪裕也・野田進『労働法の世界（第10版）』（有斐閣，2013年）．最新の労働立法と判例・学説の展開を的確にフォローする，定評ある労働法のスタンダード・テキスト．

③ 岩村正彦ほか編『目で見る社会保障法教材（第3版）』（有斐閣，2013年）．社会保障法を学ぶために必要な各種の資料や判例の抜粋，制度内容を示す図表を収めた資料集．

④ 本沢巳代子ほか編『トピック社会保障法（第7版）』（不磨書房，2013年）．学生が直面する具体的事例（トピック）をもとにして，複雑な社会保障法の制度内容を図表や統計資料等を用いながら，わかりやすく解説するテキスト．

第7章
現代社会の法トピックスへのアプローチ

1　いのちと法

（1）近代科学技術の進展といのちの取り扱い
現代的問題としての生命倫理

　現代の科学技術は目覚しい進展を遂げており，この進展によって，わたしたちの豊かな生活は現実に支えられている．少なくとも，現在の近代的な生活を維持するためには，科学技術は欠かすことができない．しかしながら，この現代科学技術の進展は，わたしたちに明るく豊かな未来を指し示すポジティブな側面だけでなく，ネガティブな側面も併せ持つ．科学技術の進展により生起する諸問題は，人間の身体の外側では，たとえば環境問題として現れ（レファレンス：環境問題と法については第7章2参照），その内側では，たとえば生命倫理の問題として現れる．この意味で，生命倫理の問題は現代に特徴的な問題だといえる．

新しい人権の問題としての生命倫理

　この科学技術，その中でも医療技術の急速な発展により生じた「**いのち**」を巡る一群の問題圏を前にして，「**生命倫理学**」が登場した．この生命倫理学においてとくに問題とされるのは，ひとの「**生と死**」に関わる領域であり，ひろく「いのち」の在り方のコントロールに関する問題群である．「生」に関わるものとしては，体外受精，顕微授精，受精卵の遺伝子診断，選択的人工妊娠中絶，体細胞核移植によるクローン，ヒト胚性幹細胞・中絶胎児の利用，出生前診断などがあり，「死」に関わるものとしては，安楽死・尊厳死，脳死・臓器移植，病名告知，脳死体の利用などが挙げられる．

これらの問題は，幸福としての健康が医療を通じて実現される，現代の幸福追求の状況を反映しており，日本国憲法13条が保障する「**幸福追求権**」との関係において重要である（レファレンス：幸福追求権については第1章2（3）参照）．またこの問題は，単に「自己の決定」のみに委ねることのできない諸状況が生じており，新しい人権としての「自己決定権」に関する新たな考察をも必要とする（レファレンス：自己決定権については第1章2（3）参照）．自己に関わる決定が他者のいのちに関わり，ときにそのいのちを左右する．生命倫理は旧来の法システムでは解決の困難な問題を提出しており，新たな法理論が必要とされる．ここでは，生命倫理に関するいくつかの問題を取り上げる．

（2） 受精卵の遺伝子診断

かつて試験管ベビーと呼ばれ，どちらかと言えばネガティブに捉えられ報道されていた（たとえば朝日新聞1978年7月25日朝刊「真剣に生命・道義論，近づく「試験管ベビー」誕生・英国，奇形・異常児を懸念」との見出し）体外受精は，医療技術の進歩により，いまや特別な医療ではなく，ひろく実施される一般的医療となった．この体外受精技術の確立により，受精卵の遺伝子診断（genetic diagnosis）が可能となったが，これは体外受精した1個の受精卵が，4個から8個に細胞分裂したとき，その1つを取り出して検査し遺伝上の疾患が存在するかどうかを診断するものである．

遺伝子診断に対しては「この診断は法令で何ら禁止されておらず，患者は治療を受ける憲法上の権利がある」とする，推進意見が考えられる．流産の防止という患者の切なる希望，すなわち医療を通じての幸福追求，そして遺伝子診断を受けるということの自己決定にもとづいて，法令で禁止されていない以上，遺伝子診断は，憲法13条「幸福追求権」によって保障されているとの主張が可能である．確かに憲法13条は「生命，自由及び幸福追求に対する国民の権利については，公共の福祉に反しない限り，立法その他の国政の上で，最大の尊重を必要とする．」と規定する．

しかし，この遺伝子診断は，単に診断のみに留まるものではなく，染色体の異常がない受精卵だけを母胎に戻し，着床し，そして出産することを志向するものである．したがって，いわゆる「異常」とされた受精卵は母胎に戻される

ことなく，そこで受精卵の選別をおこなうことができる．受精卵は単なるモノではなく，人間へと成長する「いのちの萌芽」であるとするならば，「いのちの選別」がおこなわれているという批判は免れない．

　一般に，患者に対する医療行為は，幸福追求権の1つとしての患者の権利であり，患者の自己決定権の対象である．これは個人の権利であるが，これら個人の行為が他者に何らかの影響を及ぼす場合，簡単に割切ることができない内容を持っていることを意識せざるをえない．この問題は，親が子の生命や健康をコントロールしてよいのかという側面においては，たとえば「子どもの輸血拒否」の問題においても生じる．子どもに輸血が必要であるにもかかわらず，親が拒否の意思を表明し，当の子どもも拒否し，したがって，その子どもに輸血をせず，その結果，死亡したとき，その不作為は許容されるか否かもまた，同様の問題が生じる．

（3）　クローン人間の作製と再生医療技術
クローンの作製方法

　1996年7月，英国，エジンバラ郊外にあるロスリン研究所のイアン・ウィルムット博士らの研究チームは「ドリー」と名付けた**クローン羊**を誕生させた．クローンとは，この場合，遺伝子組成がほぼ等しい複製生物をいい，このようなクローンの作製方法には，大きく2つの種類がある．1つは，体外受精後の初期段階にある受精卵，つまり初期胚を使う方法と，もう1つは，成体の体細胞を使う方法とであり，ここで問題となったのは，後者の方法，つまり「体細胞核移植」によるクローン作製である．

　更に初期胚を使う方法には，核移植を伴わない場合と，核移植を伴う場合とがある．核移植を伴わない方法は，いわゆる「一卵性双生児」を考えれば分かりやすいが，分裂を始めた初期胚の細胞を分離し，母体に戻す方法である．核移植を伴う場合は，分裂をはじめた初期胚の細胞を分離し，これを，核を取り除いた卵細胞に移植し，母体に戻す方法である．

　これらの方法の中で，体細胞核移植によるクローン作製は，ほぼ同一の遺伝子組成を持った個体を作り出すことについては他の方法と同じであるが，事前に遺伝子的な特性を特定した上で，理論的にはほとんど**無限に作製**できる点で，

優れている.

クローン技術規制法

さて, このような高度医療を用いることで, いわゆるクローン人間の作製は, 技術的には可能な段階にある.「サルの体細胞から, 遺伝的に同じ情報をもつクローン2匹を誕生させることに中国科学院の研究チームが成功した. 哺乳類の体細胞クローンは羊や牛などで誕生しているが, 霊長類では初めて」である (朝日新聞2018年1月25日朝刊). だが, このヒトクローンの作製については, 多くの国において禁止されている. 日本においては「ヒトに関するクローン技術等の規制に関する法律」, いわゆる「クローン技術規制法」が2000年11月に成立し, ヒトクローン個体および動物のいずれかであるかが明らかでない個体などの作製が罰則をもって禁止されることになった.

文部科学省は, この法律4条に基づく「特定胚の取り扱いに関する指針」を策定し, 2001年12月, 公表した. 同指針は, ブタなどの動物の胚に人間の細胞を混合する「動物性集合胚」だけを容認し, それ以外の特定胚, すなわち, クローン人間につながる人クローン胚, 一卵性双生児を人為的に産み出すことにつながるヒト胚分割胚, ヒト胚核移植胚, ヒト集合胚, 基本的には人間であるが, 動物の要素が混合しているヒト動物交雑胚, ヒト性融合胚, ヒト性集合胚, および基本的には動物であるが, 人間の要素が混合した動物性融合胚の作製を禁じている.

ヒト胚性幹細胞の作製

この法律および指針により, 日本におけるヒトクローンの作製は禁止された. だが, ここにはもう1つの問題があり, それがヒト胚性幹細胞の作製の問題である.

ES細胞 (Embryonic Stem Cell：胚性幹細胞) は, 初期胚から採取された細胞を培養して得られる細胞であり, 理論的には体のどんな臓器や組織にさえも成長することができる万能性を持つところから,「万能細胞」とも呼ばれる. たとえばカエルの胚からとった未分化な細胞を試験管の中で眼球にまで育て上げ, 眼球を摘出されたオタマジャクシに移植し, その視力を回復させるということが, 東京大学の研究グループによっておこなわれている (読売新聞2002年1月6日朝刊).

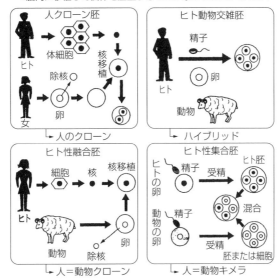
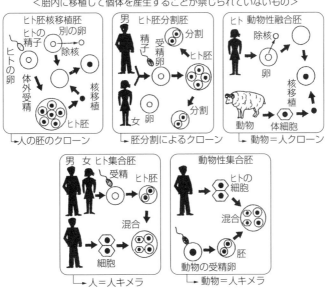

図7-1 人クローン規制法が届出対象にしている「特定胚」研究

(出典) 棚島次郎『先端医療のルール』講談社,2001年.

さて，この指針によって認められた「動物性集合胚」とは，法律2条1項20号において定義され，その「ハ」においては，「一以上の動物胚とヒトの体細胞又はヒト受精胚，ヒト胚分割胚，ヒト胚核移植胚，人クローン胚，ヒト集合胚，ヒト動物交雑胚，ヒト性融合胚，ヒト性集合胚若しくは動物性融合胚の胚性細胞とが集合して一体となった胚（当該胚と動物の体細胞又は動物胚の胚性細胞とが集合して一体となった胚を含む.）」と規定される．

これはすなわち，人間の細胞が動物の胚と集合して一体となった胚の作製が認められたことを意味する．たとえば，ブタの受精卵である動物胚に人間の細胞を混合することが可能となり，「**移植用臓器**」の研究開発に役立てることができる．ただし，動物性集合胚の作製までは認められたが，この特定胚を**母胎内へ移植**することは禁じられ，作製から14日間の試験管段階での研究にのみ認められる．しかしながら，ここで混合できる人間の細胞にはヒト胚性幹細胞も含まれており，研究が進むものと思われる．実際，京都大学再生医科学研究所の「ヒト幹細胞に関する倫理委員会」は，ヒトの受精卵から胚性幹細胞を作製する研究計画を国内の研究機関では初めて承認し（朝日新聞2001年11月5日朝刊），米国では，1998年にウィスコンシン大学の研究グループが不妊治療で余った体外受精の胚から世界ではじめて，ヒト胚性幹細胞の作製に成功した．

胚性幹細胞とクローン

ここで，大きく問題として取り上げられねばならないと思われるのは，胚性幹細胞の研究と体細胞核移植によるクローンの作製とは紙一重であるということである．たしかにクローン人間につながる人クローン胚の作製は法によって禁止されてはいるが，ここで用いられる技術は胚性幹細胞および指針によって認められている動物性集合胚の作製の技術に限りなく近く，端的に言えば，それは，単に作製された胚を母胎内に移植しないだけのことであって，そこまでの作業はほとんど同じであると言ってよい．

一方では，クローン人間の作製を禁止しながらも，他方ではその応用とも言える胚性幹細胞の研究は推進される．世界では，クローン人間の作製を主張する研究者も存在し，今後の流れ次第では，危惧される重大な問題を孕んでいる．

この問題は，人権の尊重，ひいては「**人間の尊厳**」に関わる問題であるが，クローン人間作りにも応用できる「人間のクローン胚の研究」がついに日本で

も容認されることとなり，国の科学技術政策の基本方針を決める総合科学技術会議・生命倫理専門委員会が，臨床応用まではいかない基礎研究に限るという条件付で認める最終報告書「ヒト胚の取り扱いに関する基本的考え方」を決定した．この研究は ES 細胞研究，そして再生医療の研究へとつながる可能性をもっているが，この「再生医療の国内市場は 2020 年に 1 兆 5000 億円を超えるとも予想されている」(日本経済新聞 2004 年 6 月 24 日朝刊)．わが国の技術立国を支える重要な柱として期待されている．その半面，ゲノム編集技術の進展に伴う懸念も生じている．「狙った遺伝子を改変できるゲノム編集技術の在り方に関する日本学術会議の検討委員会は［2017 年 9 月］27 日，生殖医療への臨床応用について，国の指針で当面禁止し，法規制も検討すべきだとする提言を公表した」(朝日新聞 2017 年 9 月 27 日朝刊)．ただ，この「ゲノム編集でヒト受精卵を操作する研究について，政府の生命倫理専門調査会の専門家会議は［2017 年 12 月］20 日，基礎研究に限り条件付きで認める方針を盛り込んだ報告書を取りまとめた」．「報告書は，不妊治療で余った受精卵に限りゲノム編集を認め，不妊治療の成功率の向上などにつながる基礎研究に道を開く内容」である (朝日新聞 2017 年 12 月 20 日夕刊)．

iPS 細胞の作製技術

ES 細胞の作製には，受精卵の破壊が必要であり，倫理上の問題を含んでいた．この問題を回避できるのが iPS 細胞 (induced pluripotent stem cells：誘導多能性幹細胞) の作製技術である (朝日新聞 2006 年 8 月 11 日朝刊)．この技術は，受精卵を使用せず，体細胞から，たとえば人の皮膚細胞から作製することができる技術であり，また神経細胞や心筋細胞への分化が確かめられており，理論的には，ES 細胞と同等の分化能力をもつ新しい**万能細胞**の作製技術である．

この技術は，現在おこなわれている臓器移植時に生じる拒絶反応がないと考えられるため，免疫抑制剤の服用も必要がないと思われる．自分の体細胞から ES 細胞を作製した場合も同じく拒絶反応がないと考えられるが，この場合，受精卵を用いることで人間へと成長する可能性を否定する倫理問題が存在した．

また，この技術を用いることで，臨床への応用や再生医療への応用が期待される．具体的には，移植用臓器の作製や創薬への利用である．たとえば，ヒトの iPS 細胞から「ミニ肝臓」を一度に大量に製造することに横浜市大の研究チ

ームが成功した（朝日新聞2017年12月6日夕刊）．もしこれらの応用が可能になれば，医学上の利益は計り知れず，また特許や知的財産の観点から，金銭的な利益も大きく，現在，国家を挙げての国際的競争の観をも呈しているが，実用化に向けての障壁は高く，いつ実現できるかは予測困難であり，がん化を含む**安全性の確立**もまた大きな課題である．

（4） 脳死・臓器移植
脳　死

　ES細胞やiPS細胞の研究の目的の1つに，移植用臓器の開発がある．もし，この技術が実用化され一般化されれば，脳死患者からの移植に頼ることなく，いつでも必要なときに移植ができ，かつ，自分の体細胞を元にして作られた臓器であれば，拒絶反応もほとんどなく，一生涯，免疫抑制剤を飲みつづけなければならないという事態からも解放されると考えられる．

　しかしながら，現在の段階では，臓器の作製にまでは至っておらず，臓器移植には，脳死患者あるいは生体間での移植に頼らざるを得ない．そこで，脳死・臓器移植の問題について，つぎに考えたい．

脳機能の不可逆的停止

　脳死とは一般に脳機能の不可逆的停止であるとされ，ここでの脳機能とは，日本における脳死の場合，全脳の機能，すなわち大脳皮質と脳幹を含むものとされる．すなわち，日本においては全脳機能の不可逆的停止を脳死としている．「臓器の移植に関する法律」，いわゆる「臓器移植法」6条1項で，「医師は，死亡したものが生存中に臓器を移植に使用されるために提供する意思を書面により表示している場合であって，その旨の告知を受けた遺族が当該臓器の摘出を拒まないとき又は遺族がないときは，この法律に基づき，移植術に使用されるための臓器を，死体（脳死したものの身体を含む．以下同じ．）から摘出することができる．」とし，同条2項において「前項に規定する「脳死したものの身体」とは，その身体から移植術に使用されるための臓器が摘出されることとなる者であって脳幹を含む全脳の機能が不可逆的に停止するに至ったと判定されたものの身体をいう．」としている．

(表)

(裏)

図7-2　臓器提供意思表示カード

脳死判定

具体的な脳死判定については，同法「施行規則」2条において①深昏睡，②瞳孔が固定し，瞳孔径が左右とも4ミリメートル以上であること，③脳幹反射（対光反射，角膜反射，毛様脊椎反射，眼球頭反射，前提反射，咽頭反射及び咳反射）の消失，④平坦脳波，⑤自発呼吸の消失を確認するものとし，6時間を経過した後，再び変化のないことを確認することとなっている．

臓器移植法に基づく日本国内での脳死患者からの臓器移植は，2017年10月

27日現在，482例，移植数は各臓器合計で2090例に上り（日本臓器移植ネットワーク・ホームページ），第1例のマスコミによる大々的な報道ぶりから見れば，現在，脳死移植は定着しつつあるように思われる．だが，脳死移植におけるすべての問題が解決されたわけでは決してない．

その1つが脳死判定の確実性の問題である．医学的に「脳機能の不可逆的停止」が存在するとしても，それをその外側にいる人間が，確実に判定できるのかという問題は，残っているように思われる．そもそもこの脳死判定が，日本の場合であれば，6時間を経過した後，再び変化のないことを確認しなければならず，このこと自体，脳死状態であるかどうかを確実に判定することの困難さを示している．

もし，脳死判定が確実におこなわれるのであれば，1回でよいはずであり，たとえば小児（6歳未満）の脳死判定は，24時間以上の時間経過を措くこととされる．また，自発呼吸の消失を確認するためには，人工呼吸器を取り外した上での無呼吸テストが必要である．このことからも，脳死状態，とくに脳幹機能の不可逆的停止が医学的には存在するとしても，それを100%確実に脳死患者の外側から判定することが，原理的に不可能であることを示しているように思われる．

臓器移植

もう1つ注目すべきは，移植に使用されるための臓器を同法1条において「死体から摘出すること」としていることである．そもそも臓器移植が移植医療として十全に実効あるものとして成立するためには，移植される臓器は生きていなければならず，死んでしまっている臓器を移植しても，それは移植医の技術の向上には役に立つのかもしれないが，移植を受けようとしている患者には全く利益がなく，弊害さえ生じる．

すなわち，臓器を提供する側には，個体としては死んでいるが移植の対象となる臓器は生きているという，いわば二律背反的に「死体の中に生きた臓器がある」ということが，ここでは求められている．臓器提供者が生きており，その生きた提供者から，たとえば心臓を摘出するとなれば，その摘出によって当該個体の死を生じさせることは確実であり，刑法199条により殺人罪を構成する可能性があることを移植医の側は考えざるを得ない（レファレンス：殺人罪の

規定については第4章2（1）個人的法益に対する罪参照).

　もし，脳死状態でもなく，明確な意識を持ったひとから心臓を摘出すれば，かりに合意があったとしても，その合意によっては法的には正当化されず，殺人行為とみなされる．つまり，生きたひとから心臓を取り出せば殺人罪に問われるが，死体から心臓を取り出しても殺人にはならない．そもそもそこにある物体は死体であるのだから，殺すことなど不可能だ，という理論構成が可能となる．その意味で，「死体から摘出すること」が必要とされるのである．

「新鮮な」臓器

　ここで必要とされている臓器は，いわば「新鮮な」臓器であり，移植手術に耐えうるものであって，移植を受けた患者の長期にわたっての生存が見込まれる，医療資源として有用な臓器でなければならない．その意味で，同じ脳死の人であってもこのような「新鮮な」臓器を持っていないひとからの臓器の摘出には，意味がない．たとえば，ある一定以上の高齢者やそうでなくとも重篤な心臓疾患や肝臓疾患を持つひとなどで，このような「新鮮な」臓器を持っていないことが医学上明らかな場合，そこでの脳死判定・臓器摘出には医療上の利益がない．

　そもそも臓器移植を前提とした場面で，脳死をなぜ判定しなければならないのかと言えば，それは文字通り臓器移植をおこなうための「ひとの死」を確認するためであって，臓器摘出に意味がないとすれば，そこでの脳死判定には，死亡の宣告を早める以外，意味がない．

脳死はひとの死

　ところで，同法の中に「脳死はひとの死である」との明確な文章を見つけ出すことはできない．しかし，同法は限定的にではあれ「脳死はひとの死である」ことを認めていると解釈することができる．すなわち，同法の「基本的理念」（2条）について述べている個所では「死亡したものが生存中に有していた自己の臓器の移植術に使用されるための提供に関する意思は，尊重されなければならない．」（1項）とあり，また，すでに見た6条「臓器の摘出」の1項から解釈できる．

臓器貯蔵庫

　また，脳死した者の身体を事実上の臓器貯蔵庫として利用することも可能で

あろう．「臓器不足」という言葉が使われるように，ここでの臓器は医療上の資源である．この資源を生きたまま保存するのに，人体は非常に優れている．食品を一定期間「新鮮に」保存するために冷蔵庫を使うように，当該臓器を移植するまでの一定期間，「脳死した者の身体」を優れた臓器貯蔵庫として利用することができるのである．

脳死判定に従う意思および臓器移植に対する同意があれば，このような脳死身体の臓器貯蔵庫としての利用は可能である．「臓器の移植に関する法律」の運用に関する指針（ガイドライン）［平成24年5月1日一部改正］の「第9 死亡時刻に関する事項」には，「法の規定に基づき脳死判定を行なった場合の脳死した者の死亡時刻については，脳死判定の観察時間経過後の不可逆性の確認時（第2回目の検査終了時）とすること」とされている．したがって，移植の状況によっては，その判定時刻の移動は可能である．

いずれにしても，これらの問題は，一つひとつ注意深く見ていく必要があり，その上で，「いのち」についての根本的な捕らえ返しが必要であり，人間の尊厳に関わる重要な問題がここにある（レファレンス：人間の尊厳については第1章2（3）参照）．

臓器移植法の改正──臓器提供者としての小児と意思確認──

2009年7月，臓器移植法改正法が可決，成立した．かつての移植法では，臓器提供それ自身は，本人の書面による意思表示が必要とされ，意思能力をガイドラインによって15歳としている（民法上満15歳に達した者は，遺言をすることができる）．小児に移植する場合，移植される小児のからだの大きさに合う，小型の臓器が必要とされる．したがって，日本では事実上，小児は移植を受けることはできず，海外へと渡るしかなかった．そこで，小児への移植を可能にするために，小児を臓器提供者とすることができるように，本人の書面による意思表示義務を外し家族の同意により移植できるように改正したものである．

これは，臓器提供意思の確認方法の緩和である．つまり臓器提供者本人の意思確認なしに，拒否の意思表示を除いて家族だけの意思表示によって臓器提供ができる．これらの改正は臓器提供者の増加を目指し，臓器移植の更なる進展を志向したものである．

コラム 尊厳死・安楽死の法制化問題

　2006年3月，射水市民病院（富山県）で，医師が入院患者7人の人工呼吸器を取り外し，全員が死亡していたことが明らかになった（朝日新聞2006年3月25日夕刊・同26日朝刊）。この7人はいずれも高齢で，終末期にあったとされるが，この事件で，富山県警は，2008年7月23日，医師二人を殺人容疑で富山地検に書類送検した（朝日新聞2008年7月24日朝刊）。この事件が1つの契機となり，尊厳死・安楽死の法制化への動きが強まっている。

　一般に，尊厳死は「一個の人格としての尊厳を保って死を迎える，あるいは迎えさせること。近代医学の延命技術などが，死に臨む人の人間性を無視しがちであることへの反省として，認識されるようになった」とされ，安楽死は「助かる見込みのない病人を，本人の希望に従って，苦痛の少ない方法で人為的に死なせること」とされる（岩波書店『広辞苑』第六版）。積極的安楽死が認められる要件（違法性阻却事由）として①死が不可避で死期が迫っている②患者に耐え難い肉体的苦痛がある③苦痛を除去，緩和する方法がほかにない④生命の短縮を承諾する患者の明らかな意思表示がある，の4要件（横浜地判平成7・3・28判時1530・28）がある。

　このような状況の中，「臨死状態における延命措置の中止等に関する法律案要綱案」を「尊厳死法制化を考える議員連盟」（会長中山太郎衆議院議員［当時］）の協議を基に衆院法制局が作成し，この中で，回復の可能性がなく死期が迫った場合に患者本人の意思にもとづいて延命措置を中止できるとした。尊厳死法制化推進の立場から日本尊厳死協会は，2007年，議員連盟に「要望書」を手渡し，この中で「法制化において回復不能の植物状態は是非尊厳死の対象として認めていただきたいと切望」している（http://www.songenshi-kyokai.com/）。また，日本医師会は，2008年2月，「終末期医療に関するガイドラインについて」（第X次生命倫理懇談会答申）を公表した。このガイドラインは，終末期における治療の開始・差し控え・変更及び中止等に関し，終末期医療の基本的な考え方及び手続き等について述べており，「このガイドラインが示した手続きに則って延命措置を取りやめた行為について，民事上及び刑事上の責任が問われない体裁を整える必要がある」とした。2012年，議員連盟は，新たな延命措置の不開始と中止を認める条件を定めた法律案を作成した。

　水俣病患者を支援する故原田正純医師が代表を務める「安楽死・尊厳死法制化を阻止する会」は，法制化反対の立場から「尊厳ある生が保障されていないのに，死ぬときにだけ，法によって尊厳ある死をさせようと」しているとし，「家族の負担を考える必要のない社会，緩和ケアを充実する医療の確立を求めて」いる（http://soshisuru.fc2web.com/index.html）。

　いずれの立場も，その根底にあるものは「いのちの尊厳」であり，日本国憲法13条の規定する「個人の尊重」に関わる問題である。終末期にある患者であっても「幸福追求権」は守られなければならない。私たちは，現実の患者のベッドサイドに立ちながら，

厳粛に，この目の前の〈いのち〉と対話しなければならない．

2　環境と法

（1）　環境法の基本的な特徴

わたしたちは実に複雑で多様な環境問題に直面している．具体的には，温暖化などの地球規模の環境問題，大気汚染や水質汚濁などの公害問題，不法投棄などの廃棄物の問題，石油や原材料などの資源の枯渇，絶滅危惧種や生物多様性の保護，そして自然や街並みの景観保全などがある．このように複雑で多様な環境問題に関する法律の総体が環境法と呼ばれている．

そのため，民法や刑法とは異なり環境法という名称をもつ法律は存在しない．もっとも，国や地方自治体の環境行政の基本的な枠組みとして環境基本法がある．この法律の下に，環境問題の主要な分野ごとにいくつかの基本法が設けられている．たとえば，循環型社会形成基本法，生物多様性基本法，土地基本法，エネルギー政策基本法，バイオマス基本法，水循環基本法がある．このように，1つの法領域に基本法が二段構えで設けられていることも環境法の特徴の1つといえる．

環境法は，もっとも単純に言えば，複雑で多様な環境問題に関する法律の総体である．しかし，もう少し環境法の内容に踏み込んだ定義づけが必要であろう．ここでは，「環境法とは，ひとの生命と健康をまもり，ひとの生活環境だけでなく生物種の環境も保全・回復・向上させることを目的とする法律の総体である」と理解しておこう．それと同時に，環境法も他の法領域と同様に，それを研究対象とする環境法学を意味する場合もあるので注意しておきたい．

（2）　環境の概念

言葉は暗闇のなかを照らすライトの光にたとえられることがある．夜道にライトをつけると，光に照らされたところだけ，ハッキリと見ることができる．これと同様に，言葉が与えられると，それまで認識されなかったことがはっきりと認識できるようになる．環境という言葉も同じことがいえる．

環境 environment という言葉がイギリスで広く使われるようになったのは，19世紀になってからである．その頃イギリスでは産業革命が進展し，静かで美しい田園風景が破壊され，都市の非衛生的な住宅や危険な工場などが問題視されていた．こうした農村や都市の破壊的な状況を人々が広く認識し，そうした破壊から保護すべきものを人々に訴えるために，環境という言葉が使われはじめたのである．

日本では，20世紀の初頭に環境という言葉が使われはじめた．その当時，環境が意味していたのは，主に家庭環境，学習環境，衛生環境などである．もっとも，19世紀後半には足尾鉱毒事件をはじめとする大規模な公害や自然破壊が各地で発生していた．しかし，それらは鉱害や公害などと呼ばれ，大気や河川や森林などを環境として認識して保護する考えはなかった．環境や環境問題という言葉が日本で広く使われはじめたのは，20世紀の半ばを過ぎてからである．

これと関連して，日本語の自然という言葉は，中国由来の言葉である．最初に「老子」に見られ，人為の加わらない状態，おのずからある状態を意味する．そのため「自然に」「自然と」といったように副詞的に用いられ，動植物や森林，山や海などの自然物を一般的にさす言葉ではなかった．明治に入り，西欧文明の受容とともに，英語の nature の訳語として自然という言葉が広く使われるようになったのである．もちろん，古来より個々の自然物や天候などの状態を表現する言葉は豊富にあった．しかし，それらを一般的に表現する環境や自然といった言葉はなかったのである．

(3) 環境法の歴史

日本の環境法の歴史をふり返ってみよう．1960年代を過ぎた頃から，日本経済の高度成長にともない，全国各地でさまざまな公害問題や自然破壊が発生していた．当時の公害問題を代表するものとして四大公害事件（熊本水俣病・富山イタイイタイ病・四日市大気汚染・新潟水俣病）がある．こうした深刻な被害を引き起こした公害問題に対処するために，1967年に公害対策基本法が制定された．

この法律は，公害を「事業活動その他の人の活動に伴って生ずる相当範囲に

わたる大気の汚染,水質の汚濁,騒音,振動,地盤の沈下及び悪臭によって,人の健康又は生活環境に係る被害が生ずることをいう.」と定義した.環境という言葉は,生活環境という言葉の一部として使われただけであり,生活環境については「人の生活に密接な関係のある財産並びに人の生活に密接な関わりのある動植物及びその生育環境を含むものとする」と定義された.当時は目の前の深刻な公害問題に対処することが急務であった.そのため,環境が社会の主要な関心事となるまでには至らなかった.

　日本社会が,大量生産・大量消費・大量廃棄型へと移行するにつれて,人々の関心も,大規模な工場による大気汚染や水質汚濁といった公害問題から,自動車の排気ガスや騒音,家庭排水による河川や湖沼の汚染,家庭ごみや産業廃棄物の処理などの問題へと広がっていった.これらの問題は,人々の通常の生活から生じているものであり,これまでの公害行政の枠組みでは対応しきれず,問題の新たなとらえ直しが必要となった.

　1980年代に入ると,地球環境問題や生物多様性などが社会問題となり,環境そのものへの関心が高まった.これにともない環境法の中心課題も公害救済から環境保全へと移行していった.こうして,1993年に公害対策基本法が廃止され,環境基本法が制定されたのである.

　2000年以降では注目すべき変化が2つある.1つは国の地方分権化が進み,環境行政が地方自治体レベルで推進されるようになり,そこへの市民参加が促進された.もう1つは東北地方太平洋沖地震による福島第一原子力発電所事故を受けて,これまで環境法の規制の対象外であった原発が含まれるようになった.

　以下では,近年高まりを見せている,地域での環境保全の取り組みの基礎となる,環境に関する情報公開と市民参加について,少し詳しく見ることにする.

(4) 自然環境保全と環境アセスメント

　日本の環境法の歴史を振り返ると,環境基本法が成立するまでは,公害対策と自然環境保全を2つの大きな柱としていた.後者については,貴重な少数の動植物の保護と観光開発による景観としての自然の利用を主な目的としていた.そのため,どこにでもある里山の風景やそこに生息する生き物を保護するもの

ではなかった．しかし，1990年代になると世界的に生物多様性の考え方が広まり，日本においても地域に固有な生態系を構成する動植物を一体として保護することの重要性が認識されはじめた．近年では，生物多様性という言葉に換えて，自然資本という言葉で表現されることも多くなっている．

さて，自然環境の保全については，自然公園法と自然環境保全法の2つの法律がある．両法にはゾーニングと呼ばれる共通する手法がある．これは，私有地と公有地を区別することなく一定の地域を保護地域として指定し，その地域での開発を制限するものである．

しかし，両法には財産権保護の規定があり，私有地を保護指定する場合には，まず地権者の同意を得なければならない．同意を得た場合，保護指定された地権者は私有地の開発ができなくなるため，それによる損失分を地権者に補償しなければならない．このような財産保護の規定があるため，保護指定による私有地における開発行為の制限は進まなかった．他方，公有地についても，国土の保全その他の公益と調整する必要があるため，そのような国の開発行為の制限も容易ではなかった．

このように自然保護において財産権保護の規定が果たした役割は，かつての水質保全法や公害対策基本法に盛り込まれていた調和条項を想起させる．調和条項とは，公害対策と経済活動との調和を求めるものだ．しかし，現実には経済活動を損なわないように公害対策を抑制するものとして作用した．そのため，1970年のいわゆる公害国会において，調和条項は公害関連の法律から削除されることになった．

自然保護がゾーニングによって開発を制限するとすれば，そこから外れた多くの自然はどのようにして開発から守られるのだろうか．1つの有力な方法として環境アセスメント（環境影響評価）がある．環境アセスメントは，国や自治体を含む事業者が，着工前に事業が環境に与える影響を調査・評価し，環境への悪影響がある場合には，事業内容に修正や変更を加えることである．

環境アセスメントについては大きく2つの考え方がある．1つは，規制法として理解するものであり，実施の判断の決め手とするものである．事前の評価により，環境への悪影響があるとわかった場合は，事業者は事業を中止したり事業内容を変更したりしなければならない．

もう1つは，環境アセスメントを情報公開制度の一種とする考え方である．事業者は環境アセスメントをおこなう義務はあるが，その結果からどのような対策をとるかの判断は，事業者にまかされる．環境保全の観点からは，明らかに第一の規制的な理解の方が効果を期待できる．しかし，日本の環境影響評価法は，開発行為を規制する法律ではなく，環境情報を事業者，行政，住民が共有するための法律となっている．

　具体的には，環境アセスメントは環境情報を市民に周知する機会に過ぎない．事業に対して市民が意見を述べたり，市民が代替案を検討したりする仕組みを欠いている．これを補うためには，地方自治体が条例で参加手続きを独自に定める必要がある．たとえば，知事が意見を述べる際に，市民も意見を表明できる手続きを導入する方法がある．こうした市民参加による自然環境の保全を進めるためにも，参加権としての環境権の保証が求められる．

(5)　参加権としての環境権

　1970年に，国際社会科学評議会は東京で公害国際シンポジウムが主催した．そこで採択された東京宣言において，日本で初めて環境権が提唱された．すなわち，「健康や福祉を侵す要因にわざわいされない環境を享受する権利」と「将来の世代へ現在の世代が残すべき遺産である自然美を含めた自然資源にあずかる権利」を基本的人権の1つに組み込むことを求めた．同じ年に，日本弁護士会が開催した公害シンポジウムのなかで，大阪弁護士会の弁護士は，基本的人権の1つとして「環境を破壊から守るため，環境を支配し，良き環境を享受しうる権利」を提唱した．これを契機に，環境権の法的性格に関する議論が活発におこなわれるようになった．

　環境権の考え方は大きく2つある．1つは，環境権を私法上の権利とする考え方である．それによると，環境権は環境汚染によって生命や健康を侵害されない権利であり，侵害のおそれに対して民事上の差止め請求ができるのである．もう1つは，環境権は憲法の13条の幸福追求権と25条の生存権にもとづく憲法上の権利であるとする考えである．これら2つの考え方に対して，近年では，個人の生命や健康の侵害のおそれについては，人格権や所有権などの市民的権利によって保護すべきであり，環境権は公共性の高い環境利益を保護するため

の権利とすべきだとする主張が有力である．

さらに2000年以降は，立法及び行政過程への参加権として環境権が重視されるようになった．これについては，2001年に発効したオーフス条約（「環境問題に関する情報の取得，決定過程への公衆参加及び司法救済に関する条約」）の公衆参加の規定が大きな影響を与えた．この条約は，1条で「すべての人がみずから健康と幸福にとって適切な環境のなかで生活する権利」を明記し，そこから環境活動に関する市民の3つの権利を導いた．すなわち，①環境情報へのアクセス権，②意思決定への参加権，③裁判を受ける権利である．この第二の「意思決定への参加権」の明記がインパクトを与えたのである．

日本における環境権の理解については，「環境に関する情報公開」と「立法・行政過程への市民参加」の意義がそれぞれ強調されている．前者の情報公開は，市民が環境管理に参加するための基礎となるものであり，民主的な行政を確保するためにも不可欠である．後者の市民参加は，計画策定過程における計画決定を民主的に統制するために必要である．実施過程においては，規制者の行政と被規制者の事業者との癒着を防ぐために，第三者の立場から外部評価の役割を担うものである．さらに，市民参加は行政処分の際に環境利益の侵害に関する不完全な情報を補完する役割も期待されている．

環境法を日本の法体系に組み込むために，オーフス条約の理論構成が示唆を与えてくれるかもしれない．すなわち，まず環境権を現在と将来の世代が健全で良好な環境を享受する権利を憲法上の権利として明記し，これにもとづいて情報公開と市民参加を保証する市民の権利を導くのである．今後，地方自治体はますます地域固有の生態系の保護を求められるが，そこでのさまざまな形での市民の積極的な参加が期待されるのである．

（6） 環境行政と市民参加

環境法を構成する多くの法律が許可制を採用している．許可は，行政規制の代表的な仕組みの1つである．許可とは，本来ひとの自由な活動領域について，あらかじめ一般的な禁止をしておき，一定の要件を備えた場合に申請にもとづいて個々に禁止を解除し，本来の自由の回復をはかるものである．環境法の許可制をめぐる紛争のなかで，産業廃棄物処理施設の設置許可申請に関するもの

が少なくない．具体的には，事業者が知事から設置の許可を受けたにもかかわらず，その後に周辺住民が施設の建設・操業の差し止めを求めて裁判所に提訴することがある．提出した事業計画が許可基準を満たしているにもかかわらず，このような紛争が生じてしまうのは，なぜだろうか．

　法律に明記された許可基準は，全国一律に適用されるものであるため，平均値的なものにならざるをえない．そのため個々の具体的なケースでは，裁判所が住民の生命や健康の観点から受忍限度を超える環境負荷の発生を認める可能性がある．こうした事態を防ぐためには，地方行政は許可基準が不十分であると気づいた時，法律よりも厳しい基準を独自に適用したくなるかもしれない．しかし，法律はこれを禁止している．

　そこで，行政は要綱（ガイドライン）によってこの問題の解決をはかろうとする．要綱は，条例のように地方議会において議決されたものではなく，法的な拘束力はない．行政が要綱にもとづいておこなうのは行政指導である．行政指導には強制力はなく，それに従うか否かは任意である．それにもかかわらず，事業者が周辺住民の同意書を添えて提出しなければ申請を許可しないという規定が，要綱に盛り込まれることがある．強制力を伴わないはずの要綱に，申請者が従わなければ不利益を受けるとすれば，それは実質的に強制力をもつといえる．

　1995年に成立した行政手続法は，住民の同意書を求める要綱の行政運用を，厳しく禁止している．同意書がなくても提出すべき書類が揃っていれば適法な申請であり，行政は速やかに審査しなければならない．同意書がないことを理由に提出書類を送り返せば，行政の違法な不作為となる．あるいは，審査後に同意書がないことを理由にして不許可の処分をおこなった場合でも，同意書の有無が法律の許可基準に含まれていない以上，行政が一方的に不許可にする自由はないのである．

　この問題について，1997年に廃掃法（「廃棄物の処理及び清掃に関する法律」）を改正して，廃棄物処理施設の設置の許可について，適正配慮要件を追加した．施設の設置申請にあたっては生活環境影響調査手続が導入され，これにより市民への情報提供と市民参加の両方が前進するものと期待された．しかし，調査項目が少なく市民参加の手続きも十分ではなかったため，期待されたほど要綱

行政は減少しなかった．環境行政においても，情報公開と市民参加の一層の促進が求められているのである．

(7) 原子力発電と放射能汚染

　最後に，東日本大震災後の日本の原発行政の変化について，ごく簡単に述べておきたい．これまで環境法は原発を規制の対象に含めてこなかった．なぜだろうか．1つは，原発推進の利益集団が環境法による原発の規制を排除してきたことが指摘されている．もう1つは，原子炉という施設そのものの安全性を審査することは，環境法の規制の仕組みを大きく超えるものだからである．環境法の規制は，施設から排出される物質などを一定の基準以下に保つ方法をとる．他方，原発の事故では，原子炉が操作不能に陥り，回復不能な重大な被害を地域住民や自然環境にもたらす．そのような事態を環境法は想定していないのである．

　東日本大震災までの原発関連の行政組織や法律は複数存在し，複雑で分かりにくい状態にあった．その弊害を取り除くために，行政組織は環境庁の下に独立の組織として原子力規制委員会とその事務を担う原子力規制庁に一本化された．原子炉の設置等に関する法律も，これまでの原子炉等規制法と電気事業法の2つの法律が存在したが，2012年の改正で原子炉等規制法に一本化された．

　しかし，大幅に改正された原子炉等規制法ではあるが，住民参加の規定を見ることはできない．原発について住民が意見を述べる法律上の機会は，環境影響評価法による意見書の提出や説明会においてしかない．今後の課題として，原発に関する広範な問題について，専門家だけでなく住民なども広く参加して議論する仕組みを法律で明記する必要がある．

3　ジェンダーと法

(1) ジェンダーとは

　日本国憲法14条では，法の下の平等が規定され，性別などを理由とする差別が禁止されている．「**ジェンダー（gender）**」は，性別にかかわる概念である．ジェンダーに関連する問題は，さまざまな領域で議論されているが，日本

国憲法上の権利との関連では，**法の下の平等原則**（14条），**性的自己決定権**（13条の幸福追求権に基づく），**家族形成権**（13条および24条に基づく）などがジェンダーをめぐる議論と密接にかかわっている．

では，ジェンダーとは何だろうか．ジェンダー概念が登場する以前は，性別はすなわち生物学的性差（セックス sex）を意味すると考えられていた．1960年代以降の**フェミニズム**運動において，女性に対する差別や抑圧にかんする分析が盛んにおこなわれるなかで，セックスとは区別された，「女らしさ」や「男らしさ」のように社会的・文化的・歴史的に作られた性のありようを意味する概念として，「ジェンダー」概念が用いられるようになった．しかし，セックスとジェンダーを二元的に捉える考え方にも，疑念が向けられるようになった．なぜなら，セックスもまた，社会的・文化的・歴史的に形成されたものだからである．セックスは，性染色体，性腺，内性器，外性器および二次性徴などの状態から判断されるものであり，たとえば，それらが揃って男性／女性のいずれかに振り分けられているわけではない性のありよう（性分化疾患，インターセックス，半陰陽など）も見られる．さらに，セックス／ジェンダー二元論のもとでは，性自認やセクシュアリティが考慮されておらず，同性愛者などを差別的に扱っているとの指摘もなされてきた．

したがって現在では，ジェンダーを，セックスと区別して二元的に理解するのではなく，「**性差にかんする社会・文化的に形成された知を表す語・概念**」という広い意味で用いる論者が多くなっている．こうした広い意味でのジェンダーに根ざす差別には，同性愛者などの**性的マイノリティ**に対する差別も当然含まれる．しかし，これまでわが国の法学の領域でジェンダーに関連して議論されてきた諸問題は，男女間の形式的および実質的平等にかんする問題が多く，性的マイノリティに対する差別について議論が盛んになってきたのは，比較的最近のことである．本節の以下でも，主として男女間の格差の問題を取りあげる．現実の集団としての男性と女性の間には，実際にさまざまな格差が見られる．それらの格差は「ジェンダー不平等」を意味しており，是正されるべきものであることに異論の余地はないであろう．

なお，ジェンダー不平等の問題では，現実に女性だけがつねに不利益を受けているというわけではない．**ジェンダー・バイアス**（ジェンダーに基づく偏見）

によって，現実の男性が不利益を受けている場合も散見される．「男らしさ」を押し付けられた男性は，過労死に至るまで働くことを余儀なくされたり，ひとり親になっても支援を求めることができなかったり，女性よりも稼ぐことができるという前提で社会保障を受ける機会が制限されたりする場合がある．

しかし，このような男性の不利益も，「『男性』が『女性』を劣等な性とみなして権力を行使する社会関係のシステム」(**家父長制**と呼ばれる)に起因すると，指摘されてきた．家父長制の定義のなかの「男性」と「女性」は，必ずしも現実の男性や女性のすべてを指すわけではない．「男らしさ」の規範に従って生きる現実の女性も，「男性」にあたると言ってよいだろう．すべての女性あるいは男性を一括りに考えることは，適切ではないが，集団として男性と女性を比較して明らかになる格差は，「『男性』が『女性』を劣等な性とみなして権力を行使する社会関係のシステム」を端的に示しているといえよう．

ジェンダーと法にかんする学問領域として，「**ジェンダー法学**」や「フェミニズム法学」などと呼ばれる，比較的新しい学問領域がある．ジェンダー法学は，ジェンダーの視点から法を捉えなおし，ジェンダー・バイアスに基づく不平等などの問題を発見するとともに，その解決を図ることを目指す学問領域と定義される．ジェンダー法学では，さまざまなジェンダー不平等の問題が発見され議論されてきたが，そのなかから，本節では，国際社会におけるジェンダー平等の取り組みを確認したうえで，国内の取り組みおよび課題として，主に政治分野，労働分野，社会保障制度，家族をめぐるいくつかの問題を取りあげる．

（2） 国際社会におけるジェンダー平等への取り組み
女性差別撤廃条約と「ジェンダーの主流化」

ジェンダー平等の達成は，国際社会における重要な課題の1つである．国際的なジェンダー法の基礎は，1979年の**女性差別撤廃条約**（「女子に対するあらゆる形態の差別の撤廃に関する条約」）の成立によって築かれた．この条約の特徴は，① 自由権から社会権までの人権を幅広く規定していること，② 公機関による差別だけでなく，「いかなる個人，団体または企業による」差別も，締約国は撤廃しなければならないとしていること，③ あらゆる差別的「慣習」および

「慣行」の撤廃が求められていること，④ ポジティブ・アクション（本節(3)を参照）を容認していることである．

日本は，1985年に本条約を批准した．条約の批准にあたり，国籍法の改正（父系血統主義から，父母両系血統主義へ），高校家庭科の男女共修化，**男女雇用機会均等法**（男女の均等な機会及び待遇の確保等に関する法律）の制定（1985年）などがおこなわれた．

女性差別撤廃条約の締約国は，条約の実施状況について，**女性差別撤廃委員会（CEDAW）** に報告する義務がある．日本は2017年までに8回にわたり報告書を提出し，CEDAWが各報告に対して「総括所見（最終見解）」を発表してきた．「総括所見」では，上述の条約の特徴にあるように，公機関による差別だけでなく，日本社会におけるさまざまな差別が指摘されてきた．「総括所見」で指摘された諸問題には，あまり国内で認知されていない問題も含まれており，それらの問題に光を当てる点でも，CEDAWは大きな役割を果たしている．

さらに，1995年の第4回世界女性会議における**北京宣言**および**北京行動要領**では，国連の機構全体の「**ジェンダーの主流化**」が宣言された．ジェンダーの主流化は，ジェンダー平等の達成を目標として，あらゆる法制度・政策などにジェンダー不平等解消の視点を組み入れることを指す．ジェンダーの主流化は，性暴力対策への国際的な関心を高めるなどの展開を見せている．

こうしたジェンダーの主流化の流れのなかで，**女性差別撤廃条約選択議定書**が1999年に採択された．選択議定書には個人通報制度――女性差別撤廃条約上の権利を侵害された被害者（個人あるいは団体）が，被害の実情を直接CEDAWに通報できる――が備えられている（レファレンス：国際人権条約の実施措置については第7章1(2)参照）．日本は，司法権の独立に抵触するなどの理由により，女性差別撤廃条約選択議定書を批准していない．CEDAWへの個人通報のうち，条約違反が認容された例もいくつか見られるなど，ジェンダー平等にたいする国際的な取り組みは，各国の国内におけるジェンダー平等の実現に貢献してきた．

国際社会のなかでの日本のジェンダー平等達成度

ジェンダー平等の国際的な取り組みが進んでいるなかで，わが国のジェンダー平等の達成度は，どのような水準にあるだろうか．

表7-1 人間開発指数（HDI）とジェンダー・ギャップ指数（GGI）

HDI

順位	国名	HDI値
1	ノルウェー	0.949
2	オーストラリア	0.939
2	スイス	0.939
4	ドイツ	0.926
5	デンマーク	0.925
5	シンガポール	0.925
17	日本	0.903

GGI

順位	国名	GGI値
1	アイスランド	0.878
2	ノルウェー	0.830
3	フィンランド	0.823
4	ルワンダ	0.822
5	スウェーデン	0.816
6	ニカラグア	0.814
15	イギリス	0.770
49	アメリカ	0.718
114	日本	0.657
118	韓国	0.650

（出典）United Nations Development Programme, *Human Development Report 2016* (2016), p. 198.
World Economic Forum, *The Global Gender Gap Report 2017* (2017), p. 10.

表7-1をみてみよう．2017年のわが国のジェンダー・ギャップ指数（GGI）は144カ国中114位であり，人間開発指数（HDI）に比べると，著しく順位が低い状態にある．HDIは，出生時の平均寿命，知識（平均就学年数及び予想就学年数），1人当たり国民総所得（GNI）を用いて算出される．GGIは，男女間の格差を示す指数であり，経済分野（労働力率，同じ仕事の賃金の同等性，所得の推計量，管理職に占める比率，専門職に占める比率），教育分野（識字率，高等教育の在学率など），保健分野（新生児の男女比率など）および政治分野（国会議員に占める比率，閣僚の比率，最近50年の国家元首の在任年数）から割り出される．GGIの算出データのうち，日本はとくに，経済分野と政治分野の男女間格差が大きく，GGI値の低さに影響を与えている．

つぎに上述のような日本の状況に対して，どのような取り組みがおこなわれてきたかおよび課題について見てみよう．

（3） 日本におけるジェンダー平等への取り組みと課題

法制度の展開

まず，日本のジェンダー平等への取り組みの経緯を，法制度の整備の観点か

ら確認しておこう.第二次世界大戦後制定された日本国憲法では,法の下の平等が保障され,ようやく女性にも参政権が認められることとなった.具体的に女性への差別を禁止する法律としては,1986年に制定された男女雇用機会均等法が挙げられる.男女雇用機会均等法は,雇用に際しての差別を禁ずるものであって,包括的に性差別を禁止する法律は,1999年の**男女共同参画社会基本法**が初めてのものである.さらに,ジェンダーに関連する法律としては,2003年に成立した**性同一性障害者特例法**(性同一性障害者の性別の取扱いの特例に関する法律)が挙げられる.

政治とジェンダー

先ほどジェンダー・ギャップ指数に関連して述べたように,日本は,政治分野でのジェンダー平等がとくに立ち遅れている.具体的な統計として,女性の政治参画の数値を見ると,国会議員に占める女性の割合(平成29年11月1日現在)は,衆議院で10.1%であり,参議院では20.6%である.地方議会では,大都市ほど女性議員の割合が増えるが,最も高い特別区議会で26.9%に,次いで政令指定都市の市議会で17.1%にとどまっている(平成28年12月末現在).

こうした状況は,女性の**過小代表**を意味しており,民主主義にとって問題であると指摘されている.政治参画の男女格差は,わが国だけでなく,各国でも見られてきた現象であり,格差の解消のために,いくつかの国では,**ポジティブ・アクション**が導入され,実際に格差の是正が進められてきている.わが国の男女共同参画社会基本法2条2号でも,積極的改善措置すなわちポジティブ・アクションが定義されている.

ポジティブ・アクションは,アファーマティブ・アクション,積極的改善措置,積極的格差是正措置あるいは暫定的特別措置(女性差別撤廃条約4条1項)とも呼ばれる.ポジティブ・アクションは,過去の社会的構造的差別により不利益をこうむってきたマイノリティのグループの構成員に対し,特別の機会を導入したり,事実上の不平等を縮小したりする暫定的で特別な措置を指している.たとえば,政党が自発的に,党の役職の一定割合を女性に割り当てたり,比例代表の名簿の上位に女性を割り当てるなどの自発的な措置や,法律によって強制的に議席を割り当てたりする措置がポジティブ・アクションに含まれる.

各国で導入されているジェンダー平等を目指したポジティブ・アクションに

は，さまざまな態様がある．①厳格な態様としては，クォータ制（どちらか一方の性に一定の割り当てをおこなう），パリテ（意思決定機関において，女性と男性が同数になるよう要求する）などの措置が挙げられる．②中庸な態様として，ゴール・アンド・タイムテーブル（目標数値とその達成期限を定める），プラス要素方式（同等の能力・資格があることを前提に，プラス・ファクターとしてジェンダーを重視する）などの措置が挙げられる．③穏健な態様としては，ワーク・ライフ・バランスの推進，昇進のための研修訓練などが挙げられる．

ポジティブ・アクションに対しては，「逆差別」にあたるといった批判が向けられるだけでなく，各国では措置の合憲性が争われてきた．実際にヨーロッパのいくつかの国では，導入された強制的クォータ制について，裁判所が憲法上の平等原則に反するという判決を下した．また，優遇を受ける集団に対する偏見や敵意を助長する危険性も指摘されている．しかし，あくまでも実質的な平等を達成するための暫定的措置であり，措置の性質や態様によっては，十分に正当化可能であるとの議論も有力となっている．

日本でも，政治分野でのポジティブ・アクションの導入は，学界においてさまざまに議論が展開されてきたが，いまだに実現に至っていない．

労働とジェンダー

労働分野でのジェンダー平等の実現は，労働力の確保や，少子化対策といった政策にも結びついており，日本の喫緊の課題の1つとされてきた．

1985年に制定された男女雇用機会均等法では，当初は，女性であることを理由とする差別的取扱いのみが禁止されていた．しかし2006年の改正時に，男性であることを理由とする差別的扱いも禁止され，本法は性差別禁止法として位置づけられる．

さらに2006年改正によって，直接差別だけではなく，**間接差別**も禁止されるに至った（均等法7条）．間接差別は，直接的には性別を理由にしていないが，実質的にいずれかの性別を差別的に取扱うことになる労働条件などを指す．具体的には，①募集・使用にあたり，一定の身長，体重または体力を要件とすること，②募集・採用，昇進または職種の変更にあたり，転居を伴う転勤を要件とすること，③昇進にあたり転勤経験を要件とすることが間接差別として禁止されている．

たとえば，夫婦共働きで小さな子どもがいる場合に，子どもの主たる養育者である妻（共働きの場合でも，多くの家庭で，育児の主たる責任は妻が負う）の転勤には困難が伴う．また妻の転勤だけでなく，夫が転勤する場合も，妻が常勤の仕事を辞めて，転勤先についていく場合も実際には多い．転勤経験の有無が採用あるいは昇進などの要件になると，女性本人が転勤する場合でなくとも，ジェンダー不平等な社会構造ゆえに，結局のところ女性の採用や昇進が妨げられるのである．

間接差別のほかに，均等法改正によって近年新たに対策が施された性差別は，**セクシュアル・ハラスメント（セクハラ）**および，いわゆる**マタニティー・ハラスメント（マタハラ）**である．1999年の均等法改正法では，セクシュアル・ハラスメントを防止する事業主の配慮義務が規定され，2006年の改正時には，配慮義務から措置義務へと改められた（均等法11条）．さらに2016年には，妊娠・出産等に関するハラスメント（マタハラ）の防止措置義務を事業主に課す旨の改正がおこなわれた（均等法12条の2）．

セクハラは，「対価型セクシュアル・ハラスメント」および「環境型セクシュアル・ハラスメント」の2つの類型に大きく分けることができる．対価型セクハラは，性的な言動への対応が報復・取引として経済的利益や不利益を伴うものである．たとえば，上司が部下に対して性的な関係を要求し，応じなければ解雇するなどと言った場合は，対価型セクハラにあたる．環境型セクハラは，性的な言動が経済的利益・不利益に直接影響を与えることはないが，脅迫的・不快・敵対的な条件を作り出して，労働環境あるいは教育・研究上の環境を悪化させるものである．たとえば，職場において，女性のヌード・ポスターが貼られたり，性的な会話が日常的に交わされたりすることにより，労働者が苦痛を感じる場合は環境型セクハラにあてはまる．また，均等法におけるマタハラには，たとえば，育児休業を申請した労働者に対して申請を取り下げるように要求したり，嫌がらせをおこなったりすることが含まれる．

均等法の改正などによって，法制度の整備は進められているが，労働分野におけるジェンダー平等の達成度合いは，決して高いものとは言えない．日本の労働関係におけるジェンダー不平等な現状は，さまざまなデータに表れている．

2016年の男女の平均所定内給与額（所定内給与：決まって支給する給与のうち所

定外労働給与以外のもの）を比べると，男性一般労働者の給与水準を 100 としたとき，女性一般労働者の給与水準は 73.0 にとどまっている．このような格差の原因の 1 つと考えられるのが，出産・育児による就労の中断である．図 7 - 3 および図 7 - 4 を見てみよう．図 7 - 3 に示された，日本の女性の年齢階級別労働力率が描くカーブは，出産・育児の時期に労働力率が下がるため，M 字のカーブを描いている．M 字のカーブは，年々浅くなってきてはいるものの，フランス，ドイツ，スウェーデンおよび米国と比較すると，いまだに深いままにとどまっている．育児休業制度についても，育児休業法が改正され，父親の育児参加を促す内容に拡充されているが，男性の育児休業の取得率は，民間企業が 2.65%，地方公務員が 2.9%，国家公務員が 5.5%（2015 年度）と低い水準にある．

　また，女性の就労者のうち非正規雇用の形態の就労が占める割合の高さ（平成 28 年では女性 55.9%，男性 22.1%）および，管理職に占める女性割合の低さ（図 7 - 4 参照）もまた，女性が生涯で獲得する賃金の平均を男性のそれよりも低くする原因になっている．

　以上のような統計に現れるジェンダー格差をもたらす要因の 1 つは，既述のように，出産・育児による就労の中断である．出産・育児による就労の中断を防ぐためには，すでにいくつかの法整備がなされてきた．産前産後休業の規定（労働基準法 65 条 1 項，2 項）および妊産婦等に対する保護・配慮の規定（労働基準法 64 条の 2，3，女性労働基準規則）である．しかし，育児休業の取得に対して職場の体制が十分に整っていなかったり，そもそも就労のあり方が多様性および柔軟性に欠けていることも，出産・育児による就労の中断を招いている．さらに，待機児童の解消や保育サービスの拡充も重要な課題であり続けている．

　出産・育児にかかわらず就労を継続できたとしても，女性の労働者は，家事・育児の重い負担を担うことになる．女性の社会進出が進んだとはいえ，家庭における無償労働（家事，育児および介護など）は主として女性に，家庭外での有償労働を男性に振り分ける「**性別（役割）分業**」は，いまだに根強く残っている．たとえば，1 日当たりの行動者率でみると，共働きの世帯の約 8 割の夫が「家事」，約 7 割の夫が「育児」を担っていない（参照，『男女共同参画白書平成 29 年版』77 頁）．

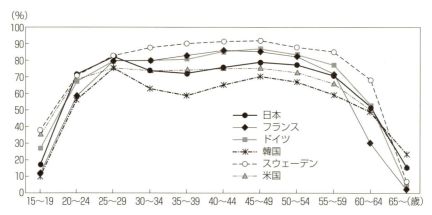

図7-3 女性の年齢階級別労働力率の国際比較

(備考) 1. 日本は総務省「労働力調査(基本集計)」(平成28年),その他の国はILO "ILOSTAT" より作成.いずれも2016 (平成28)年値.
2. 労働力率は,「労働力人口(就業者+完全失業者)」/「15歳以上人口」×100.
3. 米国の15~19歳の値は,16~19歳の値.
(出典) 男女共同参画白書 平成29年版, 66頁より引用.

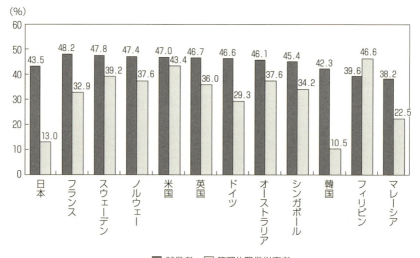

■ 就業者　□ 管理的職業従事者

図7-4 就業者および管理的職業従事者に占める女性の割合(国際比較)

(備考) 1. 総務省「労働力調査(基本集計)」(平成28年),その他の国はILO "ILOSTAT" より作成.
2. フランス,スウェーデン,ノルウェー,英国及びドイツは2016(平成28)年,米国は2013(平成25)年,その他の国は2015(平成27)年の値.
3. 総務省「労働力調査」では,「管理的職業従事者」とは,就業者のうち,会社役員,企業の課長相当職以上,管理的公務員等.また,「管理的職業従事者」の定義は国によって異なる.
(出典) 男女共同参画白書 平成29年版, 72頁より引用.

家庭内での労働を適切に分配するためには，従来の男性的な働き方を見直し，すべての労働者の労働時間が短縮され，多様で柔軟な働き方が可能にならなければならない．また，**同一価値労働同一賃金**（同一労働同一賃金とは異なる）の実現も重要である．近年では，個人の生活と労働生活の調和（**ワーク・ライフ・バランス**）が重視されるようになってきている．家事・育児だけでなく，介護についても，介護の社会化（介護の担い手を家族だけでなく，社会に求める動き）が不可欠であろう．さらに，育児休業取得率などに見られるジェンダー格差の是正のために，ポジティブ・アクションの導入なども進められるべきであろう．

社会保障制度とジェンダー

社会保障制度の構想には，家族の誰がどのように有償労働あるいは無償労働を担うのか，についての考え方が大きく関わってくる（レファレンス：社会保障の法制度一般については第6章4参照）．日本の社会保障制度は，いわゆる「**男性稼ぎ手モデル**」の家族を前提として設計されてきた．すなわち，一家の稼ぎ手である夫が有償労働を担い，専業主婦の妻が子どもや高齢者のケアといった無償労働を担う家族が前提にされている．その表れとして，所得税法上の**配偶者控除**や，公的年金制度の**第3号被保険者**（被扶養配偶者，専業主婦）の規定などが挙げられる．

実際には，共働き世帯やひとり親世帯など多様な家族形態の世帯が年々増加している．それにもかかわらず，社会保障は相変わらず「男性稼ぎ手モデル」であり，「男性稼ぎ手モデル」のみが優遇され，不公正ではないかという批判が絶えない．

さらに，「男性稼ぎ手モデル」の家族，共働きの家族あるいはひとり親の家族のいずれも，婚姻関係および親子関係で構成される家族が1つの単位とされていることに変わりはない．しかし，少子高齢化が進むなかでは，必ずしも婚姻関係や親子関係などの血縁関係を核とせず，育児や介護などのケア労働を分担しあうような，家族に近い共同体の生成なども考えられる．こうした家族に類似した人々の結びつきも含めた，多様な家族のあり方を認める社会保障制度への転換をも念頭に置く必要があるだろう．

家族とジェンダー

労働生活および社会保障制度に関連して言及したように，ジェンダー平等な

社会の実現のためには、家族のあり方を再考する必要があり、すでにさまざまな議論が展開されている。たとえば、家族に代わる新たな概念として「**親密圏**」が注目されたりもしている。親密圏は標準的家族モデル（夫婦とその子どもを構成要素とする）にとどまらず、親密な関係で形成される領域を指す。

現在の標準的家族モデルは、戦前の**家制度**およびそれを支えた戸籍制度に由来する。家制度は、戸主が家族構成員の頂点に位置づけられ、夫権中心の性差別を内包していた。戦後、家制度は廃止されたが、戸籍制度は残り、夫婦同氏の原則（民法 750 条）および親子同氏の原則（民法 790 条）のもとで同じ氏を持つ夫婦と子どもで構成される家族が、標準的家族モデルとして定着し、社会生活の単位となってきた。

しかし、日本国憲法上の、法の下の平等原則、家族形成権および性的自己決定権を保障するためには、標準的家族モデル、つまり**異性愛一夫一婦制**の婚姻を核とする形の家族だけでなく、多様な家族が保護されるべきではないか、という批判が向けられている。たとえば、異性愛者であること、あるいは同性愛者であることは性的自己決定権の問題であり、そうした性的指向性により差別されず、何人にも家族を形成する権利が保障されるべきではないのか、といった問いが生じてくる。

多様な家族のあり方の承認は、家族内における無償労働の分配のあり方の多様性を生み出し、性別分業の解消に結び付くと考えられる。だが現在の日本では多様な家族のあり方について否定的な風潮が強い。たとえば、家制度の名残とも言える夫婦同氏原則は、現実には多くの女性たちにデメリットを与えているため、夫婦同氏か別氏かを選択できる、選択的夫婦別氏制度の導入を求める声が高まっている。他方で、夫婦別氏は家族の一体感を損ねるなどの反対意見が根強い。別氏によって家族の一体感が損なわれると考え、同氏でありたいカップルは、選択的夫婦別氏制度のもとで、同氏を選択できる。それにもかかわらず、選択的夫婦別氏制度そのものに対する根強い反対は、個人の自由および平等を基礎とする家族制度を阻む力の大きさをうかがわせるものである。

また、性的自己決定権の 1 つと考えられる、**リプロダクティブ・ライツ**（性と生殖に関する権利）をめぐる議論も、家族と関連してくる（レファレンス：生殖の自己決定権については第 1 章 2（3）参照）。リプロダクティブ・ライツは、何人

の子どもをどのような時期に産むかどうかなど，生殖に関して自由に決定する権利を意味している．過去も現在も多くの国でおこなわれた人口政策を鑑みれば，リプロダクティブ・ライツの重要性は言うまでもないが，その内容については，不明瞭な部分も多い．たとえば，妊娠・出産をめぐるさまざまな事項の決定権がリプロダクティブ・ライツに含まれるものの，権利主体が妊娠している女性であるのか，カップルであるのかは曖昧にされてきた．権利の主体および内容について，さらに明確化される必要がある．

さらに，リプロダクティブ・ライツに生殖補助医療を用いて子どもを持つ権利が含まれると理解するならば，そうした権利は婚姻しているカップルにのみ保障されるのか，あるいは同性カップルなどにも保障されるのかという点も検討されなければならないだろう．

4 国際社会と法

(1) 憲法・国際社会・法の支配

憲法と国際法

日本国憲法の GHQ 草案作成にあたり，最高司令官マッカーサーによって「国連憲章に明示的に言及する必要はないが，国連憲章の諸原則は念頭に置かれなければならない」という指示が出された（レファレンス：憲法制定のプロセスについては第 2 章 1（1）参照）．したがって，わが国の憲法が前提としているのは国連憲章により規律された国際社会であると考えてよいし，日本国憲法と国連憲章が基本的な理念を共有していると想定してもよい．

国連憲章は戦争の違法化と紛争の平和的解決を原則とし，国家の安全保障のために，国連の下での安全保障という仕組みを導入した．これに対し日本国憲法は前文で「日本国民は……平和を愛する諸国民の公正と信義に信頼して，われらの安全と生存を保持しようと決意した」という文言を用いるが，これは，憲法が安全保障の方策として**国連の集団的安全保障**を採用したことを示している．

1941 年にルーズベルトにより提唱された「四つの自由」は，太平洋憲章においては「恐怖及び欠乏から解放されてその生命を全うすることを保障するよ

うな平和が確立されることを希望する」と表現され，これは後に国連憲章に結実することとなった．日本国憲法は，この恐怖及び欠乏からの解放という理念を「全世界の国民が，ひとしく恐怖と欠乏から免かれ，平和のうちに生存する権利」（前文）という文言，つまり**平和的生存権**（レファレンス：平和的生存権については第1章2（3）参照）として表現している．これは国家の安全保障ではなく，人間の安全保障という観点を先取りしたものであるとも評価されている．

国際法の法源

国際法の主たる法源は，**条約と慣習国際法**である．条約は国家間で文書により締結された合意であり，それに参加した国家のみを拘束する．慣習法は多数国家による慣行の反復・継続，つまり**一般慣行**（必ずしも長期間の継続は必要ではない）という客観的要素と，多数国家が法的義務だと認めること，つまり法的信念という主観的要素から成り立っており，国際社会において普遍的・一般的に妥当する．

条約は条約作成への参加国によって採択され，当事国代表者が署名をおこなう．**批准**が必要な場合は，条約を締結する権限をもつもの（通常立法府）が，条約受諾の意思を確定する行為である批准をおこなうことで条約は成立する．

条約締結にあたって，多くの国家による条約への参加が望ましいから，**留保**が認められている．留保とは，条約の中のある規定について，その条文の適用を自国について排除すること，または変更することの一方的な宣言を意味する．留保は，条約の重要な規定に関して条約の目的達成が妨げられることになる場合を除いては，一カ国の受諾があれば認められる．条約が留保により普遍性を獲得することは望ましいが，あまりに多くの留保が表明されるなら，条約の一体性が阻害されることになるし，また留保が濫用される危険も存在する．

慣習国際法は，その性質上内容について不明確であることが多いので，慣習法を明文の条約に直す法典化という作業がおこなわれてきた．国際法委員会（ILC）は国際法の条約化に従事し，1958年の海洋法4条約，1969年の条約法に関するウィーン条約などの法典化条約を採択してきた．

慣習国際法と条約以外の法源として**法の一般原則**がある．これは「文明国が認めた法の一般原則」（ICJ規程第38条1項c）であり，信義誠実の原則，権利濫用の禁止，違法行為に対する賠償責任，証拠能力の諸原則，禁反言（エストッペル）の原則，

既判力の原則などがある．さらにこれら以外の補助的な法源として，国際裁判の判決，学説，国際機構の決議，未発効の条約などがある．

国際社会における法の支配

法の支配（rule of law）とは人の支配に対立する概念であり，統治される者だけではなく，統治する者も法に従わなければならないとする原理である．法の支配における法とは理性にもとづく法（＝人権の保障する法）であることが含意されている．つまり，法の支配の核心は個人の自由と尊厳の保護を目的として，法を無視した恣意的な権力の行使を制限することにある．法の支配という観念は近年グッド・ガバナンス（良い統治・良い政策）とともに（あるいはその構成要素の1つとして）援助や平和構築の文脈において重要なアプローチとして注目されている．さらに近年国際社会においても法の支配が強調されるようになってきている．

しかし，国際社会における法は主権国家間の合意にすぎないから，主権者の恣意的な権力行使を制限することを目的とする法の支配という考え方は国際社会とは相容れないのだと主張されることもある．だが，今日では，人権は国際社会の関心対象となっているのであって，さらに一定の核となっている重要な人権はすでに国際慣習法化していて，国際社会において普遍的・一般的に妥当する一般国際法となっているとも考えられている．そうであれば，伝統的な国家主権もこれらの国際人権法によって制約を受けるのだと考えられる．その意味で，交戦法規と戦争被害者保護のルールである国際人道法及び国際人権法を基盤とした法の支配を語ることには十分な意味があるといえるだろう．

（2）国際人権

国際人権法

国連憲章中の抽象的な人権規定を具体化するため，国連総会は1946年に人権委員会を設置し，それに国際人権章典の作成を指示した．その結果，さまざまな見解の相違を乗り越えて1948年には「すべての人間は，生まれながらにして平等であり，かつ，尊厳と権利とにおいて平等である」（一条）と定めた**世界人権宣言**が「すべての人民とすべての国とが達成すべき共通の基準として」採択された．世界人権宣言は法的拘束力を持たない文書であるが，国際人

権に関する最も基本的な文書であるとみなされている.

さらに,人権の国際的保護を法的に義務づけた包括的条約として国際人権規約が1966年に定められている.これは「**市民的及び政治的権利に関する国際規約(自由権規約)**」と「**経済的,社会的及び文化的権利に関する国際規約(社会権規約)**」からなっている.両人権規約は1976年に発効し,日本は1979年に批准しているが,社会権規約については幾つかの点について留保を付している.

人権条約では,人権の保障と実現は国家単位でおこなわれることが想定されており,自国民の権利実現はその国民の所属する締結国に託されている.そこで締結国による権利実現を確保するための手続＝実施措置が人権条約の中に定められている.この手続きには,まず**報告制度**がある.これは締結国に人権条約によって設置された委員会に報告書を提出するよう義務づけるものである.報告書は委員会の審査を受けるが,この審査における指摘や評価(NGOが情報提供に大きな役割を果たしている)が国際世論に敏感な国に対しては規約履行に向けた影響力となり,規約実現を促進する.

また,締結国が他の締結国の規約違反についておこなった通報を処理する手続き(**国家報告制度**),個人からの規約違反の通報を処理する手続き(**個人通報制度**)がある.わが国はこれらの実施措置には参加していない.2011年には民主党政権の下で「個人通報制度」を導入する方針が示されたが,結局は見送りになっている.

また一般的人権条約以外にも,人種差別撤廃条約(1965),アパルトヘイト条約(1973),女性差別撤廃条約(1979),子どもの権利に関する条約(1989),強制失踪条約(2006)など,個別的な人権関連条約が採択されている.これらの条約も上述の報告制度などの実施措置を備えている場合が多い.

たとえば,女性差別撤廃条約によって設置された女性差別撤廃委員会は2016年に日本政府に対する最終見解を出したが,そこでは2015年の年末に日本の最高裁判所が合憲との判決を下した民法750条の夫婦同姓原則について,事実上女性に夫の姓を強制しているとして,改正を求めている.また,同日に一部違憲とされた再婚禁止期間についても,女性に対してのみ再婚を制限しているとして,さらに改善を求めている(レファレンス:夫婦同氏原則については第7章3(3)家族とジェンダー参照).さらに,拷問等禁止条約による国連拷問禁

止委員会は，2013年に国連拷問禁止委員会による政府報告書の審査にもとづいて，最終見解を出しているが，そこでは「締結国（日本）の司法制度は，実務上，自白に広く依拠しており，その多くは……代用監獄において得られている」のであって，そこで被疑者は暴行，脅迫，睡眠妨害，休憩のない長時間の取調べなど，不当な取り扱いを受けていることを指摘し，代用監獄への深刻な懸念を示し，改善の勧告をおこなっている（レファレンス：代用監獄あるいは代用刑事施設については94-5頁参照）．

国際刑事裁判所

冷戦の終了とともに発生した民族的アイデンティティにもとづく新たな紛争では，民族浄化などの重大な人権侵害が起こった．武力行使による紛争の抑制が見送られたり，適切な時期での介入に失敗した場合には，人権侵害行為の抑止を狙って暫定的な国際裁判所（アド・ホック）が設置される．ボスニアでは紛争の激化しはじめた1993年に**旧ユーゴスラビア国際刑事裁判所（ICTY）**が，ルワンダでは1994年に**ルワンダ国際刑事裁判所（ICTR）**が設置された．これらは国際人道法，戦争犯罪，人道に反する罪，集団殺人（ジェノサイド）の罪について責任のある個人を裁く先駆的な裁判所であったがICTRは2015年に活動を終えた．スプレニッツァの虐殺を指揮した「最後の大物」の裁判を終えたICTYも2017年末に活動を終了している．

さらに，2003年には集団殺人，人道に対する罪，戦争犯罪，（将来的に侵略の罪）を犯した個人を裁く初の常設の**国際刑事裁判所（ICC）**がハーグに設置された（http://www.icc-cpi.int/EN_Menus/icc/Pages/default.aspx）．ICCは1998年の国際刑事裁判所規定の採択，2002年の発効を経て設置されたが，国際刑事裁判所規定は米国，中国，ロシアなど大国によっては批准されていない．日本は遅ればせながら2007年10月に批准した．

ICCは，拙速な活動によってその権威を失わないよう，着実に歩みを進めており，これまで多くの案件において捜査，裁判をおこなっている．トマ・ルバンガ・ディロはコンゴ民主共和国における反政府組織，コンゴ解放愛国軍のリーダーであったが，「子ども兵」を徴集し，兵士として利用したという戦争犯罪を犯したとして2012年3月に禁錮14年の有罪判決を受けている．これは，ICCの発給した令状による初めての逮捕，ICCによる初の有罪判決の事例であ

る．ICC には，大国が加盟していないという点や被疑者の引渡しの実効性の問題など，不十分な点は残るが，国際社会における人権保障と法の支配の確立への寄与が期待されている．

人間の安全保障

近年国際社会において**人間の安全保障**という考え方が定着しはじめた．人間の安全保障はわが国においても外交政策上の重要な焦点の1つとされている．人間の安全保障とは，テロ，犯罪，戦争などの暴力，極度の貧困，教育の欠如，環境破壊の被害，病気などの広範かつ深刻な**脅威**から人々を保護し，人々の生存と尊厳を守ることである．従来の国家の安全保障では，国家の安全を軍事力によって確保することによって，国民の安全が保障されるという前提があった．しかし，国家そのものが時には人々に対する脅威の根源となっていること，現在は国家間の戦争よりも民族紛争や国内紛争が大きな脅威となっていること，グローバリゼーションによる一国のみでは対応できない脅威が出現してきたことなど，さまざまな現象が人間の安全保障概念の登場を促してきた．人間の安全保障は具体的な脅威から出発する考え方であり，人間の安全保障は人権概念と互いに補完し合いながら人間の生存と尊厳を実現していく理念であると理解されている．

さまざまな脅威は複合的に関係しあって安全を脅かしているのであるから，これに対して個別の分野ごとのバラバラな取り組みでは不十分であり，人間の安全保障を実現するためには包括的な取り組みが必要となる．また，その取り組みとしては脅威から人々を保護することでは不十分であり，人々が自立的に脅威に対処できるような能力を伸ばす，つまり**「能力強化（エンパワーメント）」**することも必要となる．さらに，安全に対する責任を負う主体として国家だけが重要なのではなく，国際機関・NGO・民間企業などの多くの担い手が不可欠となる．したがって人間の安全保障実現のためには，多様な担い手に責任を割り振るためのコンセンサスの獲得とグローバルな統治が必要になる．

（3） 国際紛争

紛争の平和的解決

伝統的国際法の下では，国際紛争を解決する手段として，平和的手段と強制

的手段の双方が認められていた．しかし第二次世界大戦後，国際連合憲章において「武力による威嚇又は武力の行使」（2条4項）が禁じられ，また国際紛争の平和的解決義務（同条3項）が規定された．

平和的解決手段には裁判手続きと周旋・仲介・審査・調停などの非裁判手続きがある．裁判手続きには，事件ごとに紛争当事国が合意によって設置する仲裁裁判と常設の裁判所による司法的解決とがある．常設の裁判所による司法的解決のために**国際司法裁判所（ICJ）**が国連の主要な司法機関として設立されている．

国際裁判の当事者能力を持つのは原則的に国家だけであり，裁判に紛争を提訴できるのは紛争当事者に**合意**がある場合に限られる．国際司法裁判所も紛争当事者の合意があるときにのみ裁判をおこなう．しかし一方的に裁判への付託がおこなわれ，相手側が明示または黙示により認めれば裁判をおこなうことができる（応訴管轄）．また，国際司法裁判所規程36条2項に選択条項が置かれているが，これは規程の当事者が宣言により裁判所の義務的管轄権を受諾することができると定めている．判決には法的拘束力があるが（59条），ニカラグァ事件の米国のように判決の履行がおこなわれない場合がある．しかし，国際司法裁判所は国際社会の裁判所として，国際社会における法の支配に資することが期待されている．

自衛権・国連の集団的安全保障

戦争違法化の原則の例外として，まず**自衛権**の行使をあげることができる．国連憲章51条は「安全保障理事会が国際の平和及び安全の維持に必要な措置をとるまでの間，個別的又は集団的自衛の固有の権利」の行使を認めている．**個別的自衛権**とは，自国が武力攻撃された場合に防衛する権利であるが，これまで多くの武力行使が自衛権を口実としておこなわれてきたから，自衛権の発動には一定の要件が必要であると考えられている．つまり自衛権の本質は「急迫不正の侵害に対するやむをえない限度での反撃」なのであるから，自衛のための措置は，急迫した違法な武力攻撃があった場合に，その攻撃に見合った反撃でなければならない．

集団的自衛権とは，ある国が武力攻撃された場合に，その国と密接な関係にある同盟国がその攻撃を自国の平和と安全に対する脅威をみなして，被攻撃国

と協力して防衛する権利である．集団的自衛権によれば，同盟国が攻撃を受けた場合には自国が攻撃されていなくとも反撃することが求められることになるから，わが国は集団的自衛権を有してはいるが，その権利を行使することは憲法によって禁じられていると，これまでは政府によって説明されてきた（レファレンス：日本の集団的自衛権とその問題点については 63-6 頁参照）．

戦争違法化の原則の２つめの例外が**国連の集団的安全保障**である．これは，武力行使を禁止する国連憲章の下に加盟国を組み込み，その中の一国が約束に反し武力を行使した場合，他のすべての国が全体として違反国に制裁を加えるという方法である．国連の下での安全保障については，主要な責任は**安全保障理事会**が負うこととなっており（国連憲章 24 条），安保理は**平和に対する脅威，平和の破壊又は侵略行為**の存在を認定し，それに対して平和の維持又は回復のための勧告（39 条）をおこない，さらに経済関係の断絶などの**非軍事的強制措置**（41 条），陸海空軍による**軍事的強制措置**（42 条）をとることができる．

冷戦下では安保理が十分に機能することがなかったが，冷戦の終焉後大国の協調がある程度可能になっている．1990 年の湾岸危機では，イラクによるクウェート侵攻が平和の破壊であると認定され，即時無条件撤退を求める安保理決議が採択された．その後，平和と安全を回復するために**必要なすべての手段を行使する権限**を加盟国に付与する決議（678）が採択された（http://www.un.org/en/ga/search/view_doc.asp?symbol=S/RES/678(1990)）．それを受け翌年１月には多国籍軍によるイラクへの武力行使がおこなわれたのである．

軍事的強制措置は，大規模な人権侵害に対し用いられる場合もある．ソマリアでは人道上の理由で武力行使をおこなう権限の与えられた統合機動部隊（UNITAF）と呼ばれる多国籍軍（これは後に強制的な権限を付与された平和強制部隊〔UNOSOM II〕に引き継がれた）が派遣されている．

平和維持活動（PKO）と平和構築

冷戦時代における安保理の麻痺状態を背景として**平和維持活動（PKO）**が生まれた．これは国連憲章の中で明示的に予定されていた活動ではなく，模索の中で生み出されたものである．従来型の平和維持活動は，武力衝突の終結，停戦合意の成立後の段階で国連機関（停戦監視団又は平和維持軍（PKF））を派遣し，衝突の再発を防止するという活動であった．平和維持活動の指針として，

派遣・駐留には関係国の同意が必要であるとの**同意原則**，紛争当事者に対して中立を保ち，国内事項には介入しないという**中立原則**がある．また平和維持活動に従事する機関は，自衛以外の武器使用を制限され，携行武器も**防衛的**性質のものに限られていた．

しかし，冷戦後 PKO に新たな役割が求められるようになった．ブートロス・ガリ事務総長は 1992 年に，武力紛争に対する国連の果たすべき役割を示す「平和への課題」を発表し，その中では平和維持活動の活動領域の拡大（従来の原則を超える「**第 2 世代の平和維持活動**」）が唱えられていた．1 つの役割として提案されたのが平和維持軍よりも重装備の平和強制部隊を派遣し，**平和の強制執行**をおこなうことであった．しかし 1993 年のソマリアでの平和の強制執行の試みは失敗に終わり，平和の強制執行はいったんは断念された．しかし，ボスニアやルワンダでの PKO 部隊の失態を踏まえて，新たに平和の強制執行が模索されている．コンゴでは資源の利権をめぐる内乱が長期間継続し停戦監視のために平和維持部隊（MONUC）派遣されていたが，女性に対する組織的暴行が深刻化するなど人道上の理由から，これを引き継ぐ国連コンゴ安定化派遣団（MONUSCO）に対し，市民の保護，武装勢力の無力化・非武装化などのために「必要なすべての手段を行使する」権限が 2013 年に付与（http://www.un.org/en/ga/search/view_doc.asp?symbol=S/RES/2098(2013)）され，平和の強制執行が再び試みられている．

また南スーダンには PKO 部隊（「国連南スーダン派遣団（UNMISS）」）が 2011 年から派遣されていたが，急激な治安の悪化と人道危機を受けて，2014 年からはミッションが変更され，文民に対する攻撃が実施された場合には，相手が誰であろうと直ちにかつ効果的に対処することが任務となった．なお南スーダンには 2017 年 5 月まで第 11 次隊までの 5 年に及ぶ自衛隊の派遣がおこなわれていた．11 次隊には 3 月に施行された安全保障関連法にもとづいて，武装勢力に襲われた国連職員や NGO 職員，他国軍の兵士らを助けに向かう「駆けつけ警護」の任務が付与されていたが，幸いなことに自衛隊は犠牲者を出さずに撤収をすることができた．

平和の強制執行以外の活動については，武力紛争を未然に防止するための国連機関の予防展開は 1992 年のマケドニアで成功したし，紛争解決後の武装解

除・選挙監視・統治機構の改革と強化などの包括的な任務をおこなう**平和構築**は同年のカンボジアにおいてほぼ成功裏におこなわれた．2005 年末には安全保障理事会と総会の諮問機関として，両者によって平和構築委員会が設置されている．これは，持続可能な平和を達成するために紛争状態の解決から復旧，社会復帰，復興に至るまで，一貫したアプローチにもとづき，紛争後の平和構築と復旧のための統合戦略を助言提案するものである．

●●● さらなる学習の手引き

1 いのちと法

① 加藤尚武・加茂直樹編『生命倫理学を学ぶ人のために』（世界思想社，1998 年）．
② 今井道夫著『生命倫理学入門（第 3 版）』（産業図書，2011 年）．
③ 丸山マサ美編『医療倫理学（第 2 版）』（中央法規出版，2009 年）．
④ Susanne Lundin, Malin Ideland 編『遺伝子工学と社会――学際的展望――』（渓谷社，2012 年）．

2 環境と法

日本の環境問題，特に公害問題に関する優れた小説も少なくない．まず水俣病を扱った文学作品 ① 石牟礼道子『新装版 苦海浄土』（講談社文庫，2004 年），足尾鉱毒事件については ② 城山三郎『辛酸――田中正造と足尾鉱毒事件』（角川文庫，1979 年），毒性物質の複合汚染の問題を多面的に描いた ③ 有吉佐和子『複合汚染』（新潮文庫，1979 年）がある．優れた新書も多い．公害問題では ④ 政野淳子『四大公害病――水俣病，新潟水俣病，イタイイタイ病，四日市公害』（中公新書，2013 年）が明解である．所有権と入会権の問題は ⑤ 戒能通孝『小繋事件――三代にわたる入会権紛争』（岩波新書，1964 年）が貴重である．原発については ⑥ 高木仁三郎『市民科学者として生きる』（岩波新書，1999 年）をぜひとも読みたい．環境問題を人類史的な視点で考えることも重要であり ⑦ ジャレド・ダイアモンド『文明崩壊』（草思社文庫，2012 年）が有益である．日本の環境法について初学者には ⑧ 北村喜宣『プレップ環境法』（弘文堂，2011 年）が読みやすい．コンパクトに全体を見渡すには ⑨ 畠山武道・大塚直・北村喜宣『環境法入門』（日経文庫，2007 年）がある．⑩ 畠山武道『考えながら学ぶ環境法』（三省堂，2013 年）はタイトル通りの本で最後まで読み通すことができる．

3 ジェンダーと法

① ジェンダー法学会編『ジェンダーと法』（日本加除出版，2004 から年 1 回）．
② 犬伏由子・井上匡子・君塚正臣編『レクチャー ジェンダー法』（法律文化社，2012 年）．
③ 辻村みよ子『概説 ジェンダーと法（第 2 版）』（信山社，2016 年）．

④谷口洋幸・綾部六郎・池田弘乃編『セクシュアリティと法――身体・社会・言説との交錯』(法律文化社，2017 年)．

4　国際社会と法

　国際法と国際社会に対する関心を呼び起こしてくれる文献を挙げる．① 倫理学者の手による書物であり，戦争と安全を巡るさまざまな論点の提示がおこなわれている，加藤尚武『戦争倫理学』(ちくま新書，2003 年)，② 重大な人権侵害がおこなわれている場合に武力を用いて介入をおこなうことが許されるか，介入がおこなわれた (またおこなわれなかった) さまざまな事例を取り上げて人道的介入が検討されるが，現在の日本の「国際貢献」を考える上でも有益であると思われる，最上敏樹『人道的介入――正義の武力行使はあるか』(岩波新書，2001 年)，また同じ著者による③『いま平和とは――人権と人道をめぐる 9 講』(岩波新書，2006 年)，④ 旧ユーゴ国際刑事裁判所判事であった著者が民族浄化と国際刑事裁判所の意義について論じる，多谷千香子『「民族浄化」を裁く――旧ユーゴ戦犯法廷の現場から』(岩波新書，2005 年)，さらに⑤ P・W・シンガー『子ども兵の戦争』(NHK 出版，2006 年)．国際 NGO 活動に従事した経験を踏まえて平和構築支援について論じた，⑥ 山田満『「平和構築」とは何か――紛争地域の再生のために』(平凡社新書，2003 年) 及び⑦ 伊勢崎賢治『武装解除――紛争屋が見た世界』(講談社現代新書，2004 年)．それぞれ 1998 年と 2001 年にノーベル経済学賞を受賞した著者たちが，現在国際社会において早急の解決が求められているグローバリゼーションと貧困の問題について考察する手掛かりを与えてくれる，⑧ アマルティア・セン，大石ら訳『貧困の克服――アジア発展の鍵は何か』(集英社新書，2002 年) 及び，⑨ 藪下史郎・荒木一方編著『スティグリッツ早稲田大学講義録――グローバリゼーション再考』(光文社新書，2004 年)，さらに⑩ 長有紀枝『入門人間の安全保障』(中公新書，2012 年)，⑪ 人間の安全保障委員会報告書『安全保障の今日的課題』(朝日新聞社，2003 年)．国際法の概説書として，⑫ 杉原高嶺・水上千之・臼杵知史・吉井淳・加藤信行・高田映『現代国際法講義 (第 5 版)』(有斐閣，2012 年)，⑬ 芹田健太郎・薬師寺公夫・坂元茂樹『ブリッジブック国際人権法』(信山社，2017 年)，⑭ 阿部浩巳・今井直・藤本俊明『テキストブック国際人権法 (第 3 版)』(日本評論社，2009 年)．

エピローグ
―― 現代社会の羅針盤 ――

　本書は初学者向けの法学のテキストである．したがってまず，法について基礎的な理解を得るための必要最小限を分かりやすく説明する「基本書」であることを目指している．そのため，法（＝法秩序）及び法学の基本的なあり方を理解するためのプロローグを最初に置いた．つぎに最も基本的な法であり一般に憲民刑と総称される憲法，民法，刑法と，市民法秩序を修正するために生み出されてきた労働法を中心とする社会法，そしてこれらの法の具体的な意味を確定し，法の中で保障されている権利を実現するための制度である裁判制度や訴訟手続き，さらに現代社会の理解に不可欠である国際法についての章や節を置いている．その意味では本書は伝統的な法学テキストのスタイルに沿っており，法についての基本的ではあるが，体系的な知識を提供するものとなっている．

　まずこの点について，本書の意義を説明しておこう．近年スマートフォンの普及によってインターネットへのアクセスが極めて簡単になっており，インターネットを検索して必要かつ膨大な学問的情報を容易に手に入れることができるようになった．そのために「専門的な知」が軽視される傾向が見受けられる．この傾向は，圧倒的多数の憲法を中心とした専門家の反対にもかかわらず，強引に国会を通された2015年の安全保障法制の例のように，為政者の行為によっても助長されている．しかしネット上の情報は，その真偽を問わないとしても，断片的であらざるをえない．学問的な情報を適正に理解するためには，その情報を学問的な体系の中で理解することが必要になるのであって，まず本書はそのための体系と全体像を示すものである．

　本書の2つ目の意義は，刻々と変化する社会が生み出す新たな問題や事態に対処するために，その姿を変えていく法や法学の姿を提示することにある．法

及び法学に変容を迫る新たな事態とは，たとえば医療や生殖技術の発展から生じる諸問題，人類にとってますます切迫した課題となっている環境保護の問題，より一層差別のない社会を目指す取り組み，国際社会の変化などを挙げることができよう．そこで本書は，法についての基礎的な理解を前提として，現代社会におけるさまざまな法のあり方を現代社会の展開を踏まえながら説明することを目指している．これは「法の精神」を探る試みであるといってもよいだろうし，未知の大海に漕ぎ出そうとする私たちにとって本書が羅針盤の役割を果たすことが企図されている．そのため本書では，出来得る限り最新の情報を盛り込んで記述することを意図し，第7章に「現代社会の法トピックスへのアプローチ」を設け，生命・環境・ジェンダー・国際社会などの新たな法分野を取り扱い，オンゴーイングの問題についての検討をおこなっている．

現代的な諸問題に対処するために法が変容してゆくことは不可欠であるが，法は無制限に変わりうるものではない．言い換えれば，法はどのような目標であっても，その追求のためにはいかようにも変えることのできる単なる道具ではない．最後にその点を指摘することで本書を閉じることにする．

プロローグにおいて我々は法が当為である以上，何らかの価値や理念に向けられたものでなければならないこと，そして法の理念は，人々に一定の行動を指図することによって正義に適った秩序を形成することであることを見てきた．ただ，その具体的な秩序づけの仕方＝正義には唯一の正しい答えがあるわけではなくさまざまな立場＝イデオロギーがありえることも学んだ．

この数年，とくに2017年の総選挙やその後の国会における質疑において，「リベラル」・「保守」という言葉が注目を浴びたが，「リベラル」や「保守」もこのような立場にあたる．「リベラル」・「保守」という言葉は，国によって，また用いられる領域（日本の政治の文脈で用いられているのか，経済政策や社会政策において用いられているのか）によって多様な意味合いを有するが，法学の観点からすると，「リベラル」・「保守」という立場＝イデオロギーの差異は，どのような人権（平和的生存権，人格権，経済的自由権と社会権）をどの程度保障するのか，という点に関する差異，であると見ることができよう．

このように保障されるべき人権の具体的な内容について合意がある訳ではないが，人権の存在やその普遍性については，ほぼ争いの余地はないであろう．

そうであれば，人権という思想はある意味で北極星のような存在であると考えても良いのではないだろうか．本書の副題の中に「羅針盤」という言葉を用いているが，読者が進む方向の目安となるのがこの北極星である．読者がこのテキストを読み，法のあり方について熟考した上で自らの考え方を生み出すことができれば，単なるレッテル張りに留まらない，建設的な議論を行うことができるであろう．

第5版へのあとがき

　本書は法の必要最小限を体系的に分かりやすく説明する「基本書」であることに徹するとともに，刻々と変化する社会が生み出す新たな問題や事態に対処するために，その姿を変えていく法や法学の姿を提示するという基本方針を採用している．しかし社会はつねに変化しており，最新の情報もつねに古くなる宿命にある．そのため，本書は版を幾度か重ねることによって，その宿命に抗おうと試みてきた．今回の第5版の改訂にあたっても，内容をさらにアップ・トゥ・デートなものに更新している．

　読者がこのテキストを読み，法のあり方について理解し，熟考した上で自らの考え方を生み出すことができる「現代社会の羅針盤」となすことができたなら，本書の目的は達成されたことになるし，われわれにとってこの上ない喜びでもある．

　今回も大幅な改訂を快くお引き受けいただいた晃洋書房の植田実社長にこの場をおかりしてこころから感謝申し上げたい．また，いつものことながら，ぎりぎりの日程のなかで編集の任にあたっていただいた晃洋書房営業部高砂年樹，編集部の山本博子の両氏にもこの場をお借りしてお礼を申し上げたい．

2018年1月13日

沼口智則・竹村和也

第4版へのあとがき

　本書は社会＝法の変化に応じた最新の内容の法学入門書に徹するという基本的な編集方針を採用している．しかし，社会はつねに変化しており，最新の情報もまた古くなる宿命にある．そのため，本書は版を幾度か重ねることによって，その宿命に抗おうと試みてきた．

　今回の第4版の改訂にあたっては，以前にもまして大幅に本書の装いは一新されている．いま私たちの生きる21世紀の社会は大きく変化しようとしているのであって，その変化が本書に反映されているのである．

　そのような変化の1つとして，まず憲法を取り巻く環境の変化がある．本書の第3版では第2章「憲法へのアプローチ（Ⅱ）」を新たに設け，憲法改正を視野に入れた上での憲法に関する記述を増やしたが，今回もこれを踏襲した上で，改憲運動の新たな展開である自民党「憲法改正草案」についての説明を加えている．

　つぎにわが国の司法制度改革がある．従来の刑事裁判のあり方を大きく変える裁判員制度の導入にあわせ，第3版では裁判員制度と犯罪被害者に関する説明を新たに設けた．それ以降，裁判員制度の導入から5年目を迎える現在に至るまで，裁判員制度をはじめ日本の刑事司法のあり方について，さまざまな課題が明らかになってきている．そのため，今回の改訂では第5章を「裁判へのアプローチ」から「刑事裁判へのアプローチ」に変えて，とくに刑事裁判に焦点を当てることとした．さらにそれに付け加えて，第4章「刑事法へのアプローチ」も一新している．

　また，グローバルな市場における企業の競争力強化のために，わが国においても市場原理が大幅に導入されたが，これにより労働者保護が弱体化し，現在その負の側面が顕在化している．そのような状況の中で労働法を中心とする社会法への関心が高まると同時にその重要性も高まっている．第3版ではこれまでは第8章の1つの節としていた社会法の部分を第5章「社会法へのアプロー

チ」として独立させたが，今回の改訂では非正規雇用の問題，労働契約法改正や現在進行中ではあるが社会保障制度改革についての説明を加え，新たに第6章として拡充させている．

また，民事法については第3章「民事法へのアプローチ」で財産法について大幅に拡充し，その上でペットや臓器など「物」についての最近の議論を扱っている．さらには，第7章「現代社会の法トピックスへのアプローチ」で現段階では未だ国会には上程されてはいないが尊厳死法や近年問題となった出生前診断などの生命倫理に関連するトピック，京都議定書あるいはポスト京都議定書についてのトピック，またジェンダーに関する問題や国際社会の問題などについても最近の動向を踏まえてアップ・トゥ・デートな記述に替えている．

最後に，今回の改訂では『第4版 入門法学——現代社会の羅針盤——』として新たな副題をつけているが，このことについて一言説明を加えておきたい．すでに述べたように，いま私たちの生きる社会は大きく変化しようとしている．それは，その枠組み自体の変化をともないながら，つぎの段階へと移行しようとしているかのような変化である．このような中で，本書はこの変化に向かい合おうとしている読者に対する「羅針盤」としての役割を果たさんとしているのである．これが「現代社会の羅針盤」という副題をつけた理由である．読者が読後にその目的を得心することができたなら，望外の喜びとなるだろう．

今回も大幅な改訂を快くお引き受けいただいた晃洋書房の川東義武社長にこの場をおかりしてこころから感謝申し上げたい．また，いつものことながら，ぎりぎりの日程のなかで編集の任にあたっていただいた晃洋書房営業部 高砂年樹，編集部 山本博子の両氏にもこの場をお借りしてお礼を申し上げたい．

2014年2月25日

沼口智則・竹村和也

第 3 版へのあとがき

　本書の基本的な編集方針は，本書第 1 版（2002 年）と第 2 版（2005 年）への「まえがき」，「あとがき」そして第 2 版と本書の「プロローグ」などでのべているとおりである．先回と同様に今回の改訂版でも，〈理論と実践〉，〈基本と応用〉の 2 正面作戦を継続するとともに，現代社会に〈生きる人権〉だけではなく，法律の知識を活かした〈活かす人権〉という側面にも目配りしている．
　以上のような編者の意図を読者の皆さんに読み取っていただければ，編著者として望外の喜びである．

　2005 年以来の社会の大きな変動にともなって，さまざまな分野であらたに立法がなされ，また法改正がおこなわれている．このような目まぐるしく流動する社会情勢を踏まえた，今回の大幅なる再度の改訂を快くお引き受けいただいた晃洋書房の上田芳樹社長にこの場をおかりしてこころから感謝申し上げたい．また，ぎりぎりの日程のなかで編集の任にあたっていただいた晃洋書房編集部の高砂年樹，藤原伊堂の両氏，そして共著者との連絡や内容調整，索引作成その他のさまざまな仕事をお引き受けいただいた編者の沼口智則，竹村和也のおふたりにもこの場をお借りしてお礼申し上げたい．

　2009 年 3 月 1 日

編著者しるす
角 田 猛 之

改訂版へのあとがき

　本書の基本的な編集方針は初版への「まえがき」と「あとがき」や，この改訂版の「まえがき」とエピローグなどにのべたとおりである．しかしながら，今回の改訂を通して，とりわけ理論と実践，基本と応用，オーソドックスとリフォームあるいはラディカル，さらにはモダンとポストモダンなどの「2正面作戦」を，初版よりさらにバージョンアップした布陣で展開したつもりである．本書を通読され，また本書をテキストとした講義を聴かれた読者のみなさんが，このような作戦の醍醐味を味わっていただくことができるならば，編者としては望外の喜びである．

　めまぐるしく動く現代社会に必死についていこうとしている，さまざまな法律の動きをフォローするための今回の大幅なる改訂の意義をご理解いただき，この改訂版の出版を快くお引き受けいただいた晃洋書房の上田芳樹社長にこの場をおかりしてこころから感謝申し上げたい．また改訂版の構想の段階から煩雑にして責任重大なる編集の任にあたっていただいた晃洋書房編集部の田口真理子氏，そして今回は共編者のひとりに加わっていただき，共著者との連絡や内容調整，索引作成その他のさまざまな仕事を一手にお引き受けいただいた竹村和也氏にも，編者のひとりとしてこころから御礼の言葉をのべさせていただきたい．

　2005年1月26日

編著者しるす

角　田　猛　之

（初版への）あとがき

　本書は，各共著者が担当するさまざまな「教室」——法学部やそれ以外の学部，女子大や短大，種々の専門学校，等々——の多様な学生諸君を念頭におきつつ，各自の講義内容をできるだけ生かして，法学の入門用の教科書に徹すること，すなわち「入門法学」たることを基本的なガイドラインとして編集し執筆している．

　したがって，本書の第1章の冒頭で言及しているように，まずは法学全般にわたるいくつかの基本事項を解説した上で，法学の基軸をなす「憲・民・刑」とその実際的運用の中核をなす裁判のしくみ，また国際法等を概観し，その上で，わが国の内外において，現代社会が直面している法にかかわるいくつかの主要問題——医療や環境，情報，フェミニズム等々——を，「現代社会に生きる法」の一端として具体的なかたちで提示した．

　また，本文の記述と一体化した最新の資料を，巻末の資料編において紙幅の許す限り掲載している．その際の採択基準は，ここでも上記の「入門法学」のガイドライン，具体的には，「その話題を講義で扱う際には受講生にコピー等で配布するであろう資料」，ということである（憲法や条約の条文については，『六法』を持参していない法学部生以外の受講生を念頭においている）．本文の説明とこれら資料とが一体化して，本書全体として，「現代社会に生きる法」の一端が，ビジュアルなかたちで具体的に示されることをねらいとしている．

　以上のように，本書は，オーソドックスな法学の基本事項と最新の社会の動向を反映する種々のトピック，資料という二正面作戦で編集，執筆した．したがって，とりわけ後者の「最新性」という観点からして，巻末資料をもふくめて，数年に一度は内容更新のための改訂を加えていきたいと考えている．そして，このような内容更新にかかわる継続的な作業を加えることによって，本書が，たんに「法学」講義用の教科書としてのみならず，学生諸君や一般市民のための，最新の話題を盛り込んだわかりやすい法学の入門書——まさに，「現

代社会に生きる法」を素材とする「入門法学」――たることを願っている.

　最後になったが,滞りがちな入稿状況の中で,ギリギリのところで最善を尽くして編集作業に当たっていただいた晃洋書房編集部の西村喜夫氏,このような出版企画を快くお引き受けいただいた上田芳樹社長に感謝申し上げたい.また,資料編の作成と巻末索引作成,全般的な体裁の調整等の煩瑣な作業については,共著者のひとりたる竹村和也氏に全面的にお骨折りいただいた.記して謝意を表したい.

　　2002年2月11日

　　　　　　　　　　　　　　　　　　　　　　　　　　　編著者しるす
　　　　　　　　　　　　　　　　　　　　　　　　　　　角 田 猛 之

索　引

ア　行

iPS 細胞　165
朝日訴訟　48, 155
新しい人権　32, 39, 68
アメリカ合衆国憲法　19
アメリカ独立革命　19
アンシャン・レジーム　19
安全保障関連法　63
ES 細胞　162
家制度　190
育児休業・介護休業制度　147
違憲立法審査権　45
遺言　89
遺言相続　89
遺産　89
意思能力　75
意思表示　75
異性愛一夫一婦制　190
一事不再理　130
遺伝子診断（受精卵の）　160
遺留分制度　89
医療保障　156
ウェストファリア条約　16
疑わしきは罰せず（疑わしきは被告人の利益に）　130
ADR　72
SNS の普及　112
冤罪　122, 123
王権神授説　15
大津事件　17
オーフス条約　177
押しつけ憲法論　55

カ　行

外見的立憲主義　17, 26
解雇　149
介護保険法　157
下級裁判所　117
革命権　19

過失　80
過失責任の原則　80
過小代表　184
家族形成権　180, 190
家族法　74
価値理念　12
家庭裁判所（家裁）　117, 119
家督相続　89
家父長制　181
過労死・過労自殺　153
簡易裁判所（簡裁）　117, 118
環境　173
環境アセスメント（環境影響評価）　175
環境基本法　172, 174
環境権　42, 176
環境法　172
間接差別　185
官僚制　15
議院内閣制　45
議会制民主主義＝代議制　45
帰責事由　80
起訴議決　124
起訴便宜主義　123
基本的人権の尊重　25, 29
旧ユーゴスラビア国際刑事裁判所（ICTY）　195
教育の義務　38
強行規定　76
行政指導　178
業務上過失致死傷罪　106
許可　177
挙証責任　129
近代憲法　25
近代神権的天皇制国家　26
近代立憲主義　25
欽定憲法　26
勤労の義務　38
クローン　161
クローン技術規制法　162
グロティウス　16

経済的，社会的及び文化的権利に関する国際規約（社会権規約） 194
刑事責任 110
継続的契約 78
契約 75
契約自由（私的自治）の原則 11, 76
契約締結上の過失 79
契約の解除 77
検察審査会 124
原状回復義務 78
原子力規制庁 179
原子炉等規制法 179
現代立憲主義 31
原発行政 179
憲法改正 58
憲法改正案要綱 53
憲法改正草案 66
憲法の番人 45
憲法問題調査委員会（松本委員会） 53
権利章典 19
権利請願 18
権利宣言 19
権利の濫用 147
権力分立 25
故意 80
合意 75
広域統治 15
行為能力 75
公害 173
公害対策基本法 173
公共の福祉 30, 68
皇室に対する罪（大逆罪） 17
公序良俗 11
硬性憲法 38
公訴 122
公的扶助 154
高等裁判所 117, 119
公判前整理手続 128
幸福追求権 160, 161
幸福追求に対する国民の権利 67
公法 71
合理的な疑い 129
勾留 122
国際刑事裁判所（ICC） 195

国際人権規約 23, 33
国選弁護人 123, 126
国民意識 20
国民議会 19
公民権運動 23
国民国家 2, 19
国民主権 25, 29
国民審査 30
国民投票法 58
国民の権利及び義務 34
国連の集団的安全保障 61, 191
児島惟謙 17
個人主義 11, 12, 67
個人情報保護法 42
個人の尊厳 36
国家報告制度 194
国権の最高機関 30
子どもの権利条約 23
子どもの人権 23
雇用保険法 155
混合契約 82

サ　行

罪刑法定主義 17
債権 76
債権者 76
債権法改正 75
最高裁判所（最高裁） 117, 119
財産権保護 175
財産法 74
再審 130
最低賃金法 144
裁判員制度 134
裁判員の参加する刑事裁判に関する法律（裁判員法） 133
裁判外紛争解決手続 115
裁判官の独立 17
債務 76
債務者 76
債務の不履行 77
債務不履行 78
債務不履行を理由とする損害賠償 77
三六協定 145
三権分立 19

索　引

30年戦争　16
三審制　117
参審制度　132
参政権　38
三段論法　8
自衛権　64
ジェンダー　179
ジェンダー・バイアス　180
ジェンダーの主流化　182
事業者　76
自己決定権　43
事実審　117
自然　173
自然環境保全　174
自然環境保全法　175
自然権思想　19,34
自然公園法　175
自然人　83
自然法　7
実践的三段論法　9
実体法　4
自白　128
シビリアン・コントロール（文民統制）　28
私法　71
司法権の独立　45
司法取引　124
私法の一般法　72
私法の特別法　72
市民　71
市民社会　71
市民的及び政治的権利に関する国際規約（自由権規約）　194
市民法　71
事務管理　81
社会契約説　15
社会権　4,22,23,32,37
社会福祉　154
社会保険　154
社会保障法　154
社団　15
就業規則　3,141
自由権　4,22,37
自由主義　11
終身雇用慣行　147

自由心証主義　129
集団的自衛権　63,197
集団の人権　23
周辺事態法　56
受益権（国務請求権）　39
主権国家体制　16
主権論　15
出向　147
守秘義務　137
象徴　29
常備軍　15
消費者　77
消費者契約法　77
小法廷　120
情報提供・説明義務　79
植民地帝国　22
女性差別撤廃委員会（CEDAW）　182
女性差別撤廃条約　23,181
女性差別撤廃条約選択議定書　182
所有権　83
所有権絶対の原則　83
自力救済　77
知る権利　40
人格主義　12
人権宣言　16
人権の国際的保障　23
親告罪　104
人事考課　148
人種差別撤廃条約　23
親密圏　190
臣民の権利・義務　27
ストーカー行為　112
砂川事件　46
西欧国際体制　16
生活環境影響調査手続　178
生活保護法　155
正義　10,12-14
正規雇用　150
制限行為能力者　76
生存権　140,154
制定法国家　3
性的自己決定権　180,190
性的マイノリティ　180
性同一性障害者特例法　184

生物多様性　175
性分化疾患　180
性別（役割）分業　187
生命倫理学　159
世界人権宣言　23,33,193
セクシュアル・ハラスメント（セクハラ）
　　186
セックス　180
絶対主義　15
絶対主義国家　15
選択的夫婦別氏制度　190
相続　89
相続人　89
双務契約　76
ゾーニング　175
損害賠償命令制度　131
尊厳死　159,171
存立危機事態　64,65

タ　行

第3号被保険者　189
体外受精　159,160
対抗問題　85
対抗要件　86
第三身分　19
大審院　17
大日本帝国憲法　23,26
大法廷　120
妥当性　6,10
男女共同参画社会基本法　184
男女雇用機会均等法　182,184,185
男性稼ぎ手モデル　189
地方裁判所　117,118
中央集権化　15
調和条項　175
つきまとい等　112
定年制　148
適正手続（デュー・プロセス）の保障　121
手続法　4
典型契約　82
天皇主権　26
天皇の軍隊　27
同一価値労働同一賃金　189
登記　88

登記所　88
動産　83
統帥権　28
統治行為論　46
道徳　10
当番弁護士制度　123
特定胚の取り扱いに関する指針　162
特定秘密保護法　41
独立宣言　19
取調べの録音・録画（可視化）　123

ナ　行

内定取消　144
長沼事件　47
ナポレオン法典　20
二重譲渡　85
日米安全保障条約　30
日本国憲法　23,28
任意規定　76
人間の安全保障　196
年金制度　155
脳機能の不可逆的停止　166,168
脳死　9,11,159,166,168,169
納税の義務　38
能力強化（エンパワーメント）　196

ハ　行

パートタイム労働者　151
配偶者控除　189
陪審制度　132
判例法国家　3,7,8
被害者参加制度　131
被疑者　121
引渡し　86
被告人　126
非親告罪　104
非正規雇用　150
被相続人　89
人（民法における）　83
ピューリタン革命　18
平等権　36
フィルマー　15
夫婦同氏原則　190
フェミニズム　180

フェミニズム運動　23
不可逆的停止　168
福祉国家　4, 31
物権　84
物権法定主義　84
物上保証人　88
不動産　83
不動産登記簿　88
不当利得　82
不法行為　80
プライバシー権　41
ブラック企業　152
フランス革命　19
フランス憲法　19
フランス人権宣言　19
フランチャイズ契約　82
平和維持活動（PKO）　198
平和構築　200
平和主義（戦争放棄）　29
平和的生存権　44, 192
弁護人選任権　126
片務契約　76
包括的基本権　34
報告制度　194
法人　83
法治主義　36
法秩序　1, 3, 5-7, 14
法定相続　89
法定相続分　89
法の一般原則　192
法の支配　36, 65, 193
法の下の平等　180, 190
法律審　118
ボーダン　15
ポジティブ・アクション　184
保釈　128
保証人　88
ホッブズ　15
堀木訴訟　50

マ　行

マグナ・カルタ　18

マタニティー・ハラスメント（マタハラ）
　186
民事裁判　4
民事調停　72
民事法　71
無過失責任　8
無罪の推定　129
無償労働　187, 190
無体物　83
名誉革命　18
免責事由　78
物（民法における）　83
モンテスキュー　19

ヤ　行

有給休暇　146
有体物　83
要綱　178
抑制と均衡　19
四大公害事件　173

ラ・ワ行

履行の強制　77
立憲主義　17, 65, 68, 69
リプロダクティブ・ライツ　190
リベラル　203
ル・シャプリエ法　20
類推解釈　17
ルソー　19
ルワンダ国際刑事裁判所（ICTR）　195
令状　121
労災保険法　156
労働基準法　140
労働基本権（団結権，団体交渉権，ならびに団
　体行動権）　141
労働協約　142
労働組合法　141
労働者派遣法　151
ロック　19
ワーク・ライフ・バランス　189

執筆者紹介 （執筆順，＊は編者）

＊竹下　賢（たけした　けん）
1946年生まれ．京都大学大学院法学研究科博士課程単位取得．法学博士．関西大学名誉教授（2018年1月逝去）．『法その存在と効力』（ミネルヴァ書房，1985年），『実証主義の功罪』（ナカニシヤ出版，1995年），『法思想史・第2版』（共著，有斐閣，1997年），『改訂版マルチ・リーガル・カルチャー』（共編著，晃洋書房，2002年），『はじめて学ぶ法哲学・法思想』（共編著，ミネルヴァ書房，2010年），『法秩序の効力根拠』（成文堂，2016年）．〔まえがき，プロローグ1〜3節〕

市原　靖久（いちはら　やすひさ）
1956年生まれ．関西大学大学院法学研究科博士課程単位取得．現在，関西大学法学部教授．「中世の正戦論と『神の平和』」竹下賢・平野敏彦・角田猛之編『トピック法思想』（法律文化社，2000年），「『自然法─実定法』ダイコトミーの成立と『法の世俗化』」『宗教と法（法哲学年報2002）』（有斐閣，2003年），『はじめて学ぶ法哲学・法思想』（共編著，ミネルヴァ書房，2010年），『法理論をめぐる現代的諸問題──法・道徳・文化の重層性──』（共編著，晃洋書房，2016年）．〔プロローグ4節〕

＊沼口　智則（ぬまぐち　とものり）
1953年生まれ．同志社大学大学院法学研究科博士課程単位取得．韓国の東国大学校客員教授及び客員専任講師を経て，現在，同志社大学法学部嘱託講師．「J.ファインバーグの人権論──人権の性格を中心として──」法哲学年報『功利主義と法理論』（有斐閣，1988年），「J.ロールズの『正義論』の一考察」八木鉄男・深田三徳編『法をめぐる人と思想』（ミネルヴァ書房，1991年），「韓国をめぐる法文化」竹下賢・角田猛之編『改訂版マルチ・リーガル・カルチャー』（晃洋書房，2002年）ほか．〔第1章，エピローグ，あとがき〕

＊竹村　和也（たけむら　かずや）
1963年生まれ．エディンバラ大学修士課程を経て，同志社大学大学院法学研究科博士課程後期単位取得．現在，同志社大学法学部嘱託講師．「人間の安全保障と人権」天理大学人権問題研究室紀要第10号（2007年），『イギリス法入門──歴史，社会，法思想から見る──』（共著，法律文化社，2018年）ほか．〔第2章，第7章4節，エピローグ，あとがき〕

田中　謙一（たなか　けんいち）
1977年生まれ．一橋大学大学院法学研究科博士課程退学．現在，亜細亜大学法学部准教授．「非営利法人の監事による監査活動の課題と展望」『中舎寛樹先生退職記念論文集』（名古屋大学，2014年），「事務管理制度とボランティア活動(1)」亜細亜法学54巻1号82頁（2019年）ほか．〔第3章〕

＊角田　猛之（つのだ　たけし）
1954年生まれ．大阪大学大学院法学研究科博士後期課程単位取得．博士（法学）．現在，関西大学法学部教授．『法文化の諸相──スコットランドと日本の法文化──』（晃洋書房，1997年），『法文化の探究　法文化比較にむけて』（法律文化社，2001年），『戦後日本の〈法文化の探究〉──法文化学構築にむけて』（関西大学出版部，2010年），『日本社会と法──〈法と社会〉のトピック分析──』（晃洋書房，2013年），『法理論をめぐる現代的諸問題──法・道徳・文化の重層性──』（共編著，晃洋書房，2016年）ほか．〔まえがき，第4章〕

河野 良継 （こうの よしつぐ）	1971年生まれ．大阪大学大学院法学研究科博士課程修了．法学博士．現在，大東文化大学法学部教授．「英国私法における Reasonableness の思考——英国・「合理人」（Reasonable Person）の法文化・試論」角田猛之・石田慎一郎編『グローバル世界の法文化　法学・人類学からのアプローチ』（福村出版，2009年）ほか．〔第5章〕
唐津　博 （からつ ひろし）	1952年生まれ．同志社大学大学院法学研究科博士課程単位取得．現在，中央大学法学部教授．『労働契約と就業規則の法理論』（日本評論社，2010年），『新版 労働法重要判例を読むⅠ・Ⅱ』（共編著，日本評論社，2013年），『ベーシック労働法〔第5版〕』（共著，有斐閣，2013年）ほか．〔第6章〕
江﨑 一朗 （えさき いちろう）	1965年生まれ．九州大学大学院法学研究科博士後期課程修了．博士（法学）．志學館大学法学部教授を経て，現在，熊本県立大学総合管理学部教授．「パターナリズム——概念の説明——」加藤尚武・加茂直樹編『生命倫理学を学ぶ人のために』（世界思想社，1998年），「社会統制と自由」加茂直樹編『社会哲学を学ぶ人のために』（世界思想社，2001年），「法とは何か」瀬川博義編『生活と法』（三恵社，2002年）ほか．〔第7章1節〕
髙津 融男 （たかつ よしお）	1962年生まれ．同志社大学大学院法学研究科博士課程後期単位取得，京都大学大学院公共政策連携研究部・公共政策教育部修士（専門職）取得．現在，奈良県立大学地域創造学部教授．'Sustainability of Local Shopping Districts as Commons', *Local Commons and Democratic Environmental Governance*, UNUP. 2013年．〔第7章2節〕
小久見祥恵 （おぐみ よしえ）	同志社大学大学院法学研究科博士後期課程単位取得．博士（法学）．現在，同志社大学法学部嘱託講師．「親密圏への権利アプローチ——キテイの事例を手がかりに——」『功利主義ルネッサンス（法哲学年報2011）』（有斐閣，2012年），「フェミニズム法学の展開」犬伏由子・井上匡子・君塚正臣編『レクチャー ジェンダー法』（法律文化社，2012年）ほか．〔第7章3節〕

第5版
入門法学
―― 現代社会の羅針盤 ――

2002年5月30日	初　版第1刷発行
2003年10月15日	初　版第3刷発行
2005年4月30日	改訂版第1刷発行
2008年4月15日	改訂版第4刷発行
2009年4月30日	第3版第1刷発行
2013年4月15日	第3版第5刷発行
2014年4月10日	第4版第1刷発行
2015年9月25日	第4版第3刷発行
2018年4月10日	第5版第1刷発行
2021年3月15日	第5版第3刷発行
2022年4月15日	第5版第4刷発行

＊定価はカバーに表示してあります

	竹　下　　　賢
編著者	角　田　猛　之 ⓒ
	沼　口　智　則
	竹　村　和　也
発行者	萩　原　淳　平

発行所　株式会社　晃　洋　書　房

〒615-0026　京都市右京区西院北矢掛町7番地
電　話　075(312)0788番(代)
振替口座　01040-6-32280

装丁　クリエイティブ・コンセプト
印刷　創栄図書印刷(株)
製本　(株)藤沢製本

ISBN978-4-7710-3012-1

JCOPY　〈(社)出版者著作権管理機構　委託出版物〉

本書の無断複写は著作権法上での例外を除き禁じられています。
複写される場合は、そのつど事前に、(社)出版者著作権管理機構
(電話 03-5244-5088, FAX 03-5244-5089, e-mail:info@jcopy.or.jp)
の許諾を得てください。